C로 시작하는 컴퓨터 프로그래밍

4판

문호석, 손명호 지음

지은이 문호석 hsmoon0329@kndu.ac.kr

육군사관학교를 졸업한 후 고려대학교에서 전자공학 석사, 산업공학 박사, 통계학 박사를 취득했고, 현재 국방대학교 국방과학학과 군사운영분석 교수로 재직 중이다. 2003년부터 C 언어를 포함한 여러 프로그래밍 언어를 다양한 대학의 학생들에게 가르치고 있다. 주요 관심 분야는 국방 데이터 분석, 국방 모델링 및 시뮬레이션, 국방 조사방법론, 영상처리 등이다.

지은이 손명호 totalsol@mjc.ac.kr

서울대학교 산업공학과에서 학사, KAIST(한국과학기술원)에서 석사와 박사 학위를 취득했다. 쌍용정보통신(주)에서 컴퓨터 프로그래밍 관련 업무를 담당한 바 있으며, 현재 명지전문대학교 교수이다. 명지대학교와 동양미래대학교 등에서 경영정보시스템, 컴퓨터 프로그래밍, 데이터베이스 등을 강의했다. ≪European Journal of Operational Research≫, ≪Lecture Notes on Artificial Intelligence(LNAI)≫, ≪Expert Systems with Applications≫, ≪경영정보학 연구≫ 등의 학술지들에 연구 논문을 게재했다.

C로 시작하는 컴퓨터 프로그래밍 4판

초판발행 2022년 6월 26일
3쇄발행 2025년 9월 6일

지은이 문호석, 손명호 / **펴낸이** 전태호
펴낸곳 한빛아카데미(주) / **주소** 서울시 서대문구 연희로2길 62 한빛아카데미(주) 2층
전화 02-336-7112 / **팩스** 02-336-7199
등록 2013년 1월 14일 제 2017-000063호 / **ISBN** 979-11-5664-610-5 93000

총괄 박현진 / **책임편집** 김성무 / **교정** 이수희 / **진행** 박하나
디자인 표지 박정우, 내지 이아란 / **전산편집** 김미경 / **제작** 박성우, 김정우
영업 김호철, 김태진, 김성삼, 이정훈, 임현기, 이성훈, 김주성, 심지연

이 책에 대한 의견이나 오탈자 및 잘못된 내용은 출판사 홈페이지나 아래 이메일로 알려주십시오.
파본은 구매처에서 교환하실 수 있습니다. 책값은 뒤표지에 표시되어 있습니다.
홈페이지 www.hanbit.co.kr / 이메일 question@hanbit.co.kr

C로 시작하는 컴퓨터 프로그래밍

4판

문호석, 손명호 지음

한빛아카데미
Hanbit Academy, Inc.

프로그래밍 초보자도 쉽게 배워 자신감을 얻는 C 언어 입문서

2006년 초판부터 2022년 4판까지 15년이 넘게 보내주신 독자들의 관심과 사랑에 감사드립니다. 4판을 집필하면서 기존 내용을 살펴보니 허술한 부분이 많았다고 느낍니다. 특히 프로그래밍을 처음 접하는 독자의 입장에서 '이해하기 쉽고 따라하는 데 불편함이 없는 교재'였는지 생각하면 아쉬운 부분이 많습니다. 그럼에도 4판을 출간할 수 있었던 것은 독자분들께서 좋게 봐주신 은혜라고 여깁니다. 4판도 기본 철학은 '프로그래밍은 특별한 사람만 하는 것이 아니며, 입문자도 책을 따라하면 내가 원하는 프로그램을 만들 수 있다'는 것과 '보다 나은 프로그램을 만들기 위한 동기를 주는 것'입니다. 최근 데이터 과학 분야에 R이나 Python 등 다양한 프로그래밍 언어가 사용되고 있습니다. 그럼에도 불구하고 모든 프로그래밍 언어에 기초가 되는 언어는 C 언어입니다. 개인적으로 C 언어를 먼저 배운 것에 감사할 때가 많습니다. C 언어만 잘 배우고 훈련한다면 다른 언어를 배우는 것은 큰 어려움이 없게 됩니다. 프로그래밍 입문자에게 C 언어 학습을 먼저 추천하는 이유이기도 합니다. 이런 생각을 바탕으로 4판에서도 누구나 C 언어를 쉽게 배울 수 있는 책을 집필하고자 노력했습니다.

이 책은 프로그래밍을 처음 시작하는 독자나 프로그래밍을 배우다가 포기한 이를 위해 집필했습니다. 기초 프로그래밍 이론을 실전 예제에 담아 다양한 프로그램을 경험해볼 수 있도록 구성했습니다. 복잡한 문법은 생활 속 예시와 그림으로 쉽게 이해하고, 〈혼자 해 보기〉를 통해 학습한 내용을 정리하며 프로그래밍에 대한 자신감도 기를 수 있을 것입니다. 마지막으로 요약과 연습문제를 통해 핵심 내용 복습 및 프로그래밍 응용력을 한층 기를 수 있을 것입니다.

4판이 나오기까지 수고해주신 김도윤 대리님과 한빛아카데미㈜에게 감사드립니다. 가정에서 늘 함께하며 힘이 되어주는 예진, 지훈, 희진과 사랑하는 아내 정수연에게도 고마움을 전합니다. 책을 집필하는 일은 다른 어떤 일보다도 부담되는 일입니다. 특히 개정판을 집필하면서 기존 내용을 수차례 다시 살피고 테스트 했음에도 책이 출간된 후 실수를 발견하는 일이 스트레스가 됩니다. 하지만 중도에 포기하지 않고 지속한 것에 감사합니다. 이런 포기하지 않는 마음을 하나님께서 주시고 앞으로도 주실 것에 대해서 감사를 드립니다.

나의 힘이 되신 여호와(하나님)여 내가 주를 사랑하나이다. (시편 18:1)

지은이 문호석

다양한 예제를 따라 하며 쉽게 배우는 C 프로그래밍

대학에서 강의할 때 프로그래밍의 기본 지식이 전혀 없는 초보자를 위한 교재의 필요성을 절실히 느끼고 처음 집필 작업을 시작했습니다. 이 책은 프로그래밍의 기본 지식이 없어도 C 언어를 배울 수 있도록 기초적인 예제를 다양하게 제시했습니다. 이렇게 구성한 본 교재가 10년 넘게 독자들의 지속적인 지지와 관심을 받아왔고 이제 4판을 출간하게 되어 감사드립니다.

컴퓨터 프로그래밍 과목을 처음 접한 대학 시절, 프로그래밍 명령어들을 통하여 새로운 결과물들이 나왔을 때의 기분, 신기하면서도 흥미로웠던 기억이 생생합니다.

본 교재는 기초적인 프로그래밍 원리에 따른 간결한 문법 설명과 다양한 예제들을 통해 초보자도 컴퓨터 프로그래밍에 쉽게 접근할 수 있도록 시도했습니다. 프로그래밍을 처음 배우거나 대학에서 강의를 하는 다양한 독자들 모두에게 이 책이 도움 되기를 바라는 마음입니다.

공동저자인 문호석 교수와 이 책이 나오기까지 도움을 주신 한빛아카데미㈜ 직원분들에게 깊은 감사를 드립니다. 항상 따뜻한 지지와 신뢰를 보여주는 사랑하는 아내와 진혁, 혜연, 은혁에게도 감사하는 마음입니다.

“진리를 알지니 진리가 너희를 자유케 하리라”라는 말씀과 같이 진리의 빛으로 인도하시는 하나님께 감사드립니다.

지은이 손명호

이 책의 구성 요소

| 용어 설명 |

프로그래밍에서 헷갈리기 쉬운 용어를 학습합니다.

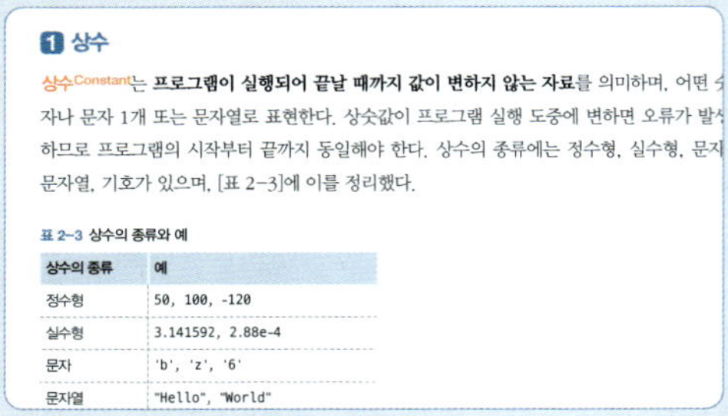

1 상수

상수Constant는 **프로그램이 실행되어 끝날 때까지 값이 변하지 않는 자료**를 의미하며, 어떤 수자나 문자 1개 또는 문자열로 표현한다. 상숫값이 프로그램 실행 도중에 변하면 오류가 발생하므로 프로그램의 시작부터 끝까지 동일해야 한다. 상수의 종류에는 정수형, 실수형, 문자, 문자열, 기호가 있으며, [표 2-3]에 이를 정리했다.

표 2-3 상수의 종류와 예

상수의 종류	예
정수형	50, 100, -120
실수형	3.141592, 2.88e-4
문자	'b', 'z', '6'
문자열	"Hello", "World"

| 예제 |

저자가 강의를 진행하면서 자주 받은 질문과 그에 대한 답변을 통해 놓치기 쉬운 부분을 학습합니다.

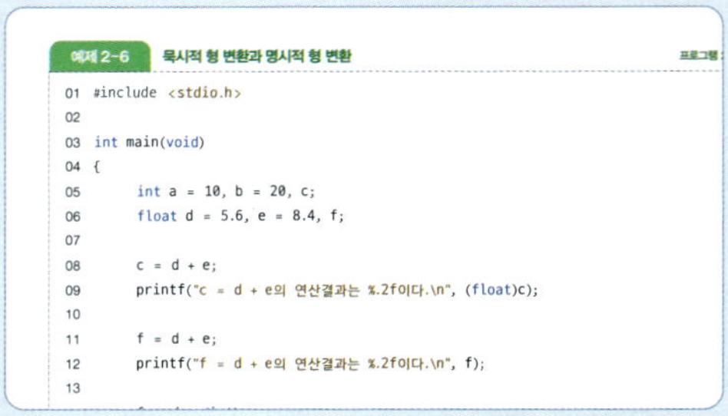

예제 2-6 묵시적 형 변환과 명시적 형 변환

```
#include <stdio.h>

int main(void)
{
    int a = 10, b = 20, c;
    float d = 5.6, e = 8.4, f;

    c = d + e;
    printf("c = d + e의 연산결과는 %.2f이다.\n", (float)c);

    f = d + e;
    printf("f = d + e의 연산결과는 %.2f이다.\n", f);

```

| 혼자 해 보기 |

실습 환경을 구성하고, 본문에서 소개한 코드를 실습합니다.

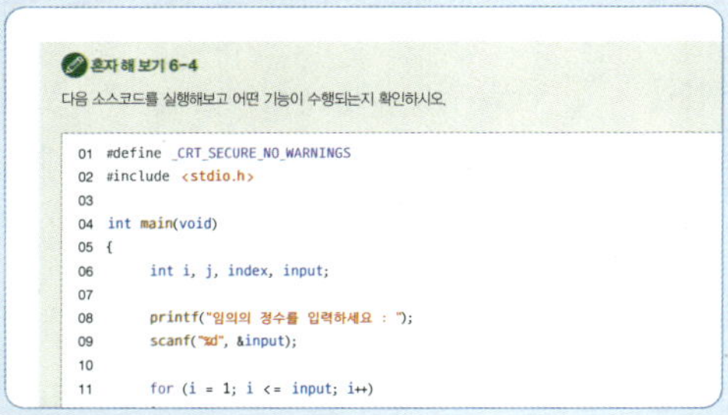

혼자 해 보기 6-4

다음 소스코드를 실행해보고 어떤 기능이 수행되는지 확인하시오.

```
#define _CRT_SECURE_NO_WARNINGS
#include <stdio.h>

int main(void)
{
    int i, j, index, input;

    printf("임의의 정수를 입력하세요 : ");
    scanf("%d", &input);

    for (i = 1; i <= input; i++)
```

| TIP |

본문을 학습하면서 유용한 팁을 함께 학습합니다.

아스키코드는 [표 2-10]과 같으며, Dec는 정수 표현을, Hex는 16진수 표현을 나타낸다 라서 영문자 A는 정숫값(Dec)으로 65이고, 영문자 a는 정숫값으로 97이다.

TIP 아스키코드는 숫자이고, 아스키코드 값은 아스키코드가 가리키는 문자를 의미한다.

표 2-10 아스키코드

Dec	Hex	문자	Dec	Hex	문자	Dec	Hex	문자	Dec	Hex
0	0x00	NUL	32	0x20	SP	64	0x40	@	96	0x60
1	0x01	SOH	33	0x21	!	65	0x41	A	97	0x61
2	0x02	STX	34	0x22	"	66	0x42	B	98	0x62
3	0x03	ETX	35	0x23	#	67	0x43	C	99	0x63
4	0x04	EOT	36	0x24	$	68	0x44	D	100	0x64

| 요약 |

장이 끝날 때마다 핵심적인 내용을 요약 및정리하여 학습합니다.

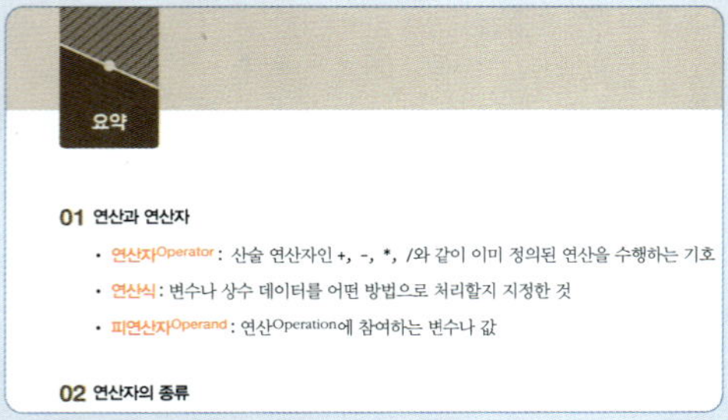

요약

01 연산과 연산자

- 연산자Operator : 산술 연산자인 +, -, *, /와 같이 이미 정의된 연산을 수행하는 기호
- 연산식 : 변수나 상수 데이터를 어떤 방법으로 처리할지 지정한 것
- 피연산자Operand : 연산Operation에 참여하는 변수나 값

02 연산자의 종류

| 연습문제 |

장이 끝날 때마다 본문의 내용을 응용할 문제를 해결하며 점검한다.

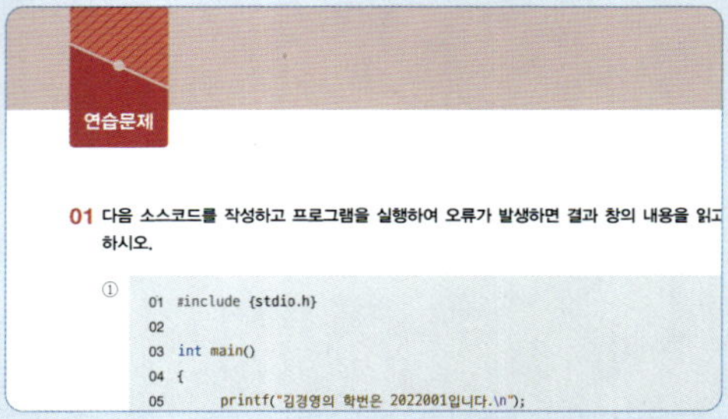

연습문제

01 다음 소스코드를 작성하고 프로그램을 실행하여 오류가 발생하면 결과 창의 내용을 읽고 하시오.

①

```
#include {stdio.h}

int main()
{
    printf("김경영의 학번은 2022001입니다.\n");
```

- 프로그래밍을 잘 하려면 어떻게 해야 하나요?

우선 프로그래밍에 대한 열정이 있어야 합니다. 끈질긴 승부 근성으로 깊이 고민하여 문제를 해결하면 큰 희열과 성취감을 맛볼 수 있습니다. 이렇게 해야 프로그래밍에 재미가 붙고 자신감이 생깁니다. 또한 다른 사람이 작성한 코드를 분석하고 스스로 적용해보려고 끊임없이 노력해야 합니다. 이런 준비가 되어 있다면 프로그래머로서 자질이 충분합니다.

- C는 C++를 학습하기 전에 반드시 학습해야 하는 과정인가요?

C는 C++보다 먼저 학습해야 합니다. C를 배우지 않고 C++를 먼저 배워도 괜찮다는 의견이 있지만, 그 경우도 C++ 강의의 대부분을 C 학습에 투자합니다. C++는 C의 기본 기능에 객체지향 개념이 추가된 것이기 때문입니다. 모든 일이 그렇듯 시간과 노력을 들여 단계를 밟아가야 진정한 전문가의 기술력을 갖출 수 있습니다.

이 책은 여기까지

1단계: 기초 다지기

C 프로그래밍을 위해 다음 항목을 제대로 익힌다.

- 전산 개론
- 운영체제의 개념 및 운용 방법
- 각종 응용 프로그램의 사용법

목표: 컴퓨터 관련 기본 지식을 바탕으로 응용 프로그램(특히 편집기) 이용에 익숙해진다.

수준: 전산 개론이나 실용 전산 과정을 이수한다.

2단계: 초보자 탈피하기

C 프로그래밍의 기본을 갖춘다.

- C 언어의 자유로운 사용
- 배열의 개념 이해
- 함수를 이용한 모듈 설계

목표: C의 언어적 특성을 이해하고 구조적인 프로그램을 제작한다.

수준: 전산 현장에서 기본은 한다.

3단계: 중급자로 거듭나기

고급 기법을 통해 좀 더 빠르고 효율적으로 실용 프로그램을 제작할 준비를 한다.

- 포인터와 배열의 관계 이해
- 구조체와 매크로의 이해 및 활용
- 알고리즘의 이해

목표: 기본적인 자료구조 활용법을 알고 프로젝트를 수행한다.

수준: 현장에서 제 몫을 한다.

4단계: 전문가로 거듭나기

C 프로그래밍 응용 분야를 이해하고 다른 프로그래밍 언어의 학습과 연계한다.

- 윈도우/멀티미디어 프로그래밍
- 네트워크 프로그래밍
- .NET/J2EE 프로그래밍
- 시스템 프로그래밍
- 게임 프로그래밍
- 컴포넌트 프로그래밍
- 모바일 프로그래밍
- 웹/데이터베이스 프로그래밍

목표: 다양한 환경(언어와 플랫폼)의 실전 연습으로 고급 기술력을 습득한다.

수준: 하고 싶은 일을 선택한다.

- **강의 보조 자료** 한빛아카데미 홈페이지에서 '교수회원'으로 가입한 분은 인증 후 교수용 강의 보조 자료를 제공 받을 수 있습니다. 한빛아카데미 홈페이지 상단의 〈교수전용공간〉 메뉴를 클릭해주세요.
http://www.hanbit.co.kr/academy

- **설치와 실습 자료** 설치와 실습에 필요한 자료는 다음 주소에서 다운로드할 수 있습니다.
http://www.hanbit.co.kr/src/4610

구글 드라이브( )에서 부록/예제소스 다운로드하는 방법 - Click

자료명	등록일	다운로드
예제소스	2021-12-22	다운로드

- **연습문제 해답 안내** 이 책은 대학 강의용 교재로 개발되었으므로 연습문제 해답을 제공하지 않습니다.

- **4판에서 달라진 부분**

❶ 비주얼 스튜디오 2015 → 2022 커뮤니티 기반

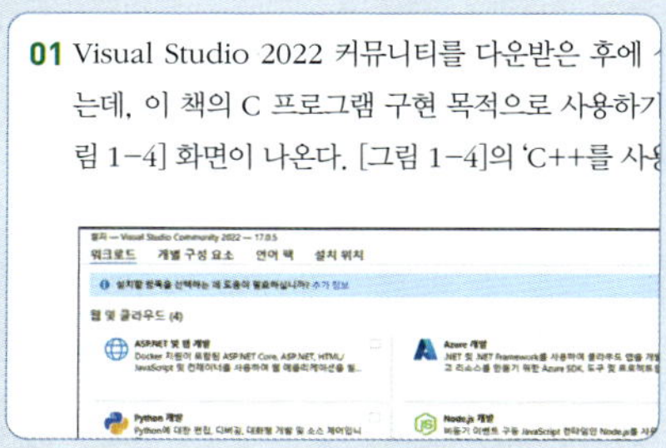

❷ 컬러 그림과 섬세한 설명 추가

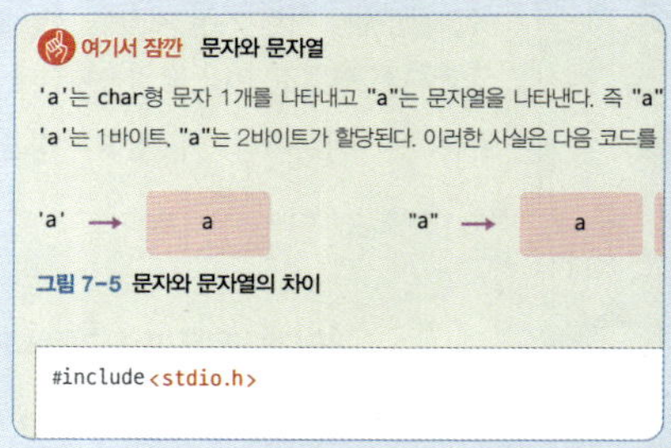

❸ 하이라이트 개념 강조

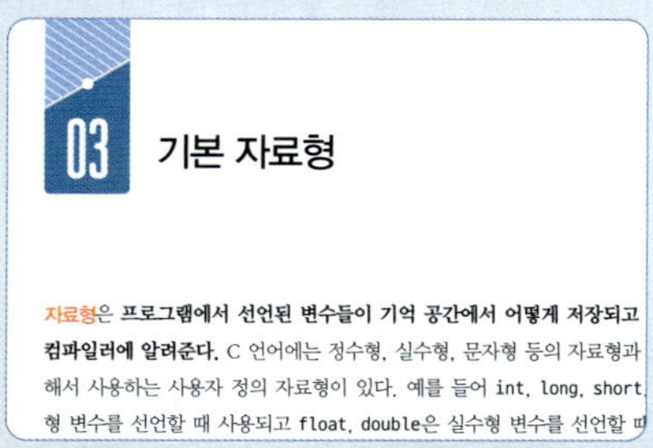

❹ 실전 예제 대폭 증량

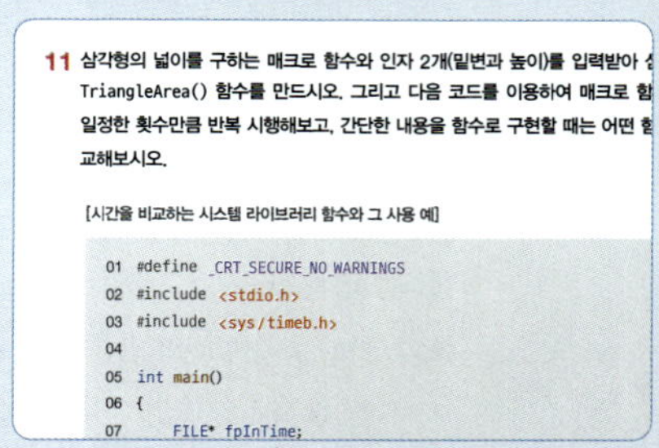

목차

Part 02 C 언어 기초 문법

Chapter 02 기본 자료형과 형 변환

Chapter 03 표준 입출력

Chapter 04 연산자

Chapter 05 선택문

Chapter 07 배열

Chapter 08 함수

Chapter 09 변수 영역

Part 03 C 언어 고급 문법

Chapter 10 포인터

Chapter 11 구조체와 열거형

Chapter 12 파일 처리와 매크로

PART 01

C 언어 알아보기

CHAPTER 01 C 언어의 시작

PART 01

C 언어 알아보기

CHAPTER 01

C 언어의 시작

학습목표

- C 언어의 역사와 특징을 알아본다.
- C 프로그램의 기본 개발 환경을 알아본다.
- C 프로그래밍에서 발생하는 간단한 오류를 해결하는 방법을 알아본다.

01 C 언어 소개

1 C 언어의 기원과 역사

C 언어는 1972년 AT&T 사의 벨 연구소Bell Labs에서 유닉스UNIX 개발용 고급 언어로 개발되었다. 유닉스 개발용 고급 언어로 처음에는 CPLCombined Programming Language에서 발전한 BCPLBasicCPL이 고려되었으나 이 언어의 부족한 점을 보강하기 위해 벨 연구소의 켄 톰슨Ken Thompson이 B 언어를 개발했다. 이후 B 언어는 데니스 리치Dennis Ritchie에 의해 C 언어로 발전했으며, C 언어는 결국 유닉스의 70% 이상을 담당하는 고급 언어가 되었다. C 언어는 1970~1980년대 유닉스의 급속한 확산과 더불어 그 가치를 인정받아 현재도 많은 개발 환경에서 사용되고 있으며, 오늘날 가장 기본적인 프로그래밍 언어로 알려져 있다.

2 C 언어의 특징

C 언어는 **유닉스 운영체제**Operating System를 개발하기 위해 사용되었는데, 기억장치를 비롯한 하드웨어를 직접 제어하기 때문에 고급 언어와 저급 언어의 특징을 모두 가지고 있다. C 언어의 중요한 몇 가지 특징은 다음과 같다.

- **시스템 프로그래밍 언어**

  C 언어는 운영체제, 컴파일러, 편집기, 디버거 등 시스템 프로그램을 개발하는 도구다.

- **함수 언어**

  C 프로그램은 하나 이상의 함수(모듈, 프러시저라고도 함) 집합으로 구성된다. 작성된 함수는 분할해서 컴파일할 수 있으므로 쉽게 재사용할 수 있다.

- **이식성이 강한 언어**

  C 언어는 컴퓨터의 구조에 영향을 받지 않고 호환성을 유지한다. 이는 모든 기계에서 동일하게 작동하는 다양한 표준 라이브러리가 제공되기 때문이다.

■ **풍부한 자료형 지원**

C 언어는 자료형을 표현하는 데 숫자, 문자뿐만 아니라 `\t`, `\a`, `\n`, `\r`과 같은 특수문자를 지원한다. 또한 포인터, 배열, 구조체, 공용체, 사용자 정의 등 다양한 형태의 자료형도 제공한다.

■ **다양한 제어문 지원**

C 언어는 프로그램의 흐름을 제어하기 위해 `if`문, `for`문, `while`문, `do~while`문, `switch`문과 같은 다양한 제어문을 지원한다.

■ **표준 라이브러리 함수 지원**

C 언어는 문자열에 대한 조작과 입출력에 대한 명령이 없는 대신에 표준 라이브러리 함수를 제공하며, 이를 이용해 다양한 입출력이 가능하다.

3 프로그램 실행 과정

프로그램 실행 과정을 알아보기 전에 먼저 컴퓨터 시스템의 구조를 간단히 살펴보자.

3.1 컴퓨터의 구성

컴퓨터는 [그림 1-1]과 같이 하드웨어와 소프트웨어로 구성된다.

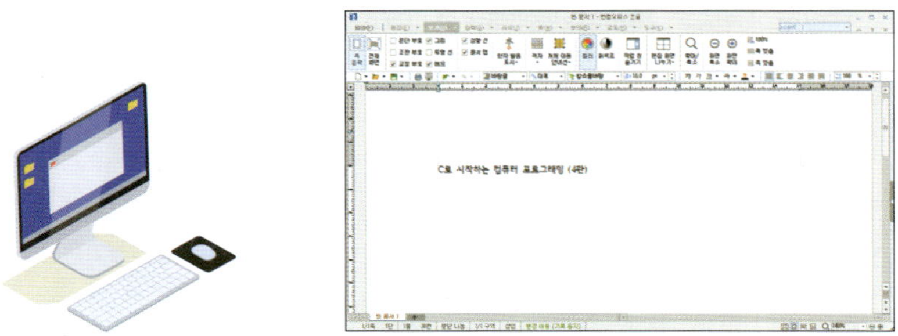

(a) 하드웨어 (b) 소프트웨어

그림 1-1 컴퓨터의 구성 요소

■ **하드웨어**

전자회로와 물리적인 장치로 이루어진 것을 **하드웨어**라고 한다. 하드웨어의 5대 구성 요소는 **입력장치**, **중앙처리장치**, **출력장치**, **주기억장치**, **보조기억장치**다.

- **입력장치** : 문자나 기호 같은 데이터를 컴퓨터가 이해하도록 전기 신호로 변환한다.
- **중앙처리장치** : 컴퓨터의 두뇌에 해당하며 컴퓨터의 구성 요소를 제어하거나 연산을 수행한다.
- **출력장치** : 중앙처리장치가 처리한 결과를 출력한다.
- **주기억장치** : 흔히 램RAM, Random Access Memory이라고 하며 컴퓨터 내에서 실행 중인 명령어와 데이터를 저장한다.
- **보조기억장치** : 주기억장치를 보조하는 장치로 데이터를 영구적으로 보존할 때 사용하며 하드디스크, 이동식디스크USB, Universal Serial Bus, CD-ROM 등이 있다.

■ **소프트웨어**

하드웨어에 명령을 내려 구동할 수 있도록 만들어진 프로그램을 **소프트웨어**라고 하는데, 명령어들의 집합이라고 이해하면 된다. 일반적으로 **시스템 소프트웨어**와 **응용 소프트웨어**로 나뉜다.

- **시스템 소프트웨어** : 컴퓨터를 효율적으로 운영하고 제어하기 위한 프로그램이다. 도스DOS나 윈도우Windows 같은 운영체제, 파일을 압축하는 유틸리티와 파일을 정렬하는 유틸리티 등이 이에 속한다.
- **응용 소프트웨어** : 특정 분야의 업무를 처리하기 위한 프로그램이다. 문서 편집을 위한 한글이나 워드, 그림 편집을 위한 포토샵, 스프레드시트 역할을 하는 엑셀 등 특정 분야에 관련된 프로그램이 이에 속한다.

C 언어나 다른 프로그래밍 언어로 프로그래밍한다는 것은 결국 소프트웨어를 만드는 과정이다. 사용자의 요구사항을 구현하는 프로그램을 만들어야 하기 때문이다.

3.2 프로그램 실행 절차

프로그래밍은 **컴퓨터의 하드웨어를 구동하는 명령어를 만드는 작업**이다. 작성된 프로그램은 일반적으로 다음과 같은 과정을 거쳐 실행된다.

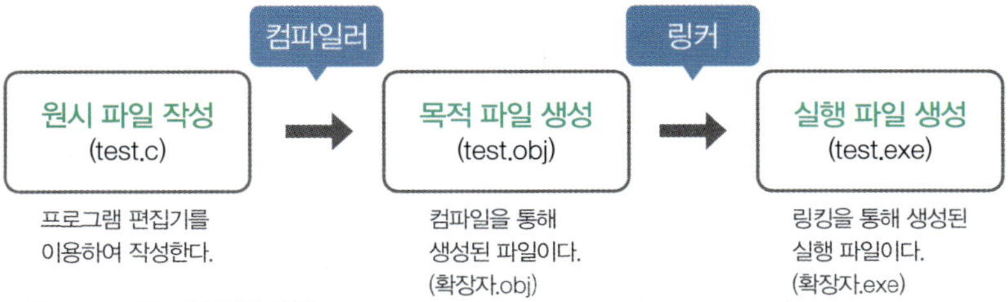

그림 1-2 프로그램 실행 절차

원시 파일은 **사용자가 편집기를 이용하여 만든 파일**이다. 편집기는 텍스트 문서, 프로그램, 데이터 파일 등을 작성할 때 사용하는 기본적인 프로그램으로 윈도우에서 제공하는 메모장이나 워드패드를 예로 들 수 있다. 사용자는 편집기를 이용하여 원하는 기능의 프로그램을 문법과 절차에 따라 원시 파일 형태로 작성한다.

이렇게 작성한 원시 파일은 사람이 알아볼 수 있는 형식의 문서다. 컴퓨터는 0과 1로 구성된 기계어만 읽을 수 있기 때문에 원시 파일을 컴퓨터에서 그대로 사용할 수 없다. 따라서 사용자가 만든 원시 파일을 기계어로 바꿔야 하는데 이 역할을 하는 것이 컴파일러다. **컴파일러는 사용자가 작성한 프로그램을 기계어로 바꿔준다.** 컴파일러를 통해 원시 파일이 목적 파일로 바뀌는데, 이때 목적 파일의 확장자는 .obj다(obj는 영어 object의 약자임).

사용자가 프로그래밍할 때는 프로그램에서 사용할 모든 기능을 직접 만들지 않는다. 컴퓨터 시스템 자체에 이미 프로그램에서 자주 사용하는 기능을 만들어놓은 시스템 라이브러리가 있기 때문이다. 사용자는 자신이 직접 작성한 프로그램과 시스템 라이브러리를 적절하게 사용하여 만들고자 하는 프로그램을 완성한다. 사용자는 시스템 라이브러리가 들어 있는 파일을 이용해 자신의 프로그램에서 사용할 수 있다.

또한 시스템 라이브러리가 아니더라도 다른 프로그래머가 만든 프로그램을 사용해야 할 경우도 있는데, 이럴 때도 해당 프로그램이 들어 있는 파일을 연결해야 한다. 이러한 작업을 링킹Linking이라고 하며, 이러한 역할을 하는 것을 링커Linker라고 한다. 링커는 여러 개 목적 파일을 연결해서 실행 파일을 만드는 역할을 한다. 최종적으로 실행 파일을 실행하면 프로그램이 실행된다. 프로그래밍을 하기 위해서는 기본적으로 편집기, 컴파일러, 링커가 필요하다.

4 C 프로그램의 구조

C 프로그램은 함수의 집합이라고 볼 수 있는데, 1개 이상의 함수로 구성된다. main() 함수는 반드시 존재해야 하며 그 외의 함수는 사용자의 목적에 맞게 사용할 수 있다. 다음은 간단한 C 프로그램의 구조를 나타낸 예다. C 프로그램의 구조를 문장 단위로 살펴보자.

```
/* 주석 내용 */  ┐
// 전처리기      ┘ ─── ❶
#include <stdio.h> ─── ❷
int main(void) ─── ❸
{ ─── ❹
    // 일반 명령문 ┐
    ⋮            ┘ ─── ❺
    return 0;   // main() 함수의 반환
}   ─── ❻
```

❶ 주석

주석은 컴퓨터는 처리하지 않는 내용으로 프로그램의 실행과는 관계가 없으며 단지 **프로그램의 내용을 사용자가 이해할 수 있도록 돕기 위해 사용하는 설명 문장**이다. 프로그래머의 이해를 도우려고 작성하는 것이므로 유능한 프로그래머가 되려면 주석을 잘 사용하는 습관을 들여야 한다. 컴파일러는 주석을 만나면 기계어로 바꾸지 않고 그냥 넘어간다. 주석은 [표 1-1]과 같이 두 가지 형식으로 사용한다.

표 1-1 주석문의 종류

구분	사용 예
여러 줄 주석	`/* 이렇게 사용하면 주석을 여러 줄 만들 수 있다. */`
한 줄 주석	`// 주석 한 줄은 이렇게 사용한다.`

간단한 내용은 한 줄 주석을 사용하고 여러 줄에 걸쳐 자세한 내용을 작성할 때는 여러 줄 주석을 사용한다. C 언어에서는 원래 여러 줄 주석만 사용할 수 있었다. 그러나 여러 줄 주석은 시작과 끝에 각각 /*와 */를 붙여야 하므로 번거롭게 여겨져 한 줄 주석도 사용할 수 있도록

개선되었다. 주석을 작성하는 것은 프로그래밍을 하는 것만큼 중요하다. 프로그래머 자신이 작성한 프로그램도 오랜 시간이 지나면 왜 그렇게 작성했는지 잊어버리는 경우가 있는데, 이 때 이해를 돕는 것이 바로 주석이다. 또한, 다른 프로그래머가 프로그램의 코드를 이해할 수 있도록 돕는 데에도 좋은 참고가 된다.

❷ 전처리기 지시자

전처리기Preprocessor는 말 그대로 미리 처리한다는 의미다. 전처리기 지시자는 항상 #로 시작하고 한 줄에 지시자 1개만 쓸 수 있다. 이 부분은 헤더파일Header File을 포함하거나 상수 및 간단한 매크로를 정의할 때 사용한다. 일반 문장과 달리 문장의 마지막에 세미콜론(;)을 넣지 않는다(C 프로그램의 일반적인 문장은 마지막에 세미콜론을 반드시 넣음).

소스에서 `#include <stdio.h>`는 헤더파일인 `stdio.h`를 프로그램에 포함하라는 의미다. 헤더파일에는 C 프로그램에서 기본으로 제공하는 표준 라이브러리 함수가 정의되어 있는데, 그 함수들을 사용자가 만든 프로그램에서 사용하기 위해 전처리기 지시자를 사용한다.

예를 들어 `printf()` 함수는 출력하고 싶은 내용을 도스 창에 출력해주는 표준 라이브러리 함수로 `stdio.h` 파일에 정의되어 있다. 따라서 `stdio.h` 파일을 포함해야 그 안에 정의된 `printf()` 함수를 사용할 수 있다. 컴파일러는 프로그래머가 작성한 프로그램 소스를 컴파일하기 전에 전처리기를 찾아 전처리기의 명령을 먼저 실행한다.

❸ main(void) 함수

프로그램의 시작을 알리는 함수로 C 프로그램은 `main()` 함수 1개와 하위 함수로 구성된다. 또한 하위 함수 없이 `main()` 함수 1개만도 사용 가능하다. 즉 C 프로그램은 `main()` 함수에서부터 시작한다.

❹ 중괄호

`main()` 함수 다음에 있는 중괄호({})는 프로그램을 구성하는 명령문들의 블록을 의미하는 것으로 `main()` 함수의 시작과 끝을 나타낸다. 블록은 함수뿐만 아니라 사용자가 필요한 경우에 어느 곳에서나 사용할 수 있다.

❺ 일반 명령문

프로그램에서 실행할 명령문을 실행 순서대로 기술하는 부분으로 실제로 프로그램이 실행할 기능을 작성한다. 프로그램에서 문장의 실행 순서는 위에서 아래, 왼쪽에서 오른쪽이 기본이지만 경우에 따라서는 순서를 바꿀 수도 있다.

❻ 함수의 반환

return문으로 함수의 실행 결과를 반환한다. 이는 8장의 함수 부분에서 자세히 설명할 것이다. 지금은 예제와 같은 형식으로 사용된다는 정도만 알고 넘어간다.

02 C 프로그램 개발 환경

1 Visual C++를 이용한 프로그램 작성 방법

프로그램 개발 과정은 편집-컴파일/링크-실행 단계로 구분된다. 이러한 과정을 하나의 프로그램 내에서 제공하는 것을 **통합 개발 환경**IDE, Integrated Development Environment이라 한다. 도스에서는 Turbo-C나 Borland-C가 통합 개발 환경을 제공하고, 윈도우에서는 Visual C++ 또는 C-Builder가 통합 개발 환경을 제공한다. 이 책에서는 Visual Studio 2022의 Visual C++ 통합 개발 환경을 이용한다. Visual Studio 2022 제품군은 'Community', 'Professional', 'Enterprise'가 있는데 이 가운데 커뮤니티(Community)를 아래 사이트에서 무료로 다운받아 사용할 수 있다. 프로그램은 다음과 같은 절차로 설치한다.

https://visualstudio.microsoft.com/ko/vs/?WT.mc_id=DT-MVP-4038234

01 Visual Studio 2022 커뮤니티를 다운받은 후에 실행을 시키면 [그림 1-3] 화면이 나오는데, 이 책의 C 프로그램 구현 목적으로 사용하기 위해서 스크롤바를 아래로 내리면 [그림 1-4] 화면이 나온다. [그림 1-4]의 'C++를 사용한 데스크톱 개발'을 선택한다.

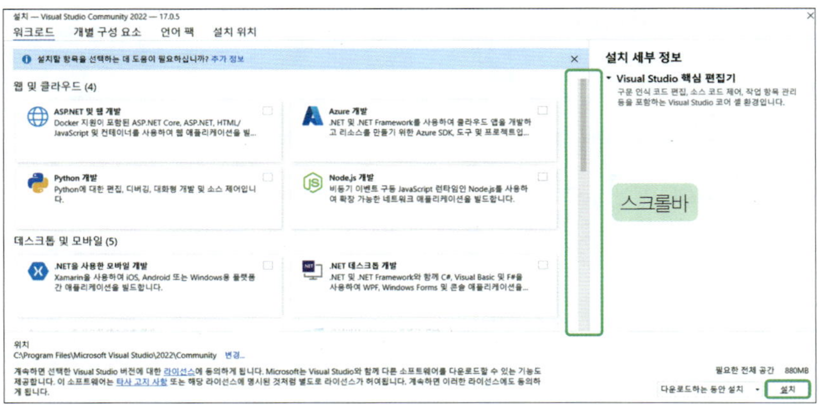

그림 1-3 Visual Studio 2022 설치 화면 (1/4)

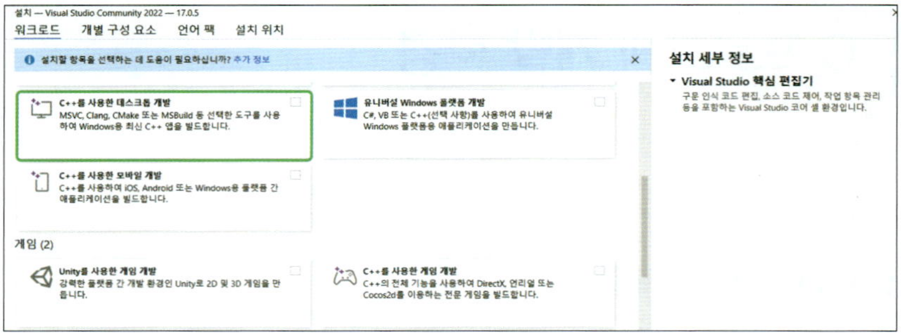

그림 1-4 Visual Studio 2022 설치 화면 (2/4)

02 'C++를 사용한 데스크톱 개발'을 선택한 후 [그림 1-5]와 [그림 1-6]의 설치 세부 정보 중 선택사항을 체크한 후에 〈설치〉 버튼([그림 1-3] 우하단)을 클릭한다.

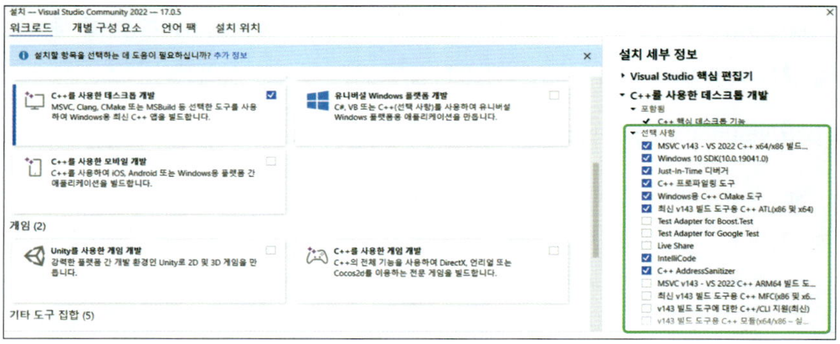

그림 1-5 Visual Studio 2022 설치 화면 (3/4)

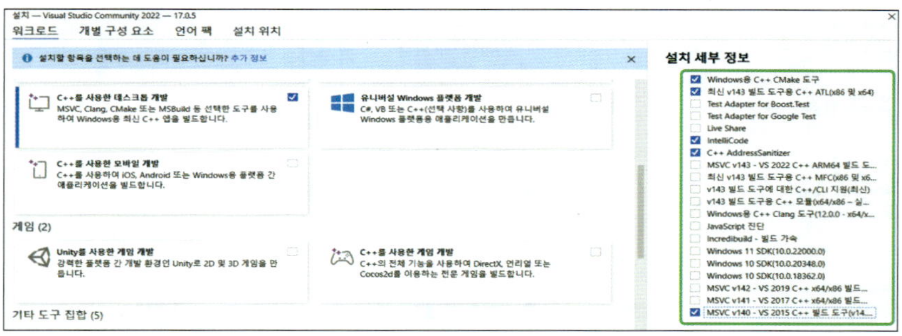

그림 1-6 Visual Studio 2022 설치 화면 (4/4)

실습 1-1 도스 창에 텍스트를 출력하는 프로그램 작성하기

01 Visual Studio 2022를 실행한다. 실행 화면 오른쪽의 〈새 프로젝트 만들기(N)〉를 클릭한다.

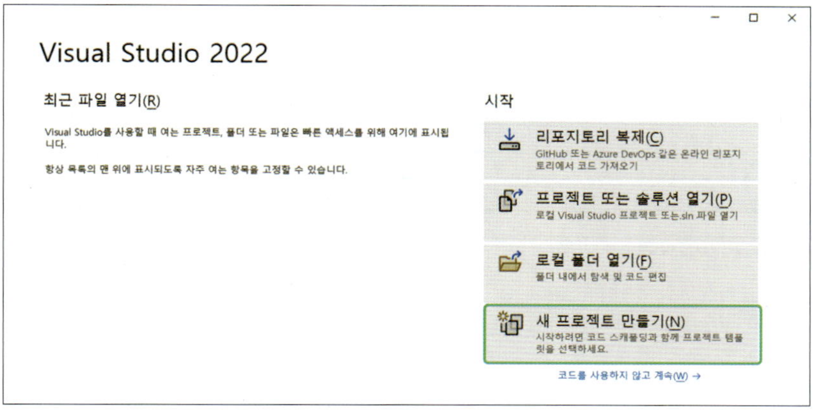

그림 1-7 Visual Studio 2022 실행 화면

02 [새 프로젝트 만들기] 대화상자가 나타나면 ❶ 〈빈 프로젝트〉 → ❷ 〈다음(N)〉을 차례로 선택한다.

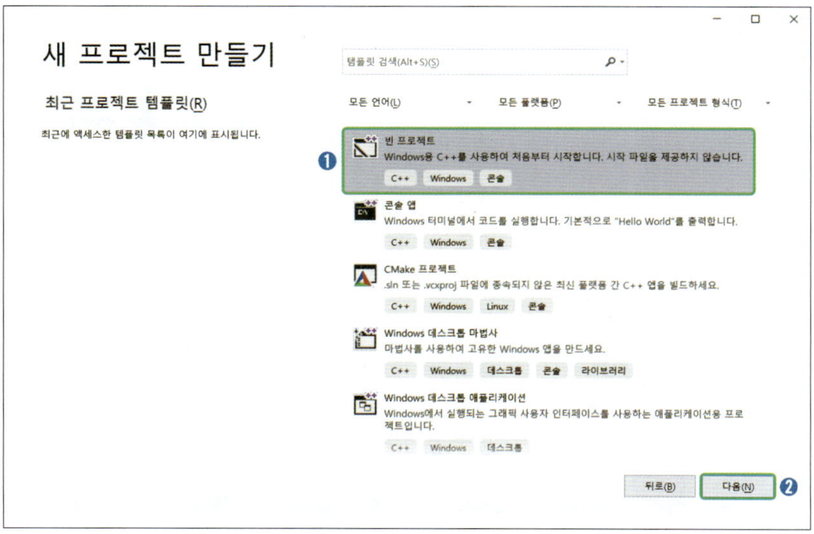

그림 1-8 [새 프로젝트 만들기] 대화상자

03 [새 프로젝트 구성] 대화상자가 나타나면 ❶ 프로젝트 이름을 입력하고 → ❷ 프로젝트가 저장될 위치를 정하고 → ❸ 솔루션 이름을 입력한 다음 → ❹ 〈만들기〉를 클릭한다.

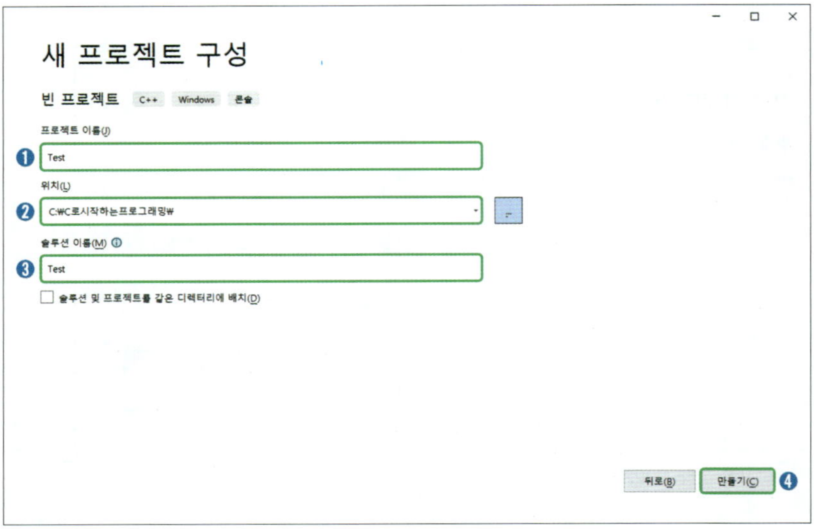

그림 1-9 [새 프로젝트 구성] 대화상자

04 [그림 1-10]과 같이 실행 초기 화면이 나타나면 화면의 오른쪽 [솔루션 탐색기] 하단의 '소스 파일' 폴더를 우클릭한다.

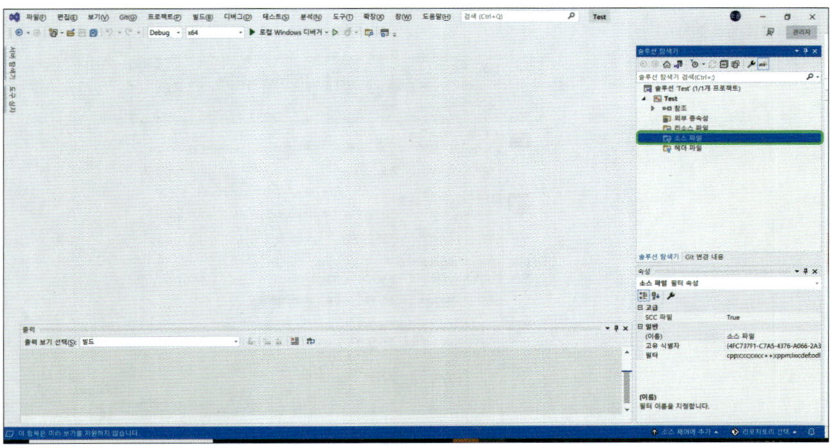

그림 1-10 새 프로젝트 실행 초기 화면

05 마우스 오른쪽 버튼을 클릭하면 [그림 1-11]과 같이 나오는데, C 파일을 만들기 위해서 ❶ 〈추가〉 → ❷ 〈새 항목〉을 선택하면 [그림 1-12] 창이 나온다. 여기서 기존에 만들어져 있는 파일을 불러오려면 〈기존 항목〉을 클릭하여 불러올 파일을 선택하면 된다.

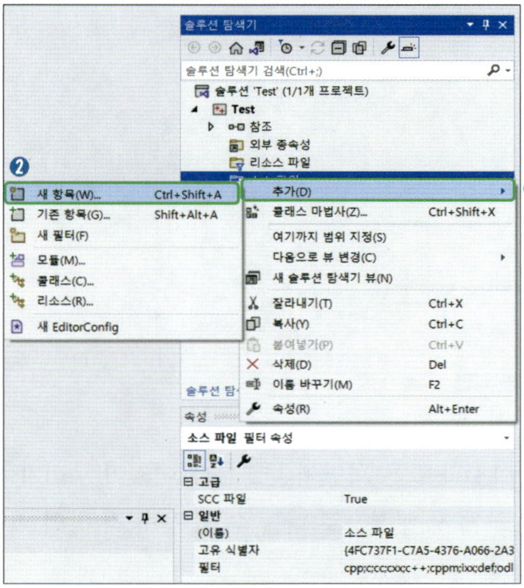

그림 1-11 소스 파일 마우스 오른쪽 버튼 클릭 시 화면

06 [그림 1-12]에서 ❶ C++ 파일을 선택하고 → ❷ 새 파일의 이름을 입력한 후(여기서는 main.c라고 하였음) → ❸ 〈추가〉를 클릭하면 된다.

TIP cpp는 C++ 언어를 이용해 프로그래밍할 때 사용하는 확장자명이다. 여기서는 C 파일을 만드는 것이므로 확장자를 cpp가 아닌 c로 저장한다.

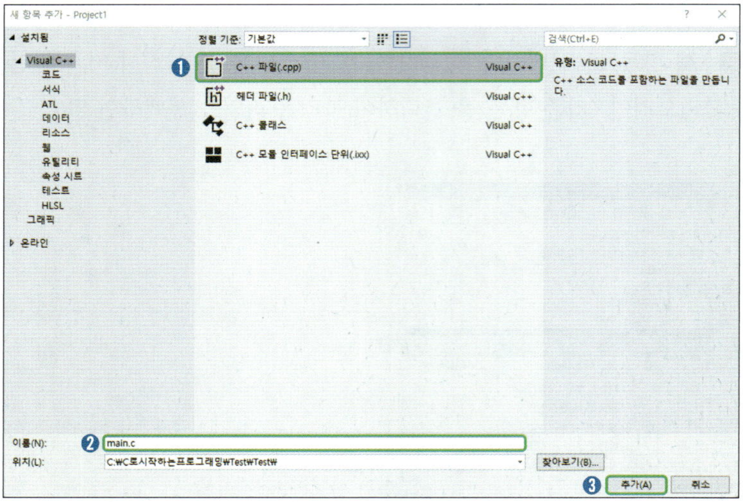

그림 1-12 main.c라고 하는 새로운 파일을 만드는 화면

07 .c 파일을 새롭게 만들게 되면 [그림 1-13]과 같은 화면이 나오는데 이것이 우리가 사용하게 될 프로그램 편집 창이다. 이 창은 크게 세 부분으로 나눌 수 있으며, 각 창의 역할은 다음과 같다.

❶ **소스 작성 창 :** C 언어 문법에 맞게 사용자가 프로그램을 작성하는 창이다.

❷ **프로젝트 창 :** 사용자가 만든 프로젝트가 표시되는 창이다.

❸ **결과 창 :** 소스 파일을 컴파일하고 빌드한 결과를 보여주는 창이다. 소스 파일을 컴파일한 .obj 파일의 오류 유무와 빌드한 .exe 파일의 오류 유무가 표시된다.

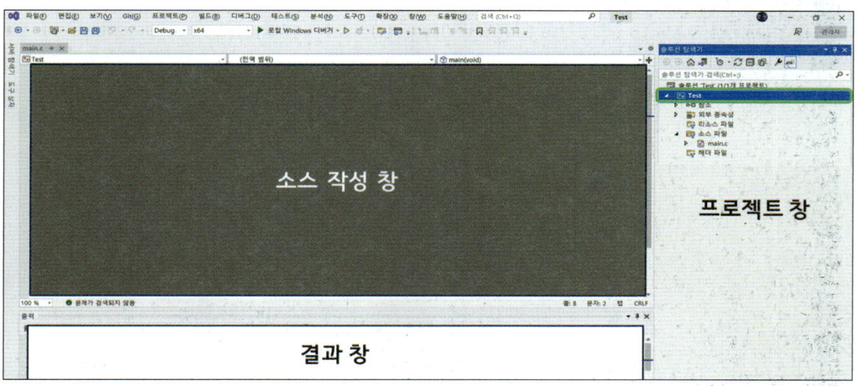

그림 1-13 프로그램 편집 창 화면

08 우리가 만들 C 파일을 컴파일하기 위해서 컴파일러를 선택해야 하는데, [그림 1-13]의 프로젝트 창에서 프로젝트명인 'Test'를 우클릭하면 [그림 1-14]와 같은 리스트가 등장한다. 리스트 하단의 '속성'을 클릭하면 [그림 1-15] 화면이 나온다.

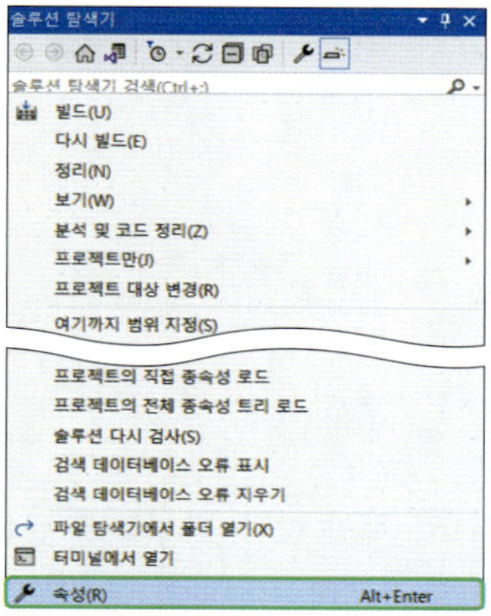

그림 1-14 프로젝트명 마우스 오른쪽 버튼 클릭 시 화면

09 [그림 1-15]와 같이 컴파일러 선택 화면이 나오면 ❶에서 ❻까지 순서대로 선택하고 클릭한다.

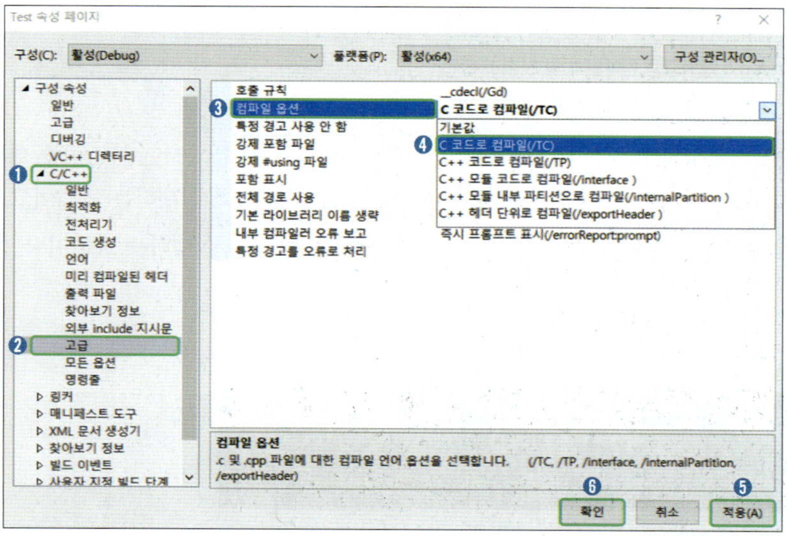

그림 1-15 컴파일러 선택 과정

10 main.c 파일이 만들어지면 소스 작성 창에 다음 소스코드를 입력한다. 이때 각 줄 앞의 숫자는 소스코드를 쉽게 이해할 수 있도록 줄 번호를 매긴 것이니 소스 작성 창에는 입력하지 않는다.

```c
#include <stdio.h>

int main(void)
{
   printf("저는 경영과 김경영입니다. \n");
   return 0;
}
```

11 소스코드를 실행하려면 컴파일(Compile)과 빌드(Build)를 해야 한다. 프로그램 편집 창의 메뉴에서 [빌드]–[솔루션 빌드](또는 Ctrl+Shift+B)를 선택하여 컴파일 및 빌드를 한다. 컴파일과 빌드를 실행한 뒤 결과 창을 확인한다.

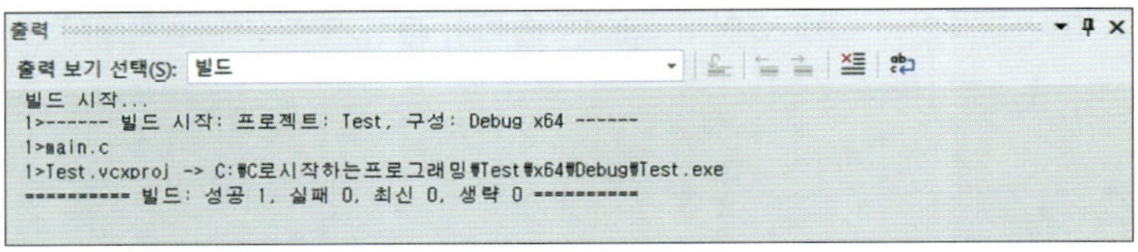

그림 1-16 main.c 프로그램 컴파일과 빌드 결과 창

12 프로젝트 편집 창의 메뉴에서 [디버그]–[디버그하지 않고 시작](또는 Ctrl+F5)을 선택해서 실행한다. 이때 [디버그 시작]은 프로그램을 한 줄씩 확인하며 실행하는 방법이고, [디버그하지 않고 시작]은 확인 과정 없이 프로그램 전체를 한 번에 실행하는 방법이다. 오류가 없다면 실행 결과가 도스 창에 나타난다.

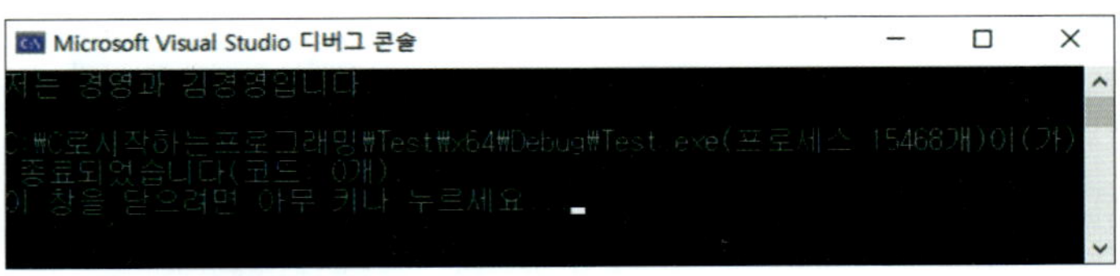

그림 1-17 프로그램 실행 결과를 보여주는 도스 창

Visual Studio 2022를 이용하여 간단한 C 프로그램을 작성해보았다.

2 프로그램 내용 분석

아직 C 언어를 본격적으로 배우지는 않았지만 예습의 의미로 [실습 1-1]에서 실행해본 프로그램의 내용을 하나씩 살펴보자. 혹시 내용이 이해되지 않더라도 앞으로 무엇을 배우는지 알아보는 것이니 가벼운 마음으로 보면 된다. 자세한 설명은 뒤에서 제시할 것이다.

```
01 #include <stdio.h> ────────── ❶
02
03 int main(void) ────────── ❷
04 {
05   printf("저는 경영과 김경영입니다. \n"); ──── ❸
06   return 0;
07 } ────────── ❹
```

❶ #include 〈stdio.h〉

전처리기 부분이다. 전처리기 지시자인 #를 사용하여 `include` 명령을 실행한다. `include` 명령 다음에는 반드시 Space Bar 를 눌러 한 칸을 띄우고 헤더파일명을 입력한다.

헤더파일의 확장자는 .h이며, 시스템(컴파일러를 가리킴) 안에 있는 헤더파일은 다음과 같은 형태로 사용할 수 있다. 이때 소괄호(( ))나 중괄호({})를 사용해서는 안 되고 반드시 홑화살괄호(< >)를 사용해야 한다는 점에 유의한다. [실습 1-1]의 1행에 쓰인 `stdio.h`는 `printf()` 함수를 사용하기 위한 것이다.

```
#include <stdio.h>     // 시스템 헤더파일 사용
```

시스템에 있는 헤더파일이 아니라 사용자가 만든 헤더파일을 사용할 경우에는 홑화살괄호(< >) 대신 다음과 같이 큰따옴표(" ")를 사용한다.

TIP 사용자가 만든 헤더파일에 대한 자세한 내용은 8장에서 다룬다.

```
#include "헤더파일명"     // 사용자가 만든 헤더파일 사용
```

❷ int main(void)

main 다음에는 소괄호(( ))를 사용한다. 소괄호(( )) 안에 void를 기록하지 않으면 오류 메시지가 발생할 수도 있으니 함께 작성하는 습관을 들이자. void에 대한 설명은 다른 장에서 다루겠다. main 함수 아래에는 중괄호({})를 사용한다.

❸ printf("저는 경영과 김경영입니다. \n")

printf()는 지정한 내용을 도스 창에 출력하는 함수다. 화면에 출력되는 내용은 괄호 안의 큰따옴표(" ") 사이에 있는 값으로 함수의 입력값이 그대로 출력된다. \n은 도스 창에 출력할 때 한 줄을 띄우라는 명령이다. 즉 엔터키와 동일한 역할을 한다. \를 입력할 때에는 키보드에서 ₩ 키를 누르면 된다.

❹ return 0

함수 실행을 끝내고 숫자 0을 반환하라는 의미다. int main( ) 함수에서 int는 정수형을 나타내는 자료형으로, main 함수가 정숫값을 반환한다는 의미다. 정수형 값을 반환하면 되므로 0 이외의 다른 정숫값을 사용해도 된다.

03 프로그램 오류 수정과 환경 설정

1 프로그램 오류 수정 방법

소스코드를 작성할 때 문법에 맞지 않거나 또는 문법적인 문제는 없지만 논리적으로 맞지 않으면 프로그램에 **오류**가 발생한다. 오류는 **문법적인 오류**와 **논리적인 오류**로 나눌 수 있는데, 문법적인 오류는 쉽게 찾을 수 있으나 논리적인 오류는 찾기가 어렵다. 예를 들어 +를 입력해야 할 부분에 -를 입력한 것과 같은 오류는 프로그램 소스코드를 한 줄씩 실행해보기 전에는 찾아내기 어렵다. **문법적인 오류나 논리적인 오류를 찾아 프로그램을 수정하는 것**을 **디버깅Debugging**이라고 한다.

[실습 1-1]의 소스코드를 다음과 같이 다시 작성한 뒤 디버깅으로 오류 제거하는 방법을 알아보자.

```
#inculde <stdio.h>                          // include의 철자가 틀렸다.

int main(void)
{
   printf("저는 경영과 김경영입니다. \n")       // 마지막에 세미콜론이 없다.
   return 0;
}
```

주석에 적힌 것처럼 이 소스코드에는 문법적인 오류가 2개 있다. Visual Studio 2022에서는 소스코드에 오류가 있으면 소스 작성 창에서 해당 부분을 빨간색 줄로 표시하고, 컴파일 후에는 결과 창에 오류 메시지를 나타낸다.

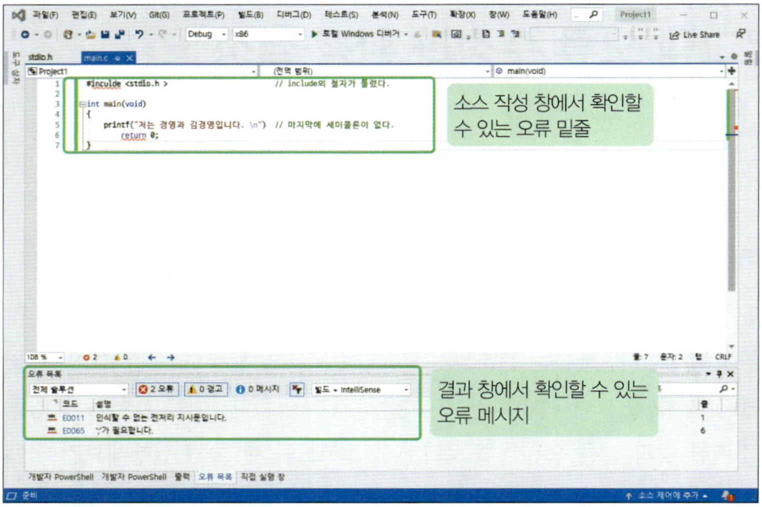

그림 1-18 소스 작성 창과 결과 창에 나타나는 오류 표시

결과 창의 오류 메시지에는 2개의 오류에 대한 내용이 있다. 순서대로 살펴보면, `invalid preprocessor command 'inculde'`는 `inculde`가 유효하지 않은 전처리기 명령어라는 얘기다. 오류 메시지를 더블클릭하면 해당하는 소스코드로 이동하는데 소스 작성 창에서 `inculde`를 `include`로 수정한다.

소스코드를 수정한 후 다시 컴파일하고 결과 창의 오류 메시지를 보면 `missing ';' before 'return'`이라고 되어 있다. 즉 `return` 명령어 앞에 세미콜론(;)이 없다는 뜻이다. 이 부분을 수정한 후 다시 컴파일하면 오류 메시지가 나타나지 않는다.

2 Visual Studio 2022의 Visual C++ 환경 설정

여기서는 통합 개발 환경으로 사용하는 Visual C++에서 프로그램 작성 환경을 변경하는 방법을 간단히 살펴본다. C 언어를 공부하는 데 직접적인 관련은 없으니 참고 내용 정도로만 알아두자.

실습 1-2 Visual C++에서 환경 설정하기

01 프로그램 편집 창에서 [도구]-[옵션]을 선택하면 [그림 1-19]와 같이 [옵션] 대화상자가

나타난다. [옵션] 대화상자에서 [환경]–[글꼴 및 색]을 선택하면 Visual C++ 통합 개발 환경에서 사용하는 글자의 형태나 색상을 바꿀 수 있다.

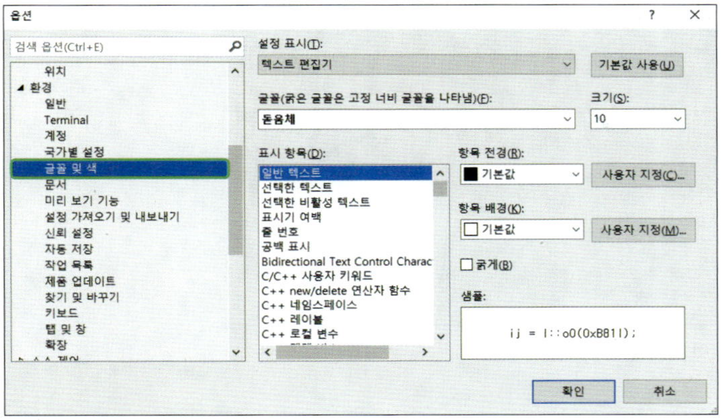

그림 1-19 [옵션] 대화상자

02 소스 작성 창의 배경색을 바꿔보자. 현재는 기본값인 Default로 설정되어 있다. ❶ [일반 텍스트]의 [항목 배경] 항목에서 원하는 색상을 선택하는데 여기서는 '은색'을 선택했다. ❷ 〈확인〉을 클릭하여 대화상자를 닫는다. [그림 1-21]과 같이 소스 작성 창의 배경색이 은색으로 바뀐다.

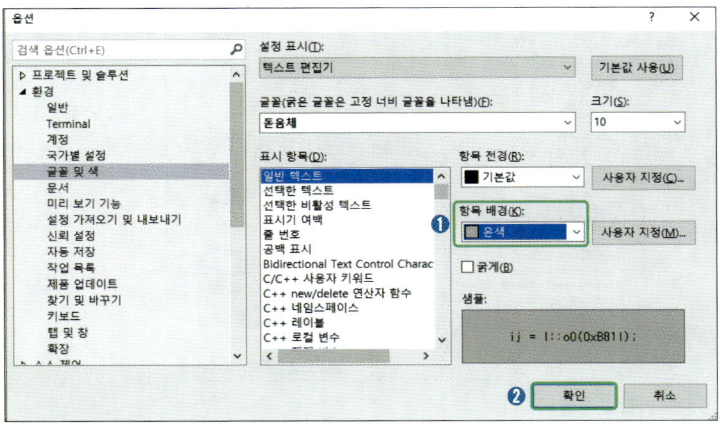

그림 1-20 소스 작성 창의 배경색 바꾸기

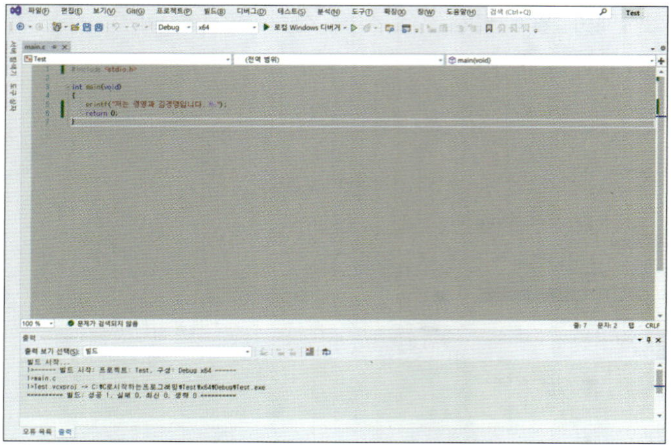

그림 1-21 소스 작성 창의 배경색 바꾸기 결과

03 소스 작성 창에 나타나는 키워드의 색상을 바꿔보자. 현재는 기본값인 Default로 설정되어 있다. ❶ [C++ 키워드 – 제어]를 선택하고 → ❷ [항목 전경]에서 원하는 색상을 선택하는데 여기서는 '빨강'을 선택한 뒤 → ❸ 〈확인〉을 클릭하여 대화상자를 닫는다. 소스 작성 창의 키워드가 빨간색으로 바뀐다. 소스 결과 창의 결과는 생략한다. 여기서 키워드는 프로그램에서 중요하게 반복적으로 사용되는 명령어를 사전에 정의한 단어들이다.

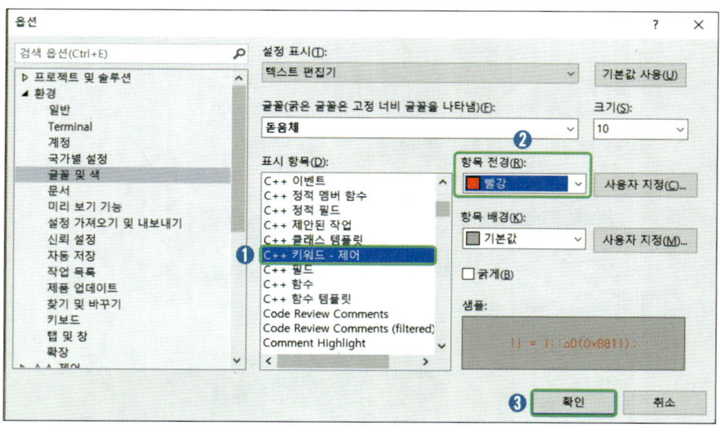

그림 1-22 소스 작성 창의 키워드 색상 바꾸기

[옵션] 대화상자를 이용하면 통합 개발 환경을 원하는 형태로 손쉽게 바꿀 수 있다.

3 도스 창 환경 설정

프로그램을 실행하면 나타나는 도스 창도 원하는 형태로 바꿀 수 있다. 기본적으로 도스 창은 검은색 바탕에 흰색 글자를 출력한다.

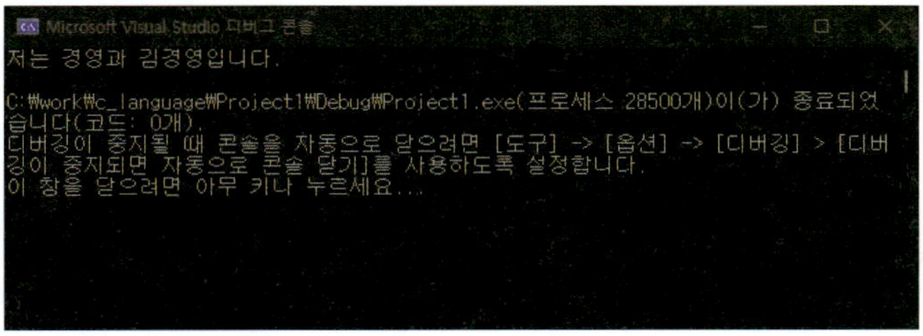

그림 1-23 도스 창의 기본적인 출력 형태

이러한 기본 출력 형태를 원하는 형태로 바꿔보자.

실습 1-3 **도스 창 환경 설정하기**

01 도스 창의 제목 표시줄에 마우스 포인터를 놓고 마우스 오른쪽 버튼을 누르면 다음과 같은 메뉴가 나타난다.

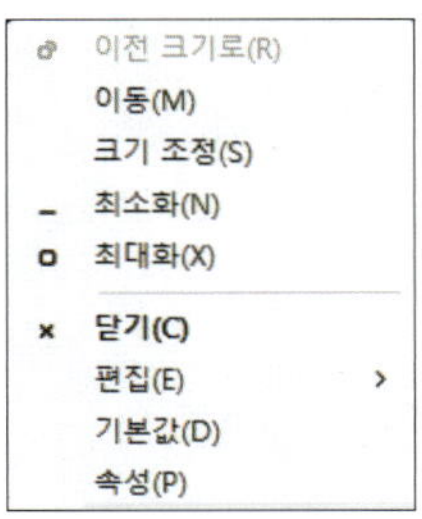

그림 1-24 도스 창의 메뉴

02 도스 창의 메뉴에서 [속성]을 선택하면 대화상자가 나타난다. 라디오 버튼의 항목으로 화면 텍스트와 화면 배경이 있는데, 각각 클릭하여 화면 텍스트는 검은색을, 화면 배경은 흰색을 선택한 후 〈확인〉을 클릭한다. 여기서 대화상자는 윈도우 버전에 따라 형태가 다를 수 있다.

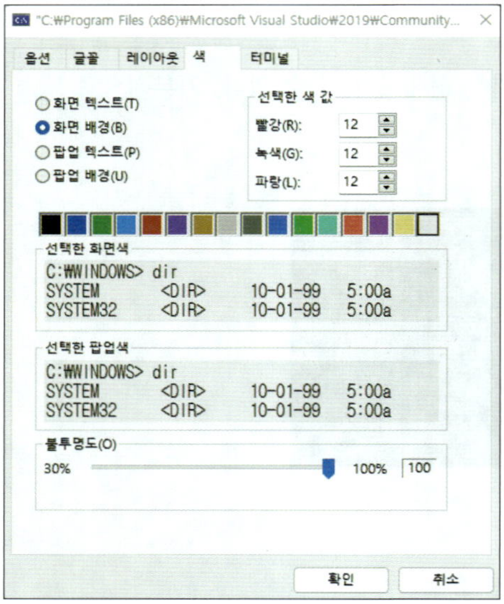

그림 1-25 도스 창의 배경 색상과 텍스트 색상 바꾸기

03 도스 창의 화면 배경이 흰색으로, 화면 텍스트가 검은색으로 바뀐 것을 확인할 수 있다.

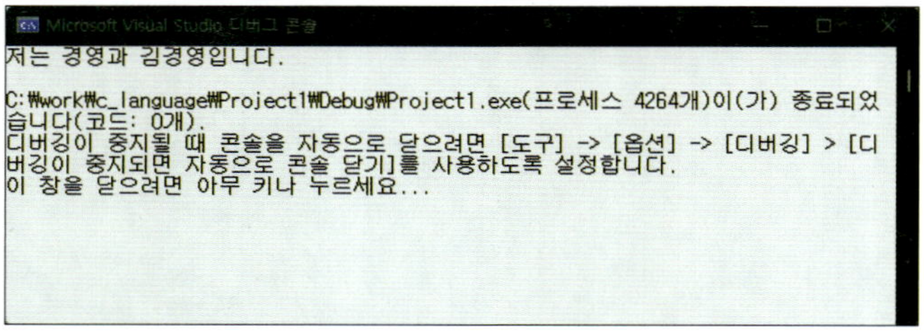

그림 1-26 도스 창의 배경색과 텍스트 색상 바꾸기 결과

01 C 언어의 특징

- 시스템 프로그래밍 언어
- 함수 언어
- 이식성이 강한 언어
- 풍부한 자료형 지원
- 다양한 제어문 지원
- 표준 라이브러리 함수 지원

02 컴퓨터 시스템의 구조

컴퓨터는 **하드웨어**와 **소프트웨어**로 구성된다.

- **하드웨어** : 전자회로와 물리적인 장치로 이루어진 것
- **소프트웨어** : 하드웨어를 움직이도록 하는 명령어들의 집합

03 하드웨어의 분류

하드웨어의 5대 구성 요소는 **입력장치**, **중앙처리장치**, **출력장치**, **주기억장치**, **보조기억장치**다.

- **입력장치** : 문자나 기호 같은 데이터를 컴퓨터가 이해하도록 전기 신호로 변환한다.
- **중앙처리장치** : 컴퓨터의 두뇌에 해당하며 컴퓨터의 구성 요소를 제어하거나 연산을 수행한다.
- **출력장치** : 중앙처리장치가 처리한 결과를 출력한다.
- **주기억장치** : 흔히 램RAM, Random Access Memory이라고 하며 컴퓨터 내에서 실행 중인 명령어와 데이터를 저장한다.
- **보조기억장치** : 주기억장치를 보조하는 장치로 데이터를 영구적으로 보존할 때 사용하며 하드디스크, 이동식디스크USB, Universal Serial Bus, CD-ROM 등이 있다.

04 소프트웨어의 분류

소프트웨어는 **시스템 소프트웨어**와 **응용 소프트웨어**로 나뉜다.

- **시스템 소프트웨어** : 운영체제와 같이 컴퓨터 시스템 전반을 효율적으로 운영하고 제어하기 위한 프로그램
- **응용 소프트웨어** : 한글과 워드, 엑셀 등과 같이 특정한 목적을 수행하도록 만든 프로그램

05 프로그램 실행 절차

- 먼저 **편집기**로 **원시 파일**을 작성한다. 원시 파일은 **컴파일**을 통해 **목적 파일**로 바뀐다. **컴파일**을 통해 만들어진 목적 파일은 **링커**를 통해 시스템 라이브러리와 연결되며, 그 결과 **실행 파일**이 만들어진다.

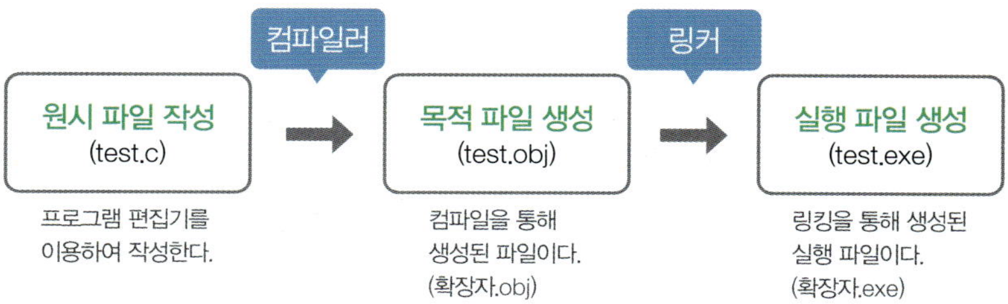

06 C 프로그램의 구조

- 주석
- 전처리기 지시자
- `main(void)` 함수
- 중괄호(`{}`)
- 일반 명령문
- 함수의 반환(`return`)

07 프로그램 환경 설정

프로그램 편집기의 배경과 실행된 도스 창 배경은 사용자가 원하는 형태로 바꿀 수 있다. 프로그램 편집기는 [도구]–[옵션] 메뉴를 선택하여 바꿀 수 있고, 도스 창은 도스 창의 제목 표시줄에서 마우스 오른쪽 버튼을 눌러 [속성]을 선택하면 바꿀 수 있다.

연습문제

01 컴퓨터의 구성 요소에 대해 설명하시오.

02 이 책에서 작성하는 프로그램은 시스템 소프트웨어인지 응용 소프트웨어인지 밝히고, 그 이유를 설명하시오.

03 사용자가 원시 파일을 작성하는 것부터 컴퓨터가 실행 파일을 만드는 것까지, 프로그램의 실행 과정에 대해 설명하시오.

04 시스템 라이브러리는 무엇이며, 사용자가 어떻게 이것을 활용할 수 있게 되는지 설명하시오.

05 프로그램 오류 가운데 문법적인 오류와 논리적인 오류는 무엇이며, 일반적으로 왜 논리적인 오류가 해결하기 더 어려운지 설명하시오.

06 주석이란 컴퓨터가 처리하지 않는 내용으로 프로그램 실행과는 관련이 없다. 그럼 왜 사용자는 주석을 사용하는지 설명하시오.

07 다음 소스코드를 작성하고 프로그램을 실행하여 오류가 발생하면 결과 창의 내용을 읽고 디버깅 하시오.

①

```
#include {stdio.h}

int main()
{
        printf("김경영의 학번은 2022001입니다.\n");
        return 0;
}
```

②

```
#include <stdio.h>

int main()
{
        printf(안녕하세요. \n");
                return 0;
 }
```

08 Visual C++ 프로그램 편집 창의 [도구]–[옵션] 메뉴를 이용하여 소스 작성 창의 배경을 검은색으로, 텍스트 색상을 회색으로, 키워드 색상을 흰색으로 바꾸시오.

PART 02

C 언어 기초 문법

PART 02

C 언어 기초 문법

CHAPTER 02

기본 자료형과 형 변환

학습목표

- C 프로그래밍에서 표현할 수 있는 자료형을 알아본다.
- 다양한 자료형을 통해 표현하고자 하는 데이터를 정확하게 프로그래밍한다.

01 키워드와 식별자

1 키워드

키워드Key Word는 **프로그래밍 언어에서 고유한 의미를 지닌 예약된 단어**로, **예약어**Reserved Word라고 부르기도 한다. 프로그래밍 언어는 각 언어마다 고유한 키워드가 있으며 C 언어 역시 32개의 기본 키워드가 있다. 키워드는 프로그램 내에서 특별한 의미를 가진 명령어인데, 키워드마다 어떤 의미인지 배우는 것이 바로 프로그래밍 문법을 배우는 것이다. 물론 이 32개의 키워드 외에도 컴파일러마다 추가로 사용하는 키워드가 있다.

TIP 키워드에서 자주 헷갈리는 것이 include인데, include는 키워드가 아니라 전처리기 지시자다.

[표 2-1]은 미국규격협회(ANSI)에서 지정한 C 언어의 32개 키워드다. 각 키워드가 어떤 의미이고 어떻게 사용되는지를 앞으로 배워갈 것이다.

표 2-1 미국규격협회가 지정한 C 언어의 키워드

auto	do	goto	signed	unsigned
break	double	if	sizeof	void
case	else	int	static	volatile
char	enum	long	struct	while
const	extern	register	switch	
continue	float	return	typedef	
default	for	short	union	

2 식별자

키워드 외에 프로그램에서 사용자가 필요에 따라 만들어 사용하는 단어가 있는데 이를 **식별자**Identifier라고 한다. 식별자는 사용자가 편의에 따라 자신만의 이름을 만들어 사용하며, 대표적으로 값을 저장하기 위한 변수명이나 특별한 일을 수행하는 함수명 등이 해당된다. 식별자는 사용자가 임의로 이름을 만들 수 있으나 다음과 같은 일정한 규칙을 지켜야 한다. 이를 식별자 작성 규칙이라고 한다.

- 영문 대문자와 소문자(A~Z, a~z), 숫자(0~9), 밑줄(_)을 포함한 63개의 문자로만 구성할 수 있다.
- 첫 글자로 숫자를 사용할 수 없다.
- 대문자와 소문자를 구별하며, 키워드는 사용할 수 없다.

식별자를 올바르게 사용하려면 이러한 식별자 작성 규칙을 따라야 한다. 또한 만들고자 하는 식별자의 특성이 잘 반영되도록 이름을 정의하는 것도 중요하다. 다음은 올바르게 만든 식별자와 잘못 만든 식별자의 예다.

- **올바른 예** : data7, _data, _score, iValue, m_7Name, SEOUL
- **잘못된 예** : 1data, -data, int, _@mail, #count, double

위의 잘못된 예에서 틀린 이유를 살펴보자.

```
1data    // 첫 글자가 숫자다.
-data    // -는 식별자로 사용할 수 없다.
int      // 정수형의 변수를 선언할 때 사용하는 키워드다.
_@mail   // 특수문자 @을 사용했다.
#count   // 특수문자 #를 사용했다.
double   // 실수형의 변수를 선언할 때 사용하는 키워드다.
```

C 언어에서 사용하는 문자는 영문자, 숫자, 특수문자 등이다. C 언어에서 사용할 수 있는 문자를 [표 2-2]에 정리했다.

표 2-2 C 언어에서 사용할 수 있는 문자

문자 유형	예
대문자	A, B, C, D, E, F, …, Z
소문자	a, b, c, d, e, f, …, z
숫자	0, 1, 2, 3, 4, 5, 6, 7, 8, 9
특수문자	+, -, *, /, #, (,), [,], ', "
기타	공백과 형식문자(\n, \t, …)

02 상수와 변수

1 상수

상수Constant는 **프로그램이 실행되어 끝날 때까지 값이 변하지 않는 자료**를 의미하며, 어떤 숫자나 문자 1개 또는 문자열로 표현한다. 상숫값이 프로그램 실행 도중에 변하면 오류가 발생하므로 프로그램의 시작부터 끝까지 동일해야 한다. 상수의 종류에는 정수형, 실수형, 문자, 문자열, 기호가 있으며, [표 2-3]에 이를 정리했다.

표 2-3 상수의 종류와 예

상수의 종류	예
정수형	50, 100, -120
실수형	3.141592, 2.88e-4
문자	'b', 'z', '6'
문자열	"Hello", "World"
기호	#define PI 3.141592

문자 1개는 작은따옴표(' ')를 사용해서 표현하고 문자열은 큰따옴표(" ")를 사용해서 표현한다. 또 기호 상수는 전처리문인 `#define`을 이용하여 상수명과 값을 지정한 후 사용한다. 참고로 전처리기 지시자인 #를 사용하는 문장은 일반적인 C 문장이 아니기 때문에 문장의 끝에 세미콜론(;)을 넣지 않는다. 기호 상수의 예로 제시한 `#define PI 3.141592`의 의미를 간략하게 살펴보자.

TIP 전처리문인 `#define`은 12장에서 자세하게 다룬다.

```
# define PI 3.141592
❶   ❷    ❸    ❹
```

❶ **#** : 전처리기 지시자다.

❷ `define` : 기호 상수를 정의하는 명령어다.

❸ PI : 프로그램에서 사용된 기호 상수다.

❹ 3.141592 : 기호 상수의 실제 값으로 PI라는 곳에 값이 들어간다.

2 변수

상수는 한 번 정의되면 프로그램이 종료될 때까지 값이 동일하게 사용된다. 그러나 **변수**Variable는 값이 계속 변할 수 있다. 예를 들어 원의 넓이를 계산한다고 할 때 원주율은 고정된 값, 즉 상수이다. 이에 반해, 반지름은 원의 크기마다 다르기 때문에 상황에 따라 변하는 값, 즉 변수인 것이다.

(원의 넓이) = $\pi \times r^2$

상수(원주율) 변수(반지름)

그림 2-1 상수와 변수

변수는 프로그램에서 자료 값을 임시로 저장하는 장소로 볼 수 있으며, 변수를 만들면 변수에 값을 저장할 수 있고 이 값이 계속 바뀌게 된다. 변수를 만들기 위해서는 먼저 다음과 같이 변수를 **선언**(**컴퓨터에 알려주는 것**)해야 한다.

```
int age;
자료형 변수명;
```

변수를 선언할 때는 먼저 사용자가 어떤 종류의 변수를 사용할지(정숫값을 저장할 것인지, 실숫값을 저장할 것인지 등) 결정한 후 그에 따른 자료형을 선언한다. 위의 예에서는 정수형 변수를 사용하기 위해 정수형 자료형을 의미하는 키워드인 int를 사용했다. int는 **정수형 변수를 선언할 때 사용하는 키워드**다. 자료형을 선언한 다음에는 변수명을 쓰는데, 변수명이란 실제로 정숫값이 저장되는 곳의 이름이다. 위의 예에서는 age가 변수명이므로 여기에 정숫값을 저장할 것이다.

변수명은 앞서 설명한 식별자 작성 규칙에 따라 명명한다. 다만 위의 age처럼 되도록 변수명만 보고도 어떤 의미의 값을 저장하는지 알 수 있게 명명하는 것이 좋다. 위의 age는 나이를 저장하기 위해 선언한 변수다.

결국 int age;은 이름이 age인 정수형 변수 1개를 선언한다는 의미로, 이 명령에 따라 주기억장치[RAM]에는 age라는 정수형 크기의 메모리가 할당된다.

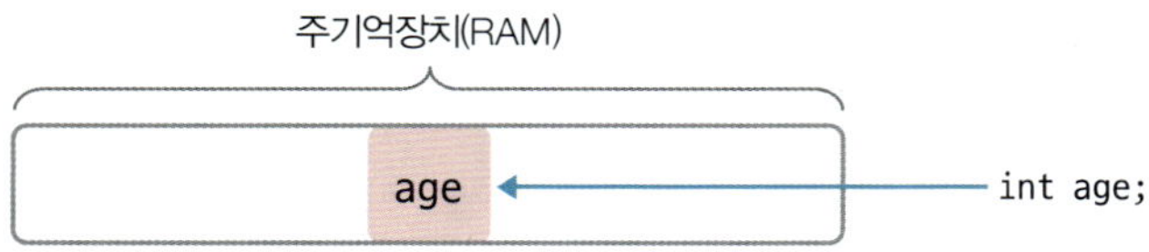

그림 2-2 변수 선언의 의미

변수 선언은 주기억장치에 창고를 만드는 것이라고 생각하면 이해하기 쉽다. 창고를 만들고 창고의 크기에 맞는 물건을 넣는 것과 비슷한 개념이다.

2.1 변수의 초기화

선언된 변수에는 자료형에 맞는 값이 저장된다. 선언된 변수에 처음으로 값을 저장하는 것을 초기화라고 한다. [표 2-4]와 같이 초기화 방법에는 두 가지가 있다.

표 2-4 변수 초기화 방법

변수 초기화 방법	사용 예
선언과 동시에 초기화하기	`int age = 20;`
선언 후에 초기화하기	`int age;` `age = 20;`

위의 초기화 방법 중 두 번째 방법을 보면 선언 후에 초깃값을 입력하는데, 이 경우 초깃값이 저장되기 전 age에는 사용자가 알 수 없는 무의미한 값[Dummy]이 저장된다. 이는 초깃값을 입력하지 않은 변수에는 컴파일러가 자동적으로 무의미한 값을 할당하기 때문이다.

그럼 변숫값을 바꾸려면 어떻게 해야 할까?

```
int age = 20;
age = 22;
```

위에서 정수형 변수 age에 초깃값으로 20을 저장하고 다시 22로 수정한 것처럼 변숫값을 사용자가 직접 지정하면 된다.

2.2 여러 변수 동시 선언

동일한 자료형의 변수를 여러 개 사용해야 할 때는 다음과 같이 동시에 선언할 수 있다.

표 2-5 동일한 자료형의 변수 선언 방법

변수 선언 방법	사용 예
변수 2개를 따로 선언하기	`int a = 10;` `int b = 20;`
변수 2개를 동시에 선언하기	`int a = 10, b = 20;`

이처럼 2개 이상의 동일한 자료형 변수는 쉼표(,)를 이용하여 동시에 선언하는 방법이 훨씬 더 효과적이다. 그럼 예제를 통해 변수를 선언하고 초기화하는 방법을 살펴보자.

예제 2-1 변수를 선언하고 초기화하기 프로그램 2-1.c

```c
#include <stdio.h>

int main(void)
{
	int num1 = 10, num2 = 5;

	printf("num1의 초깃값은 %d이다.\n", num1);
	printf("num2의 초깃값은 %d이다.\n", num2);

	// num2의 값에 새로운 정숫값을 저장한다.
	num2 = 20;
	// num1의 값에 새로운 정숫값을 저장한다.
	num1 = 30;

	printf("num1의 새로운 값은 %d이다.\n", num1);
	printf("num2의 새로운 값은 %d이다.\n", num2);
	return 0;
}
```

실행 결과

```
num1의 초깃값은 10이다.
num2의 초깃값은 5이다.
num1의 새로운 값은 30이다.
num2의 새로운 값은 20이다.
```

num1과 num2에 초깃값을 할당하고 출력한 다음 다시 새로운 값을 할당하면 새로운 값이 저장 후 출력된다.

혼자 해 보기 2-1

다음 소스코드를 실행하면 나타나는 오류를 수정하시오.

```c
#include <stdio.h>

int main(void)
{
      int a = 20;
      const int b = 3;

      printf("변수 a의 초깃값은 %d이다.\n", a);
      printf("상수 b의 초깃값은 %d이다.\n", b);

      a = 10;
      b = 4;

      printf("a의 값은 %d로 바뀌었다.\n", a);
      printf("b의 값은 %d로 바뀌었다.\n", b);
      return 0;
}
```

ⓘ힌트 자료형 앞에 const 키워드를 사용하면 상수가 된다. 따라서 처음 선언할 때 값을 할당해야 하고 중간에 바꿀 수 없다.

03 기본 자료형

자료형은 **프로그램에서 선언된 변수들이 기억 공간에서 어떻게 저장되고 처리되어야 할지를 컴파일러에 알려준다.** C 언어에는 정수형, 실수형, 문자형 등의 자료형과 프로그래머가 정의해서 사용하는 사용자 정의 자료형이 있다. 예를 들어 `int`, `long`, `short`, `unsigned`는 정수형 변수를 선언할 때 사용되고 `float`, `double`은 실수형 변수를 선언할 때 사용된다. 그리고 `char`는 문자형 변수를 선언할 때 사용된다.

C 언어에서 사용되는 자료형의 종류 중에서 정수형, 실수형, 문자형은 C 언어가 제공하는 기본적인 자료형이고, 그 외에는 프로그래머가 정의하여 사용하는 자료형이다. [그림 2-3]에 C 언어에서 제공하는 자료형을 정리하여 나타냈다.

자료형		
자료형	정수형	int, long, short, unsigned
	실수형	float, double
	문자형	char
	복합형	array, struct, union, enum

그림 2-3 C 언어에서 제공하는 자료형

1 정수형

정수는 **소수점이 없는 숫자**를 말한다. 정수형 상수에는 양수, 0, 음수가 있으며 양수, 음수에 따라 +, - 부호를 사용할 수도 있다. 정수형의 기본형은 부호를 포함하는 `signed int`형이지만 일반적으로 `signed`는 생략한다. 정수가 표현할 수 있는 수의 범위는 컴퓨터의 종류나 컴파일러의 종류 또는 컴파일러의 선택 사항에 따라 조금씩 다를 수 있는데, 어떤 방식이든 정수 1개의 크기는 대부분 16~32비트로 결정된다. 참고로 이 책에서는 32비트 컴퓨터를 사용한다고 가정하여 `int`형의 크기는 4바이트다.

TIP 64비트 컴퓨터에서는 int의 크기가 8바이트다.

[표 2-6]은 32비트 언어 체계일 경우 정수형 데이터의 허용 범위를 보여준다. 표에서 ( ) 안에 있는 명령어는 생략해도 된다는 의미이고, 허용 범위는 선언된 변수가 저장할 수 있는 값의 범위를 나타낸다. **이 범위를 넘는 값을 변수에 저장하면 사용자가 의도한 값이 아닌 전혀 다른 값이 저장**되는데, 이러한 현상을 **오버플로**Overflow라고 한다.

표 2-6 자료형에 따른 허용 범위

정수형	바이트 수	허용 범위
(signed) short (int)	2	$-2^{15}\sim2^{15}-1$
unsigned short (int)	2	$0\sim2^{16}-1$
(signed) int	4	$-2^{31}\sim2^{31}-1$
unsigned int	4	$0\sim2^{32}-1$
long (int)	4	$-2^{31}\sim2^{31}-1$
unsigned long (int)	4	$0\sim2^{32}-1$

예제 2-2 정수형의 허용 범위와 오버플로 프로그램 2-2.c

```c
#include <stdio.h>
// pow() 함수를 사용하기 위해 <math.h> 파일을 포함한다.
#include <math.h>

int main(void)
{
    short a, b;
    unsigned short c;

    a = pow(2, 15) - 1; // 2 ^ 15 - 1 = 32767
    b = pow(2, 15); // 2 ^ 15 = 32768
    c = pow(2, 15);

    printf("a의 값은 %d이다.\n", a);
    printf("b의 값은 %d이다.\n", b);
    printf("c의 값은 %d이다.\n", c);

    return 0;
}
```

실행 결과

```
a의 값은 32767이다.
b의 값은 -32768이다.
c의 값은 32768이다.
```

- a: short형, $2^{15}-1$
- b: short형, 2^{15} 오버플로 발생
- c: unsigned short형, 2^{15} 오버플로 발생하지 않음

warning 메시지와 상관없이 실행해보자. 변수 b에 허용 범위보다 큰 값이 저장되어 원하는 값(32768)이 저장되지 않고 오버플로가 발생하며, 그 결과 의도한 것과 다른 값이 저장된다. 변수 c는 **부호 없는 정수형**unsigned short으로 선언하여 값을 의도한 대로 저장할 수 있다.

pow() 함수는 지수를 표현할 때 사용하는 함수로 pow(x, y)에서 x는 밑수를, y는 지수를 의미한다. 예를 들어 pow(2, 15)는 2^{15}(2의 15제곱)을 의미한다. pow() 함수는 math.h 파일에 정의되어 있기 때문에 프로그램에서 math.h 파일을 포함한다.

2 실수형

실수는 **소수점이나 지수가 있는 수**를 의미하며 일반적으로 메모리 내에서 4바이트, 8바이트로 표현한다. 실수형에는 float, double, long double이 있으며 기본형은 double이다. printf()문 내에 변수를 출력하는 방법은 [예제 2-3]에서 자세히 설명한다. 실수형 변수의 사용 예를 [표 2-7]에 제시했다.

표 2-7 실수형의 종류와 사용 예

종류	바이트 수	사용 예
float	4	float a = 3.141592, b = 3.14f
double	8	double a = 5.6847
long double	8	long double a = 5.68424L

예제 2-3 실수형 변수를 선언하고 초기화하기 — 프로그램 2-3.c

```
#include <stdio.h>

int main(void)
{
	float a = 12.34;
```

```
    double b = 56.78;

    printf("float형 a의 값은 %f이다.\n", a);
    printf("double형 b의 값은 %lf이다.\n", b);

    // 소수점 자릿수를 조정하면
    printf("소수점 자릿수를 조정한 후의 값\n");
    printf("float형 a의 값은 %.2f이다.\n", a);
    printf("double형 b의 값은 %.3lf이다.\n", b);

    return 0;
}
```

실행 결과

```
float형 a의 값은 12.340000이다.
double형 b의 값은 56.780000이다.
소수점 자릿수를 조정한 후의 값
float형 a의 값은 12.34이다.
double형 b의 값은 56.780이다.
```

[예제 2-3]에서 각 변수를 출력하기 위해 사용한 `%f`, `%lf` 등을 **변환 기호**라고 한다.

3 변환 기호

[예제 2-3]의 `printf()` 함수에서 변환 기호 앞에 소수점과 숫자를 작성하여 소수점의 형태를 조정했다. 이와 같이 실수는 출력되는 값의 폭과 출력되는 방향도 조정할 수 있다.

각 자료형의 변환 기호는 다음 표와 같다.

표 2-8 변환 기호의 종류

종류	변환 기호
정수 자료형	%d
float	%f
double	%lf

실수 변수는 별도로 설정하지 않으면 기본적으로 소수점 다음 여섯 자리까지 출력된다. 소수점 다음의 자릿수를 조정하고 싶을 때에는 변환 기호 앞에 [예제 2-3]과 같이 소수점을 찍고 원하는 자릿수를 아라비아 숫자로 기입하면 그 숫자만큼 소수점 다음 자릿수가 표시된다. 예를 들어 `%.2f`는 소수점 다음 둘째 자리까지 표시하라는 의미이고, `%.3lf`는 소수점 다음 셋째 자리까지 표시하라는 의미다.

실수 변수를 출력할 때 `float`인 경우는 `printf()`문에서 `%f`를 변환 기호로 사용해야 하고, `double`인 경우는 `%lf`를 변환 기호로 사용해야 한다. 정수의 경우 출력하려는 값의 필드 폭을 지정하려면 변환 기호 `%d` 사이에 폭을 나타내는 정수를 넣으면 된다. 아래의 예를 살펴보자.

3.1 기본적인 정수 출력

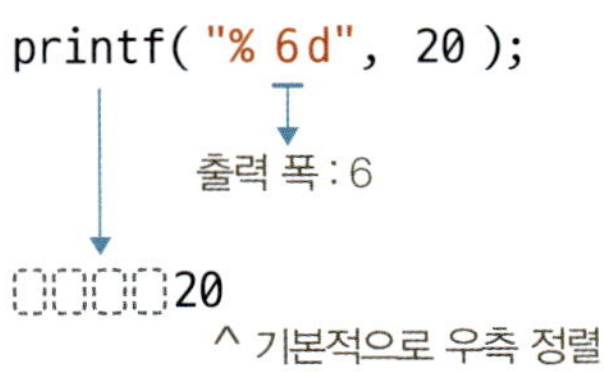

그림 2-4 기본적인 정수 출력

%6d에서 6은 출력 폭이 여섯 칸이라는 의미다. 값은 기본적으로 오른쪽 정렬로 출력된다.

3.2 저장된 값의 부호 출력

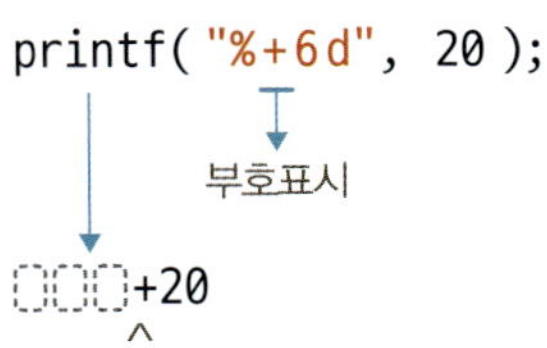

그림 2-5 저장된 값의 부호 출력

%+6d에서 +는 출력 시 부호와 값이 함께 출력되게 한다.

3.3 왼쪽 정렬

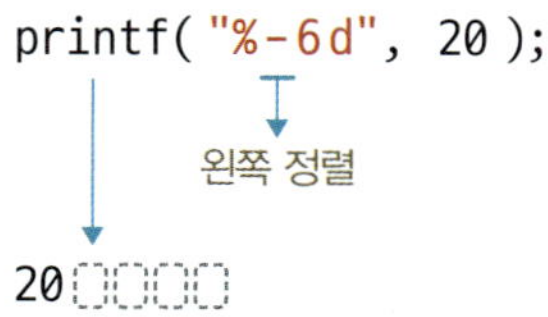

그림 2-6 왼쪽 정렬

%-6d에서 -는 출력되는 값을 왼쪽으로 정렬하라는 의미이다.

3.4 기본적인 실수 출력

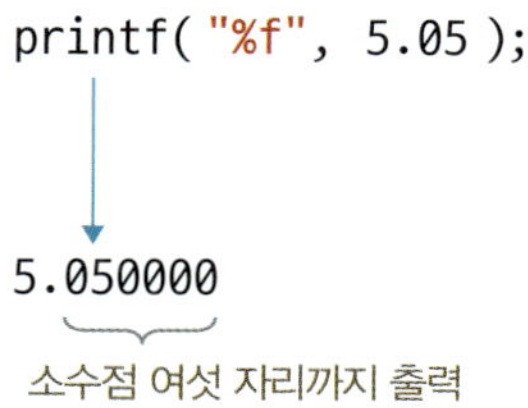

그림 2-7 기본적인 실수 출력

실수형의 경우 출력 폭은 작성 방법이 정수형과 동일하지만 소수점 다음 자릿수를 추가로 표시할 수 있다. 아무 표시가 없으면 기본적으로 소수점 다음 여섯 자리까지 출력된다.

3.5 소수점 다음 자릿수를 제한한 실수 출력

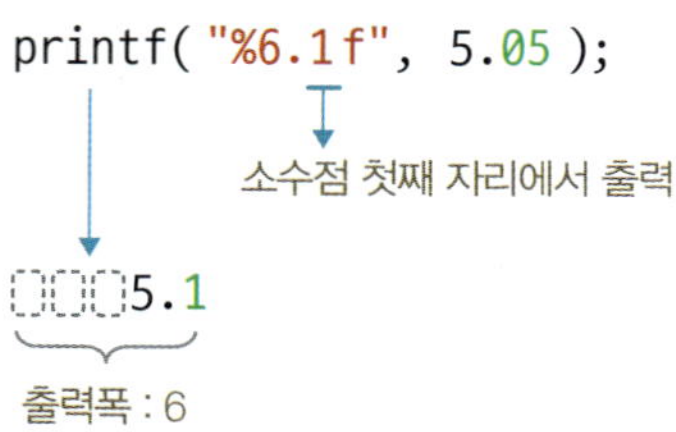

그림 2-8 소수점 다음 자릿수를 제한한 실수 출력

%6.1f에서 6은 전체 출력 폭을 의미하며, 1은 소수점 다음 자릿수를 한 자리로 한다는 의미다. [그림 2-8] 같은 경우에는 지정된 자릿수(여기서는 소수점 다음 첫째 자리)에 맞게 숫자가

반올림되어 출력된다.

[예제 2-4]는 변환 기호로 폭을 조정하여 출력값을 정렬하는 프로그램이다.

예제 2-4 **폭을 조정하여 출력값 정렬하기** 프로그램 2-4.c

```c
#include <stdio.h>

int main(void)
{
    int a = 20;
    float b = 5.05F, c = 12000.149F;

    printf("정수형의 다양한 출력 형태\n\n");

    printf("1)%d\n", a);
    printf("2)%6d\n", a);
    printf("3)%+6d\n", a);
    printf("4)%-6d\n\n", a);

    printf("실수형의 다양한 출력 형태\n\n");

    printf("1)%f\n", b);
    printf("2)%6.1f\n", b);
    printf("3)%+6.1f\n", b);
    printf("4)%6f\n", c);

    return 0;
}
```

실행 결과

```
정수형의 다양한 출력 형태

1)20
2)    20
3)   +20
4)20

실수형의 다양한 출력 형태

1)5.050000
```

```
2)   5.1
3)  +5.1
4)12000.149414
```

마지막 printf() 함수처럼 출력되는 값이 지정된 출력 폭보다 큰 경우에는 지정된 출력 폭이 무시되고 원래 출력하려는 값이 출력된다.

4 문자형

문자형은 문자 1개를 작은따옴표('') 안에 넣어서 사용하는 자료형으로 작은따옴표 안에 있는 문자를 데이터 1개로 취급한다. 이때 사용되는 문자는 8비트(1바이트)로 처리되며 내부적인 문자 코드에 상응하는 숫자로 바뀌어 기억된다. 컴퓨터의 내부적인 문자 코드로 흔히 **아스키코드**ASCII나 EBCDIC 코드를 이용하는데, 대부분의 컴퓨터는 아스키코드를 사용한다. 문자형을 다루는 자료형은 char이고, 0~127의 정수에 문자를 정의한다. [그림 2-9]는 문자 A가 아스키코드 65로 메모리에 저장되는 과정이다.

```
0100   0001
 ¦        ¦
2^6  +   2^0   =   65
```

그림 2-9 char형 문자의 정수 표현

C 언어에서 다루는 문자를 [표 2-9]에 정리했다. 이 문자들이 아스키코드 표에는 숫자로 표현되어 있다. 즉 아스키코드는 숫자와 문자를 연결해주는 프로토콜(규약)이라고 이해하면 된다.

표 2-9 C 언어에서 다루는 문자

구분	종류	설명
일반문자	A ~Z	대문자를 나타낸다.
	a ~z	소문자를 나타낸다.
	0 ~9	숫자 문자를 나타낸다.
	$, >, (	특수 기호를 나타낸다.

특수문자	\a	벨 소리를 낸다.
	\b	왼쪽의 한 문자를 지운다.
	\f	프린터에서 한 페이지를 이동한다.
	\n	새로운 줄로 바꾼다.
	\r	커서를 첫째 열로 이동한다.
	\t	한 탭을 이동한다.
	\', \"	'(작은따옴표), "(큰따옴표)를 출력한다.
	\0	Null 문자를 처리한다.

아스키코드는 [표 2-10]과 같으며, Dec는 정수 표현을, Hex는 16진수 표현을 나타낸다. 따라서 영문자 A는 정숫값(Dec)으로 65이고, 영문자 a는 정숫값으로 97이다.

TIP 아스키코드는 숫자이고, 아스키코드 값은 아스키코드가 가리키는 문자를 의미한다.

표 2-10 아스키코드

Dec	Hex	문자	Dec	Hex	문자	Dec	Hex	문자	Dec	Hex	문자
0	0x00	NUL	32	0x20	SP	64	0x40	@	96	0x60	`
1	0x01	SOH	33	0x21	!	65	0x41	A	97	0x61	a
2	0x02	STX	34	0x22	"	66	0x42	B	98	0x62	b
3	0x03	ETX	35	0x23	#	67	0x43	C	99	0x63	c
4	0x04	EOT	36	0x24	$	68	0x44	D	100	0x64	d
5	0x05	ENQ	37	0x25	%	69	0x45	E	101	0x65	e
6	0x06	ACK	38	0x26	&	70	0x46	F	102	0x66	f
7	0x07	BEL	39	0x27	'	71	0x47	G	103	0x67	g
8	0x08	BS	40	0x28	(	72	0x48	H	104	0x68	h
9	0x09	HT	41	0x29	)	73	0x49	I	105	0x69	i
10	0x0a	LF	42	0x2a	*	74	0x4a	J	106	0x6a	j
11	0x0b	VT	43	0x2b	+	75	0x4b	K	107	0x6b	k
12	0x0c	FF	44	0x2c	,	76	0x4c	L	108	0x6c	l
13	0x0d	CR	45	0x2d	-	77	0x4d	M	109	0x6d	m
14	0x0e	SO	46	0x2e	.	78	0x4e	N	110	0x6e	n

15	0x0f	SI	47	0x2f	/	79	0x4f	O	111	0x6f	o
16	0x10	DLE	48	0x30	0	80	0x50	P	112	0x70	p
17	0x11	DC1	49	0x31	1	81	0x51	Q	113	0x71	q
18	0x12	DC2	50	0x32	2	82	0x52	R	114	0x72	r
19	0x13	DC3	51	0x33	3	83	0x53	S	115	0x73	s
20	0x14	DC4	52	0x34	4	84	0x54	T	116	0x74	t
21	0x15	NAK	53	0x35	5	85	0x55	U	117	0x75	u
22	0x16	SYN	54	0x36	6	86	0x56	V	118	0x76	v
23	0x17	ETB	55	0x37	7	87	0x57	W	119	0x77	w
24	0x18	CAN	56	0x38	8	88	0x58	X	120	0x78	x
25	0x19	EM	57	0x39	9	89	0x59	Y	121	0x79	y
26	0x1a	SUB	58	0x3a	:	90	0x5a	Z	122	0x7a	z
27	0x1b	ESC	59	0x3b	;	91	0x5b	[	123	0x7b	{
28	0x1c	FS	60	0x3c	<	92	0x5c	\	124	0x7c	¦
29	0x1d	GS	61	0x3d	=	93	0x5d	]	125	0x7d	}
30	0x1e	RS	62	0x3e	>	94	0x5e	^	126	0x7e	~
31	0x1f	US	63	0x3f	?	95	0x5f	_	127	0x7f	DEL

예제 2-5 **알파벳 문자와 아스키코드 값 출력하기** 프로그램 2-5.c

```
#include <stdio.h>

int main(void)
{
      printf("소문자 a의 ASCII 값은 %d이다.\n", 'a');
      printf("소문자 b의 ASCII 값은 %d이다.\n", 'b');
      printf("대문자 A의 ASCII 값은 %d이다.\n", 'A');
      printf("대문자 B의 ASCII 값은 %d이다.\n\n", 'B');

      printf("ASCII 97은 %c다.\n", 97);
      printf("ASCII 98은 %c다.\n", 98);
      printf("ASCII 65는 %c다.\n", 65);
      printf("ASCII 66은 %c다.\n", 66);

```

```
    return 0;
}
```

실행 결과

```
소문자 a의 ASCII 값은 97이다.
소문자 b의 ASCII 값은 98이다.
대문자 A의 ASCII 값은 65이다.
대문자 B의 ASCII 값은 66이다.
ASCII 97은 a다.
ASCII 98은 b다.
ASCII 65는 A다.
ASCII 66은 B다.
```

[예제 2-5]에서는 소문자 a, b와 대문자 A, B의 정숫값을 출력하고, 정숫값 97, 98, 65, 66에 해당하는 아스키코드를 출력했다. 정수를 출력할 때는 printf() 함수에 변환 기호 %d를 사용하고, 문자를 출력할 때는 변환 기호 %c를 사용한다.

혼자 해 보기 2-2

다음 프로그램을 실행해보시오.

```
#include <stdio.h>

int main(void)
{
    char a = 'f';
    char b = 104;

    printf("변수 a는 %c로 값이 %d다.\n", a, a);
    printf("변수 b는 %d로 문자 %c다.\n", b, b);

    return 0;
}
```

04 형 변환

C 언어에서 변수 2개로 연산을 수행할 때 두 변수의 자료형이 다르면 하나의 자료형을 다른 자료형으로 변환하여 자료형을 같게 만든 후 다음 연산을 수행해야 한다. 예를 들어 정수형 변수와 실수형 변수를 더할 경우 형식이 다른 두 자료형을 통일할 필요가 있다. 이와 같이 **자료형을 바꾸는 것**을 **형 변환**이라고 한다. 형 변환 방법에는 컴파일러가 자동으로 해주는 **묵시적 형 변환**과 사용자가 강제로 지정하는 **명시적 형 변환**이 있다. 묵시적 형 변환은 다음과 같이 데이터의 값을 잃지 않는 방향으로 이루어진다.

```
char → short → int → unsigned → long → float → double
```

다음은 묵시적 형 변환의 예다. a가 정수형이고 b가 실수형이므로 데이터를 손실하지 않으면서 연산하기 위해 a의 자료형이 자동적으로 float형으로 바뀐다.

```
// 묵시적 형 변환
int a = 10;
float b = 20.05, c;
c = a + b; // a = 10.00이 되는데, 이는 정수형이 실수형으로 자동 변환된 것이다.
```

사용자가 강제로 형 변환을 시키는 명시적 형 변환의 경우, 변환하고자 하는 변수 앞에 소괄호(())를 붙이고 소괄호(()) 안에는 변환하는 자료형을 넣는다. 다음은 float형의 변수 y를 int형으로 강제 변환한 예다.

TIP 캐스팅은 변수형을 바꿀 때 사용하는 방법 또는 형 변환 자체를 의미한다. 또한 다음 예에서 형 변환을 시키는 (int)를 캐스팅 연산자라고 한다.

```
// 명시적 형 변환
float x;
float y = 14.66;
x = (int) y / 2; // y = 14가 되는데, 이는 실수형이 정수형으로 강제 변환된 것이다.
```

이 경우 실수형 y를 int형으로 바꾸지 않으면 x에는 7.33이 저장되지만, y를 정수형으로 캐스팅했기 때문에 y 값이 먼저 14로 바뀌어 x에 7.00이 저장된다. [예제 2-6]에 묵시적 형 변환과 명시적 형 변환의 예가 있다.

예제 2-6 **묵시적 형 변환과 명시적 형 변환** 프로그램 2-6.c

```c
#include <stdio.h>

int main(void)
{
	int a = 10, b = 20, c;
	float d = 5.6, e = 8.4, f;

	c = d + e;
	printf("c = d + e의 연산결과는 %.2f이다.\n", (float)c);

	f = d + e;
	printf("f = d + e의 연산결과는 %.2f이다.\n", f);

	f = d + (int)e;
	printf("f = d + (int)e의 연산결과는 %.2f이다.\n", f);

	return 0;
}
```

실행 결과

```
c = d + e의 연산결과는 14.00이다.
f = d + e의 연산결과는 14.00이다.
f = d + (int)e의 연산결과는 13.60이다.
```

요약

01 키워드

프로그램 언어에서 고유한 의미를 지닌 예약된 단어를 말하며 **예약어**라고도 한다.

02 식별자

키워드 외에 사용자가 필요에 따라 이름을 만들어 사용하는 단어로 작성 규칙은 다음과 같다.

- 영문 대문자와 소문자(A~Z, a~z), 숫자(0~9), 밑줄(_)을 포함한 63개 문자로만 구성할 수 있다.
- 첫 글자로 숫자를 사용할 수 없다.
- 대문자와 소문자를 구별하며, 키워드는 사용할 수 없다.

03 상수

프로그램이 실행되어 끝날 때까지 값이 변하지 않는 자료를 의미하며 어떤 숫자, 하나의 문자 또는 문자열로 표현한다. 상숫값이 프로그램 실행 도중에 변하면 오류가 발생한다.

04 변수

프로그램에서 임시로 자료 값을 저장하는 장소다. 변수를 만들면 변수에 값을 저장할 수 있고 이 값이 계속 바뀌게 된다. 변수를 만들려면 먼저 변수를 선언해야 한다. **선언**은 컴퓨터에 알려 주는 것이다.

05 자료형

C 언어에는 **정수형**, **실수형**, **문자형** 등의 자료형과 프로그래머가 정의하여 사용하는 **사용자 정의 자료형**이 있다.

06 여러 가지 자료형

`int`, `long`, `short`, `unsigned`는 정수형 변수를 선언할 때 사용되고, `float`, `double`은 실수형 변수를 선언할 때 사용되며, `char`는 문자형 변수를 선언할 때 사용한다.

07 형 변환

다른 자료형끼리 연산을 할 때 하나의 자료형을 변환하여 자료형을 같게 만드는 것이다. **묵시적 형 변환**과 사용자가 강제로 지정하는 **명시적 형 변환**이 있다. 묵시적 형 변환은 다음과 같이 데이터의 값을 잃지 않는 방향으로 이루어진다.

char → short → int → unsigned → long → float → double

연습문제

01 식별자 작성 규칙에 따라 아래의 식별자 이름을 올바른 예와 잘못된 예로 구분하시오.

```
_number, define, 9values, INTI, sizeof, _%_save, extern, -age
```

① 올바른 예:

② 잘못된 예:

02 다음 프로그램의 오류를 수정하시오.

①

```c
#include <stdio.h>

int main(void)
{
      char a = 129;

      printf("변수 a의 값을 출력하면 %d이다.\n", a);
      return 0;
}
```

②

```c
#include <stdio.h>

int main(void)
{
      short length = 5.56;
      short area; const int number = 20;
      area = length * length;
      number = 30;
      printf("사각형의 면적은 %lf입니다.\n", area);
      return 0;
}
```

03 C 언어에서 다루는 특수문자 중 다음은 무엇을 의미하는지 설명하시오.

① `\n` ② `\a` ③ `\f` ④ `\; \"`

04 원뿔의 부피를 계산하는 프로그램을 만들려고 할 때 몇 개의 어떤 변수와 몇 개의 어떤 상수를 선언해야 하는가?

05 자신의 나이를 age라는 정수형 변수를 만들어 저장하고, 나이의 부호가 표시되며 전체 출력 폭이 12인 형태로 화면에 출력되는 프로그램을 작성하시오.

06 0~255 값을 갖는 자료형은 어떤 자료형이며, 이 자료형은 어디에서 많이 사용되는 자료형인가? (13장 참조)

07 명시적 형 변환은 형 변환 시키고자 하는 변수에 어떻게 적용하는 것인가?

연습문제

08 printf() 함수의 변환 기호를 사용할 경우에 대한 아래의 질문에 답하시오.

① 다음 코드는 어떻게 출력되는가?

```
char ch = 112;
printf("아스키코드 %d는 문자 %c이다.\n", ch, ch);
printf("아스키코드 %d는 문자 %c이다.\n", ch-32, ch-32);
```

② 출력 결과를 통해서 알 수 있는 아스키코드의 영어 대소문자의 관계는?

CHAPTER 03
표준 입출력

학습목표

- C 언어 프로그래밍에서 자주 사용하는 표준 입출력 함수를 알아본다.
- 탈출 기법으로 특수문자를 출력하는 방법을 알아본다.
- 문자와 문자열의 차이와 각 입출력 함수에 대해 알아본다.

01 입출력 함수의 종류

이 장에서는 C 언어의 대표적인 입출력 함수를 사용하여 자료를 입출력하는 방법에 대해 알아본다. 사실 프로그래밍은 사용자가 어떤 값을 컴퓨터에 넣어(입력) 처리한 결과를 사용자에게 다시 제공하는 것(출력)이라고 할 수 있다. 즉 어떻게 입력하고 그 결과를 어떻게 출력하는지 아는 것은 프로그래밍에서 아주 중요하다. 이와 관련하여 먼저 입출력 함수의 종류를 살펴보자.

[표 3-1]에 입출력 함수의 종류를 정리하고 각 함수의 기능을 간략히 설명했다. 함수의 역할과 자세한 내용은 차차 알아볼 것이다.

표 3-1 입출력 함수의 종류

구분	종류
표준 입출력 함수	scanf(), printf(), getchar(), putchar(), gets(), puts()
파일 입출력 함수	fscanf(), fprintf()
저급 입출력 함수	read(), write()

- **표준 입출력 함수 :** 기본 입출력장치인 키보드와 모니터를 통해 자료를 입출력하는 함수다.
- **파일 입출력 함수 :** 파일을 이용해서 자료를 입출력하는 함수다.
- **저급 입출력 함수 :** 응용 프로그램에서 제공하는 함수가 아니라 운영체제 내의 시스템 호출을 통해 자료를 입출력하는 함수다.

간단하게 입출력 함수의 종류를 살펴보았는데, 이 장에서는 표준 입출력 함수를 중심으로 입출력에 관한 C 언어 문법을 알아볼 것이다.

[표 3-1]의 표준 입출력 함수를 좀 더 세분하면 지정한 형식의 자료를 처리하는 형식화된 입출력 함수와 문자를 처리하는 함수, 문자열을 처리하는 함수로 나눌 수 있다. 취급하는 자료의 형태에 따라 정리하면 [표 3-2]와 같다.

표 3-2 표준 입출력 함수의 종류

구분	종류
형식화된 입출력 함수	scanf(), printf()
문자 입출력 함수	getchar(), putchar()
문자열 입출력 함수	gets(), puts()

02 형식화된 입출력

표준 입출력 함수 중에서 가장 대표적인 출력 함수 printf()와 입력 함수 scanf()에 대해 자세히 알아보자. 이미 앞에서 printf() 함수의 부분적인 사용 예를 제시했으니 생소하지 않을 것이다.

1 printf( ) 함수

printf()는 표준 출력장치인 모니터로 자료를 출력하는 함수다. 즉 도스 창에 실행 결과를 나타낼 때 사용한다. printf() 함수의 기본 형식은 다음과 같다.

```
printf("문자열");
printf("제어 문자열(Format-String)", 변수);
printf("제어 문자열(Format-String)", 표현식);
printf("제어 문자열(Format-String)", 변수나 표현식);
```

printf() 함수의 인자인 제어 문자열에 [표 3-3]과 같은 변환 기호(명세)를 추가하면 이에 대응하는 값을 해당 형식에 맞게 출력할 수 있다.

표 3-3 변환 기호의 종류

변환 기호	설명
%d	인자의 내용을 부호 있는 10진수로 변환하여 출력한다.
%o	인자의 내용을 부호 없는 8진수로 변환하여 출력한다.
%x	인자의 내용을 부호 없는 16진수로 변환하여 출력한다.
%u	인자의 내용을 부호 없는 10진수로 변환하여 출력한다.
%e	인자의 내용을 지수 형태로 출력한다(부동소수점 형태).
%f	인자의 내용을 실수 형태로 출력한다(부동소수점 형태).
%g	인자의 내용을 %e 또는 %f의 변환 중 문자 수가 적은 것으로 출력하며 유효하지 않은 0은 출력되지 않는다.

%c	인자의 내용을 문자 1개로 인식하여 출력한다.
%s	인자의 내용을 문자열로 인식하여 출력한다.
%n	%n이 나타날 때까지 출력한 문자 수를 해당 인자에 저장한다.
%ld	인자를 long형 10진수로 출력한다.
%lu	인자를 long형 부호 없는 10진수로 변환하여 출력한다.

몇 가지 예제를 통해 printf() 함수의 사용법을 알아보자. 다음은 '안녕하세요!'를 출력하는 예제다.

예제 3-1 **'안녕하세요!' 출력하기** 프로그램 3-1.c

```
#include <stdio.h>

int main(void)
{
      printf("안녕하세요!");
      return 0;
}
```

실행 결과

```
안녕하세요! Press any key to continue
```

printf("안녕하세요!")의 " " 안에 있는 내용이 도스 창에 그대로 출력된다. 그런데 실행 결과를 보면 '안녕하세요!' 다음에 프로그램의 종료를 알리는 'Press any key to continue' 라는 문구가 바로 나와서 보기에 좋지 않다. 이럴 때는 \n을 문자열 마지막에 추가하여 프로그램의 종료를 알리는 문구가 줄이 바뀌어 출력되게 한다. 즉 \n은 도스 창에서 출력 결과를 한 줄 띄우는 일종의 Enter와 같은 역할을 한다.

TIP 다음 예제부터는 편의상 'Press any key to continue'를 모든 실행 결과 창에서 생략한다.

다음 예제에서는 변환 기호를 사용하여 이름과 나이를 출력해본다.

예제 3-2 **이름과 나이 출력하기** 프로그램 3-2.c

```c
#include <stdio.h>

int main(void)
{
	int age = 20;
	printf("제 이름은 김경영이고 나이는 %d입니다.\n", age);
	return 0;
}
```

실행 결과

```
제 이름은 김경영이고 나이는 20입니다.
```

int는 C 언어에서 정수형 자료형을 나타내는 키워드로, 램RAM에 정수형 변수(32비트 컴퓨터의 경우 4바이트 크기)를 저장하기 위한 메모리를 만들라는 명령이다. 그리고 age는 int형으로 만들어진 변수명이다. 실제로 정숫값이 저장되는 곳의 이름이고 2장에서 배운 식별자에 해당한다.

마지막으로 printf("…… %d ……", age);을 통해 변환 기호 %d의 출력 형식에 맞춰 age의 값이 출력된다. printf() 함수에서 변환 기호와 변수 또는 표현식의 관계는 다음과 같다. 아래에서 보듯이 변환 기호 %d와 변수 age는 서로 연결된다.

```c
int age = 20;
printf("…… %d ……", age);
```

변환 기호가 여러 개 있을 때는 다음과 같이 순서대로 변환 기호와 변수 또는 표현식을 연결한다.

```c
int age = 20;
int birthyear = 1994;
printf("…… %d …… %d ……", age, birthyear);
```

예제 3-3 **8진수, 10진수, 16진수, 문자 출력하기** 프로그램 3-3.c

```c
#include <stdio.h>

int main(void)
{
    int Number = 65;
    printf("65를 8진수로 변환 : %o\n", Number);
    printf("65를 10진수로 변환 : %d\n", Number);
    printf("65를 16진수로 변환 : %x\n", Number);
    printf("65를 문자형으로 변환 : %c\n", Number);

    return 0;
}
```

실행 결과

```
65를 8진수로 변환 : 101
65를 10진수로 변환 : 65
65를 16진수로 변환 : 41
65를 문자형으로 변환 : A
```

%d는 10진수를 출력하고, %o는 8진수를 출력하고, %x는 16진수를 출력하고, %c는 그 값에 해당하는 아스키코드를 출력한다. 아스키코드 표는 2장에서 확인할 수 있다.

2 scanf( ) 함수

scanf() 함수는 표준 입력장치인 키보드를 통해 자료를 읽어들이는 함수로 기본 형태는 다음과 같다.

```c
scanf("변환 기호(Format-String)……", &변수1, &변수2, ……);
```

scanf() 함수의 첫 번째 인자는 " " 안에 포함되는 내용이 어떤 자료 형식으로 변수에 입력되는지 결정하는 변환 기호다. scanf() 함수는 printf() 함수와 마찬가지로 변수의 형식에 맞는 변환 기호를 사용한다. 예를 들어 자료형이 정수(int)인 변수 age에 키보드로 값을 입력받아 저장하려면 다음과 같이 변환 기호와 변수를 사용한다.

```
scanf("%d", &age);
```

여기서 중요한 것은 변수 앞에 변수의 주소를 의미하는 기호인 &를 반드시 넣어야 한다는 것이다. &를 변수명 앞에 붙이는 이유는, 키보드로 입력받은 데이터를 age에 저장할 때 저장할 곳의 위치를 age의 주소를 통해 알 수 있기 때문이다. 변수의 주소는 메모리에서 실제적인 하드웨어의 위치를 나타낸다. 한 번 정해지면 유일한 값이 되는데, 변수가 소멸되기 전까지는 계속 사용할 수 있다. 다시 말해 하드웨어인 키보드로 입력 받은 값이 저장될 곳의 주소를 이용해서 저장공간에 저장되는 것이다. scanf() 함수를 사용할 때는 함수가 받을 수 있는 입력 데이터의 크기가 정해져 있는데 사용자가 고의로 또는 실수로 해당 데이터 크기를 초과하는 값을 입력할 수 있다. 이럴 경우 초과된 데이터가 다른 메모리를 침범해 프로그램에 오류가 발생할 수 있다. 이를 해결하는 방법으로 여러 가지가 있으나 가장 간단한 방법을 사용해 보자. '#define _CRT_SECURE_NO_WARNINGS'를 프로그램의 가장 첫 번째 줄에 입력한다.

예제 3-4 **나이를 입력받아 출력하기** 프로그램 3-4.c

```c
#define _CRT_SECURE_NO_WARNINGS
#include <stdio.h>

int main(void)
{
	int age = 0;

	printf("당신의 나이를 입력하세요.\n");
	scanf("%d", &age);
	printf("당신의 나이는 %d입니다.\n", age);

	return 0;
}
```

실행 결과

```
당신의 나이를 입력하세요.
28
당신의 나이는 28입니다.
```

[예제 3-4]는 사용자가 키보드로 나이를 입력하면 이 나이가 age에 저장되고 그것을 다시 도스 창에 출력한다. 값을 입력받을 때 scanf() 함수를 이용하여 변수의 주소 값으로 저장 위치를 표현한다는 것을 명심하자.

scanf() 함수로 값을 연속해서 입력받을 수도 있는데 [예제 3-5]를 통해 이를 살펴보자.

예제 3-5 나이와 출생 연도를 입력받아 출력하기 프로그램 3-5.c

```c
#define _CRT_SECURE_NO_WARNINGS
#include <stdio.h>

int main(void)
{
	int age = 0, birthyear = 0;

	printf("당신의 나이와 출생 연도를 입력하세요.\n");
	scanf("%d %d", &age, &birthyear);
	printf("당신은 %d년에 출생한 %d세입니다.\n", birthyear, age);

	return 0;
}
```

실행 결과

```
당신의 나이와 출생 연도를 입력하세요.
28 1994
당신은 1994년에 출생한 28세입니다.
```

사용자에게 나이와 출생 연도를 키보드로 입력받아 출력한다. scanf() 함수는 printf() 함수와 마찬가지로 변환 기호를 2개 이상 사용할 때 다음과 같이 쉼표를 넣어 변환 기호와 변수를 순서대로 대응시킨다.

```c
int age = 0, birthyear = 0;
scanf("%d %d", &age, &birthyear);
```

혼자 해 보기 3-1

다음 프로그램의 결과를 예측한 후 직접 실행하고 결과를 확인해보자.

```
#include <stdio.h>

int main(void)
{
      char grade = 'A';
      printf("당신의 수학 성적은 %c등급입니다.\n", grade);
      return 0;
}
```

힌트 char는 C 언어에서 변수를 선언할 때 사용하는 키워드로 램에 문자형 변수(1바이트)를 저장하기 위한 메모리를 만든다. 그리고 'A'에서 ''는 한 문자를 표시할 때 사용하는 기호다.

3 탈출 기법

탈출 기법은 **출력 함수를 이용할 때 표현 방법이 마땅히 없거나 프로그래밍에서 다른 의미로 사용하여 쓰지 못했던 특수문자 등을 입력하는 방법**이다. 예를 들어 특수하게 이용하는 %와 같은 문자를 출력하거나 한 줄을 띄우거나 한 탭을 띄우는 것 등이다. 탈출 기법의 종류는 [표 3-4]와 같다. 프로그램 표현의 내용을 printf() 함수와 같이 사용하면 그 의미대로 실행된다.

표 3-4 탈출 기법의 종류

문자명	정숫값(아스키코드)	프로그램 표현	설명
경고	7	\a	경고음이 울린다.
수평 탭	9	\t	수평으로 탭만큼 이동한다.
개행문자	10	\n	다음 줄로 이동한다.
캐리지 리턴	13	\r	현재 줄의 처음으로 이동한다.
큰따옴표	34	\" "	문자를 나타낸다.
작은따옴표	39	\' '	문자를 나타낸다.
역슬래시	92	\\	₩ 문자를 나타낸다.
퍼센트	37	%%	% 문자를 나타낸다.

탈출 기법을 이용하여 출력을 표현하는 구체적인 예를 다음 실행 결과를 통해 살펴보자.

실행 결과

```
"안녕하세요"

10 % 5 = 0
```

실행 결과를 보면 큰따옴표와 % 문자가 화면에 출력되었다. 만약 탈출 기법을 사용하지 않으면 컴파일러가 이해하지 못하여 오류가 발생한다.

```
printf("\"안녕하세요\"\n")
       "안녕하세요"
```

역슬래시(\) 없이 큰따옴표(" ")만 사용하여 `printf(""안녕하세요"\n");`으로 입력하면 프로그램에서는 `printf()` 함수의 문자열 입력이 종료된 것으로 판단하기 때문에 큰따옴표를 출력하지 않고 오류를 일으킨다. 따라서 위와 같이 역슬래시와 함께 큰따옴표를 사용해야 큰따옴표가 출력된다.

```
printf("10 %% 5 = 0 \n");
        10 % 5 = 0
```

퍼센트(%)도 `%%`와 같이 입력해야만 화면에 출력된다. 그렇지 않으면 변환 기호로 인식하여 경고가 발생하고 원치 않는 값이 출력된다.

예제 3-6 탈출 기법 사용하기 프로그램 3-6.c

```
#include <stdio.h>

int main(void)
{
      printf("\t\"안녕하세요\"\n\n");
      printf("탈출 기법을 제대로 사용한 예\n");
```

```c
    printf("\t10 %% 5 = 0\n\n");

    printf("탈출 기법을 제대로 사용하지 않은 예\n");
    printf("\t10 % 5 = 0\n");

    return 0;
}
```

실행 결과

```
	"안녕하세요"

탈출 기법을 제대로 사용한 예
	10 % 5 = 0

탈출 기법을 제대로 사용하지 않은 예
	10 = 0
```

\t는 화면에 설정된 탭 위치로 이동하라는 의미다. 그리고 %를 출력하기 위해 %%를 입력했는데, %를 하나만 입력하면 값이 제대로 출력되지 않는다.

예제 3-7 다양한 탈출 기법 사용하기 프로그램 3-7.c

```c
#include <stdio.h>

int main(void)
{
    printf("\t\'프로그램의 시작 \' \n\n");
    printf("\t\"C 언어 %c \" \n\n", '!');
    printf("\t\"시작이 반이다 %s \"\n", "!!");
    printf("\t\a\a\a\a\a\n");
    printf("\t\\ \\ \n");

    return 0;
}
```

실행 결과

```
'프로그램의 시작'

"C 언어!"

"시작이 반이다 !!"

 \ \
```

두 번째 printf() 함수에서 변환 기호 %c와 !가 연결되어 느낌표(!)를 출력한다. 세 번째 printf() 함수에서도 변환 기호 %s와 !!가 연결되어 느낌표 2개(!!)를 출력한다. 네 번째 printf() 함수에서는 \a가 다섯 번 실행되므로 프로그램에서 경고음이 다섯 번 울린다. 마지막 printf() 함수는 \\를 사용하여 역슬래시(\)를 화면에 표시한다.

03 문자 입출력과 문자열 입출력

1 문자 입출력

문자 1개를 키보드로 입력받아 출력하는 함수를 문자 입출력 함수라고 한다. 대표적인 문자 입력 함수는 getchar(), 문자 출력 함수는 putchar()인데 get과 put의 사전적 의미를 생각해보면 함수를 쉽게 이해할 수 있을 것이다.

TIP 문자는 작은따옴표(' ')로 표시하고 문자열은 큰따옴표(" ")로 표시한다.

표 3-5 문자 입출력 함수

종류	설명
int getchar()	문자 1개를 키보드로 입력받으며 리턴 값은 입력받은 문자에 해당하는 아스키코드 값이다.
int putchar(char 문자)	문자 1개를 모니터에 출력하며 리턴 값은 출력하려는 문자에 해당하는 아스키코드 값이다.

예제 3-8 문자 1개를 입력받아 출력하기 프로그램 3-8.c

```
#include <stdio.h>

int main(void)
{
	char Letter_In;
	printf("문자 1개를 입력하세요.\n");

	Letter_In = getchar();
	putchar(Letter_In);

	printf("\n");

	return 0;
}
```

실행 결과

```
문자 1개를 입력하세요.
s
s
```

char라는 명령어는 1바이트 크기를 메모리에 할당하라는 의미다. 1바이트로 영문자와 숫자, 특수문자 등을 표시할 수 있기 때문에 char를 문자형 자료형이라고 한다. 여기서는 변수 Letter_In이 문자형으로 선언되었다. getchar() 함수를 사용하여 문자 1개를 변수 Letter_In으로 입력받고, 이것을 putchar(Letter_In) 함수를 사용하여 출력한다.

혼자 해 보기 3-2

다음 코드를 실행할 때 발생하는 오류를 수정하시오.

```c
#include <stdio.h>

int main(void)
{
	char grade;
	printf("성적 등급을 입력하시오\n");
	getchar(grade);

	printf("당신의 성적 : ");
	putchar();
	printf("\n");

	return 0;
}
```

2 문자열 입출력

문자열 입출력 함수는 문자 여러 개를 한 번에 입력받고 출력하는 함수다. gets() 함수는 공백문자를 포함한 문자열을 입력할 때 사용하고, puts() 함수는 표준 출력장치로 주어진 문자열을 출력할 때 사용한다.

표 3-6 문자열 입출력 함수

종류	설명
char *gets(char* str)	키보드에서 한 행을 입력받으며 리턴 값을 읽은 문자열이다.
int puts(char* str)	모니터에 한 행을 출력하며 리턴 값은 양수다.

예제 3-9 **이름을 문자열로 입력받아 출력하기** 프로그램 3-9.c

```c
#include <stdio.h>

int main(void)
{
	char Name[20];

	printf("당신의 이름을 입력하세요 : ");

	gets(Name);
	puts(Name);

	return 0;
}
```

실행 결과

```
당신의 이름을 입력하세요 : 김경영
김경영
```

gets(Name) 함수로 사용자의 이름을 문자열 변수 Name으로 읽어들이고 puts(Name) 함수로 모니터에 출력한다. char Name[20]은 문자열을 저장하려고 문자 배열을 선언한 것으로 문자 20자리까지 저장된다(배열은 7장에서 자세히 다룬다).

01 표준 입출력 함수의 종류

표준 입출력 함수는 3가지 종류가 있다.

구분	종류
형식화된 입출력 함수	scanf(), printf()
문자 입출력 함수	getchar(), putchar()
문자열 입출력 함수	gets(), puts()

02 형식화된 입출력 함수

- **printf()**: 대표적인 표준 출력 함수로 모니터에 자료를 출력한다.

```
printf("문자열");
printf("제어 문자열(Format-String)", 변수);
printf("제어 문자열(Format-String)", 표현식);
printf("제어 문자열(Format-String)", 변수나 표현식);
```

- **scanf()**: 대표적인 표준 입력 함수로 키보드를 통해 자료를 입력받는다.

```
scanf("변환 기호(Format-String)……", &변수1, &변수2, ……);
```

03 문자 입출력 함수

문자 1개를 입력받고 출력하는 함수이다. 대표적인 문자 입력 함수는 getchar(), 출력 함수는 putchar()이다.

04 문자열 입출력 함수

문자 여러 개를 한 번에 입력받고 출력하는 함수이다. 대표적인 문자열 입력 함수는 gets(), 문자열 출력 함수는 puts()이다.

연습문제

01 다음과 같은 결과를 출력하는 프로그램을 printf() 함수를 이용하여 작성하시오. 이때 정수형 변수 number를 선언한 뒤 초깃값으로 67을 할당하고, 진수 변환은 변환 기호(명세)를 사용하시오.

실행 결과

```
67을 8진수로 변환하면 103이다.
67을 10진수로 변환하면 67이다.
67을 16진수로 변환하면 43이다.
67을 문자형으로 변환하면 C이다.
```

02 다음 프로그램의 오류를 수정하시오.

①

```
#include <stdio.h>

int main(void)
{
	int age = 20
	printf("나이는 %c세입니다.\n", age);
	return 0;
}
```

②

```
#include <stdio.h>
int Main(void)
{
	int age;
	printf("나이를 입력하세요.\n");
	scanf("%d", age);
	printf("당신의 나이는 %d세입니다.\n", age);
	return 0;
}
```

03 **다음과 같은 프로그램을 작성하시오.**

① 한 문자를 입력받아 출력하는 프로그램을 작성하시오(단, 문자 입출력 함수를 이용한다).

② ①번과 동일한 프로그램을 `scanf()`와 `printf()` 함수를 이용하여 작성하시오.

③ 다음과 같은 실행 결과가 출력되도록 탈출 기법을 이용한 프로그램을 작성하시오.

실행 결과

```
\ "생일을 축하합니다." \

\ "방의 습도는 50%입니다." \
```

04 **섭씨온도를 화씨온도로 바꾸는 프로그램을 작성하시오. 이때 섭씨온도는 정수형으로 입력받고, 화씨온도는 실수형으로 출력하시오[단, 화씨온도 = (섭씨온도 × 1.8) + 32].**

05 **키와 몸무게를 입력 받아 BMI(체질량지수)Body Mass Index를 계산하여 출력해주는 프로그램을 작성하시오[단, BMI = 몸무게(kg) / 키^2(m)].**

06 **원의 넓이를 출력하는 프로그램을 작성하시오. 이때 반지름은 `double`형으로 입력받고 원주율 `PI`는 `define`으로 정의하여 사용한다.**

연습문제

07 가로와 세로의 길이를 입력받아 사각형의 면적을 출력하는 프로그램을 작성하시오. 이때 가로와 세로의 길이는 `float`형으로 입력받고, 넓이는 가로와 세로를 곱한 후에 `int`형으로 명시적 형 변환을 한다.

08 광고비를 입력받아 수익을 예측해주는 프로그램을 작성하시오. 수익은 소수점 둘째 자리까지만 출력되도록 한다[단, `수익(억 원) = 2.5 + 1.2 * 광고비`].

CHAPTER 04
연산자

학습목표

- C 프로그래밍에서 사용하는 연산자에 대해 알아본다.
- 연산자를 이용하여 계산하는 방법을 알아본다.

01 연산자의 종류

연산자Operator는 **산술 연산자인 +, -, *, /와 같이 이미 정의된 연산을 수행하는 기호**로, 변수나 상수 데이터를 어떤 방법으로 처리할지 지정하여 하나의 **연산식**을 만드는 데 사용된다. 그리고 **연산**Operation**에 참여하는 변수나 값**을 **피연산자**Operand라고 한다. 다음은 연산자와 피연산자를 구분하기 위한 예다.

```
int x = 3, y = 4, z;
z = x + y;
```

위 예에서 연산자는 +이고 피연산자는 x와 y다. 물론 이는 하나의 예로 C 언어에서 제공하는 연산자는 아주 많으며 이 장에서 자세히 살펴볼 것이다. C 언어에서 제공하는 연산자를 [표 4-1]에 정리했다.

표 4-1 연산자의 종류

종류	예
산술 연산자	+, -, *, /, %
관계 연산자	>, <, ==, !=, >=, <=
증감 연산자	++, --
논리 연산자	&&, ||, !
조건 연산자	?:
비트 논리 연산자	&, |, ^, ~
비트 이동 연산자	<<, >>
대입 연산자	=

02 대입 연산자

일반적인 수학에서 사용하는 = 기호를 프로그래밍에서는 대입(할당) 연산자라고 한다. 대입 연산자는 프로그램에서 가장 기본이 되는 연산자로, 다른 연산자를 이용하여 얻은 의미 있는 문장을 실행할 때 사용한다. 대입 연산자의 사용법은 수학에서 일반적으로 사용하는 방법과 동일하나 다음과 같은 몇 가지 주의 사항이 있다.

1 연산 진행 순서

```
x = 5 + 6;
```

- **연산자** : +, =
- **피연산자** : 5, 6, x

위의 예에서 연산 진행 순서를 살펴보면 피연산자인 5와 6을 산술 연산자 +를 이용하여 더한 값이 대입 연산자 =를 통해 x에 저장된다. 대입 연산자가 맨 나중에 수행된다.

2 수학과의 차이점

```
x = x + 2
```

- **연산자** : +, =
- **피연산자** : x, 2

위 수식이 의미하는 것은 수학 수식에서 의미하는 것과 다르다. 프로그래밍에서 대입 연산자를 사용할 때는 일반적인 수학과 달리 연산의 순서가 있기 때문이다. 즉 대입 연산자를 기준으로 오른쪽에 있는 수식을 먼저 실행하고, 그 다음 수식의 결과를 왼쪽 값에 대입한다. 위 수식을 해석하면 x 값에 2를 더한 결과를 다시 x에 저장하라는 의미다.

3 lvalue와 rvalue의 구별

```
lvalue = rvalue;
```

대입 연산자를 기준으로 왼쪽에 있는 피연산자를 **lvalue**[left value], 오른쪽에 있는 피연산자를 **rvalue**[right value]라고 한다. rvalue에는 값, 변수, 수식 등을 넣을 수 있고, lvalue에는 오로지 변수만 넣을 수 있다. [표 4-2]에 lvalue와 rvalue의 올바른 사용법을 정리했다.

표 4-2 lvalue와 rvalue의 사용법

구분	설명	예
바르게 사용한 예	rvalue에 값을 넣은 경우	`x = 3;`
	rvalue에 변수를 넣은 경우	`x = y;`
	rvalue에 수식을 넣은 경우	`x = 3 + 4;`
잘못 사용한 예	lvalue에 값을 넣은 경우	`5 = 3 + 2;`
	lvalue에 수식을 넣은 경우	`x + 3 = y + 5;`

TIP 잘못 사용한 예의 경우 수학적인 오류는 없으나 프로그래밍에서는 문법적 오류가 발생한다.

예제 4-1 대입 연산자 사용하기 프로그램 4-1.c

```c
#include <stdio.h>

int main(void)
{
      int a, b = 0;

      a = 4;
      printf("a = 4 문장을 실행한 후 a의 값은 %d\n", a);

      a = a + 3;
      printf("a = a + 3 문장을 실행한 후 a의 값은 %d\n", a);

```

```c
    b = a + 2;
    printf("b = a + 2 문장을 실행한 후 b의 값은 %d\n", b);

    return 0;
}
```

실행 결과

```
a = 4 문장을 실행한 후 a의 값은 4
a = a + 3 문장을 실행한 후 a의 값은 7
b = a + 2 문장을 실행한 후 b의 값은 9
```

대입 연산자 사용법은 일반적인 수학 연산과 혼동할 수 있으니 확실하게 이해하고 넘어가자.

03 산술 연산자

산술 연산자는 **산술 연산을 수행하는 연산자**로, 연산자가 다루는 피연산자의 개수에 따라 단항 연산자와 이항 연산자로 나뉜다. 단항 연산자는 피연산자가 1개이고 이항 연산자는 피연산자가 2개인 경우다.

1 단항 연산자

단항 연산자는 피연산자를 1개만 사용하는 산술 연산자다. 오른쪽에서 왼쪽으로 적용되며 증감 연산자라 부르는 ++와 --가 있다. ++와 --는 각각 변숫값을 1씩 증가 또는 감소시킨다. 피연산자의 앞에 붙으면 전치 증가, 피연산자의 뒤에 붙으면 후치 증가라고 하며, 붙는 위치에 따라 값이 변하므로 주의해서 사용해야 한다. [표 4-3]과 [표 4-4]는 증감 연산자의 종류와 사용 예를 보여준다.

표 4-3 증감 연산자의 종류

연산자	연산식	설명
++	a++	변숫값을 수식에 먼저 적용한 후 최종 변숫값을 1만큼 증가시킨다.
	++a	변숫값을 1만큼 먼저 증가시킨 후 최종 변숫값을 수식에 적용한다.
--	a--	변숫값을 수식에 먼저 적용한 후 최종 변숫값을 1만큼 감소시킨다.
	--a	변숫값을 1만큼 먼저 감소시킨 후 최종 변숫값을 수식에 적용한다.

[표 4-3]을 기준으로 증가 및 감소 연산자의 예를 살펴보자. 변수 a의 값이 10인 경우에 증가 및 감소 연산자를 각각 실행하면 결과는 [표 4-4]와 같다.

증감 연산자를 사용하는 이유는 연산의 처리 속도가 좀 더 빨라지기 때문이다. 예를 들어 a+1과 a++는 a 값을 1만큼 증가시키는 동일한 일을 수행하지만 처리 속도는 a++가 좀 더 빠르다.

표 4-4 증감 연산자의 사용 예

연산식(a = 10)	실행 절차	실행 결과
b = ++a	a에 1을 더한 후 그 값을 b에 대입한다.	a = 11, b = 11
b = --a	a에서 1을 뺀 후 그 값을 b에 대입한다.	a = 9, b = 9
b = a++	a를 b에 대입한 후 a에 1을 더한다.	a = 11, b = 10
b = a--	a를 b에 대입한 후 a에서 1을 뺀다.	a = 9, b = 10

예제 4-2 전치 연산과 후치 연산 프로그램 4-2.c

```
#include <stdio.h>

int main(void)
{
      int a, b, c;
      a = 10; b = 20; c = 30;

      a = ++b;

      c = b++;
      printf("a = %d, b = %d, c = %d\n\n", a, b, c);

      a = ++b + ++c;
      printf("a = ++b + ++c 문장 실행 후\n");
      printf("a = %d, b = %d, c = %d\n\n", a, b, c);

      a = b++ + c++;
      printf("a = b++ + c++ 문장 실행 후\n");
      printf("a = %d, b = %d, c = %d\n", a, b, c);

      return 0;
}
```

실행 결과

```
a = 21, b = 22, c = 21
a = ++b + ++c 문장 실행 후
a = 45, b = 23, c = 22
a = b++ + c++ 문장 실행 후
a = 45, b = 24, c = 23
```

혼자 해 보기 4-1

다음 소스코드를 실행하기 전에 출력 결과를 예측해보자.

```c
#include <stdio.h>

int main(void)
{
	int a, b, d;
	a = 5; b = 10;

	a = b++;

	d = ++a;
	printf("a = %d, b = %d, d = %d\n", a, b, d);

	a = b + ++d;
	printf("a = b + ++d 문장 실행 후\n");
	printf("a = %d, b = %d, d = %d\n", a, b, d);

	return 0;
}
```

2 이항 연산자

이항 연산자는 피연산자가 2개 필요한 산술 연산자로 사칙연산과 나머지 연산자를 포함한다. [표 4-5]에 이항 연산자의 종류를 정리했다.

표 4-5 이항 연산자의 종류

연산자	의미	기능	연산자	의미	기능
+	덧셈	a = b + c	-	뺄셈	a = b - c
*	곱셈	a = b * c	/	나눗셈	a = b / c
%	나머지	a = b % c			

이항 연산자 중 덧셈, 뺄셈, 곱셈은 일반적인 수학에서의 기능과 동일하나 나눗셈은 소수점을

다루는 부분이 조금 다르다. 나머지는 프로그래밍에서만 사용하는 연산자다. 여기서는 수학과 다른 나눗셈 연산자와 나머지 연산자에 대해 살펴본다.

■ **나눗셈 연산자**

```
int x, y = 9;
x = y / 2; // 결과 x에 4가 저장된다.
x = y / 4; // 결과 x에 2가 저장된다.
```

나눗셈 연산은 실수형 변수에 사용할 때는 특별할 것이 없으나 정수형 변수에 사용하면 몫만 값으로 저장되고 나머지는 없어진다.

■ **나머지 연산자**

```
int x, y = 9;
x = y % 4; // 결과 x에 1이 저장된다.
x = y % 6; // 결과 x에 3이 저장된다.
```

나머지 연산자는 프로그래밍에서 유용하게 쓰인다. 예를 들어 어떤 값(x)이 홀수인지 짝수인지 알기 위해 그 값을 2로 나머지 연산(`x % 2`)을 한다. 그 결과가 0이면 짝수이고 1이면 홀수다.

예제 4-3 **이항 연산자 사용하기** 프로그램 4-3.c

```
#include <stdio.h>

int main(void)
{
	int a = 20, b = 3, c = 7, d, e;
	float f = 15.0, g;

	d = a / b;
	printf("d = a / b를 실행한 후 d의 값은 %d\n", d);

	e = a % c;
	printf("e = a %% c를 실행한 후 e의 값은 %d\n", e);

	g = f / c;
```

```
    printf("g = f / c를 실행한 후 g의 값은 %f\n", g);

    return 0;
}
```

실행 결과

```
d = a / b를 실행한 후 d의 값은 6
e = a % c를 실행한 후 e의 값은 6
g = f / c를 실행한 후 g의 값은 2.142857
```

실수 나눗셈과 정수 나눗셈에는 차이가 있다. `printf()` 함수에서 `%`를 출력하려면 `%%`를 입력해야 `%`가 변환 기호가 아닌 문자로 출력된다. 이는 3장의 탈출 기법에서 이미 설명했으니 잘 모르겠다면 다시 읽어보기 바란다.

정사각형의 넓이를 구하는 [예제 4-4]의 코드를 작성하면서 이항 연산자를 정리해보자.

예제 4-4 정사각형의 넓이 구하기 프로그램 4-4.c

```
#define _CRT_SECURE_NO_WARNINGS
#include <stdio.h>

int main(void)
{
    int length, area;
    printf("정사각형 한 변의 길이를 입력하시오.\n");
    scanf("%d", &length);

    area = length * length;
    printf("정사각형의 넓이는 %d다.\n", area);

    return 0;
}
```

실행 결과

```
정사각형 한 변의 길이를 입력하시오.
5
정사각형의 넓이는 25다.
```

혼자 해 보기 4-2

사용자에게 밑변과 높이를 입력받아 삼각형의 넓이를 구하는 프로그램을 작성하시오.

ⓘ힌트 삼각형의 넓이 = 밑변 * 높이 / 2

04 관계 연산자

관계 연산자는 두 수 사이의 대소 관계와 특정 조건을 검사할 때 사용하는 연산자로 관계가 성립되면 참(`true` 또는 `1`), 성립되지 않으면 거짓(`false` 또는 `0`)이라고 표시한다. 프로그램에서는 거짓을 0으로 나타내고, 0 이외의 모든 값은 참으로 여긴다. [표 4-6]에 관계 연산자의 종류에 대해 자세히 정리했다.

표 4-6 관계 연산자의 종류와 사용 예

연산자	의미	사용법	설명
>	~보다 크다.	a = (b > c)	b가 c보다 크면 a = 1, 그렇지 않으면 a = 0이다.
<	~보다 작다.	a = (b < c)	b가 c보다 작으면 a = 1, 그렇지 않으면 a = 0이다.
>=	~보다 크거나 같다.	a = (b >= c)	b가 c보다 크거나 같으면 a = 1, 그렇지 않으면 a = 0이다.
<=	~보다 작거나 같다.	a = (b <= c)	b가 c보다 작거나 같으면 a = 1, 그렇지 않으면 a = 0이다.
==	같다.	a = (b == c)	b와 c가 같으면 a = 1, 같지 않으면 a = 0이다.
!=	같지 않다.	a = (b != c)	b와 c가 같지 않으면 a = 1, 같으면 a = 0이다.

예제 4-5 합격과 불합격 판정하기 — 프로그램 4-5.c

```c
#define _CRT_SECURE_NO_WARNINGS
#include <stdio.h>

int main(void)
{
    int score, grade;

    printf("점수를 입력하세요 : ");
    scanf("%d", &score);

    grade = score >= 90;

    if (grade == 1)
```

```
        printf("결과는 %d점, 합격\n", score);
    else
        printf("결과는 %d점, 불합격\n", score);

    return 0;
}
```

실행 결과

```
점수를 입력하세요 : 95
결과는 1, 합격
```

사용자에게 입력받은 점수가 90보다 크거나 같으면 `grade`에 `1`이 저장되고 90보다 작으면 `0`이 저장되며, 이 `grade` 값에 따라 합격 또는 불합격을 출력한다. `if`문은 () 안의 내용이 참이면 바로 아래 문장을 수행하고, 거짓이면 `else`문 아래 문장을 수행한다(`if`문은 5장에서 자세히 다룬다).

05 논리 연산자

1 논리 연산자의 진리표

논리 연산자는 **조건 여러 개를 결합하여 판정하는 연산자**로 AND, OR, NOT의 논리 연산을 수행한다. 관계 연산자와 마찬가지로 **참**true**일 때는** 1로, **거짓**false**일 때는** 0으로 결과를 표시한다. [표 4-7]은 논리 연산자의 진리표다. 일반적으로 참은 값이 있는 경우를 나타내고 거짓은 0일 때다. 즉 0 외의 값이 있는 경우 프로그램은 참으로 간주한다.

표 4-7 논리 연산의 진리표

X	Y	AND(&&)	OR(¦¦)	NOT X(!X)
1	1	1	1	0
1	0	0	1	0
0	1	0	1	1
0	0	0	0	1

AND(&&)와 OR(¦¦) 연산자는 피연산자가 2개 필요하고, NOT(!) 연산자는 피연산자가 1개 필요하다. AND 연산은 피연산자 2개가 모두 참(1)일 때만 결과 값이 참이고, 1개라도 거짓(0)이면 거짓이다. OR 연산은 피연산자 2개 중에서 1개만 참(1)이어도 결과 값이 참이고, 2개 모두 거짓(0)일 때만 거짓이다. NOT 연산자는 피연산자의 진리 값과 반대인 값이 결과 값이다.

2 논리 연산자의 사용

[표 4-8]은 논리 연산자의 종류와 사용법을 나타낸다.

표 4-8 논리 연산자의 종류와 사용 예

연산자	의미	사용법	설명
논리곱(&&)	AND	a = b && c	b와 c가 모두 참이면 a = 1, 아니면 a = 0이다.
논리합(||)	OR	a = b || c	b와 c가 모두 거짓이면 a = 0, 아니면 a = 1이다.
논리부정(!)	NOT	a = !b	b가 참이면 a = 0, b가 거짓이면 a = 1이다.

예제 4-6 **논리 연산자 사용하기**

프로그램 4-6.c

```c
#include <stdio.h>

int main(void)
{
	int a = 0, b = 1;

	printf("논리 연산 1 && 2의 결과 : %d\n", 1 && 2);
	printf("논리 연산 0 && 2의 결과 : %d\n\n", 0 && 2);

	printf("논리 연산 0 || 2의 결과 : %d\n", 0 || 2);
	printf("논리 연산 0 || 0의 결과 : %d\n\n", 0 || 0);

	printf("논리 연산 !a의 결과 : %d\n", !a);
	printf("논리 연산 !b의 결과 : %d\n", !b);

	return 0;
}
```

실행 결과

```
논리 연산 1 && 2의 결과 : 1
논리 연산 0 && 2의 결과 : 0
논리 연산 0 || 2의 결과 : 1
논리 연산 0 || 0의 결과 : 0
논리 연산 !a의 결과 : 1
논리 연산 !b의 결과 : 0
```

논리곱(&&) 연산은 두 변수가 모두 1일 때만 1이고 그 외는 0이므로 1 && 2의 연산 결과는 1, 0 && 2의 연산 결과는 0이다. 그리고 논리합(||) 연산은 두 변수가 모두 0일 때만 0이고 그 외는

1이므로 0 || 2의 연산 결과는 1, 0 || 0의 연산 결과는 0이 된다. 또한 논리부정(!) 연산은 변수의 반대 값을 나타내므로 a = 1, b = 0이 출력된다.

3 논리 연산과 다른 연산의 결합

논리 연산자의 우선순위는 단항 연산자인 NOT(!)이 가장 높고 다음이 AND(&&)이며 OR(||)이 가장 낮다. 따라서 AND 연산자(&&)와 OR 연산자(||)가 같이 쓰이면 AND 연산자(&&)가 먼저 수행된다.

예제 4-7 논리 연산자 2개 이상 사용하기 프로그램 4-7.c

```c
#include <stdio.h>

int main(void)
{
    int a = 0, b = 1, c = 1;

    printf("논리 연산 1 && 1 || 0의 결과 : %d\n", 1 && 1 || 0);
    printf("논리 연산 1 && 0 || 1의 결과 : %d\n", 1 && 0 || 1);
    printf("논리 연산 1 && 0 || 0의 결과 : %d\n", 1 && 0 || 0);

    printf("논리 연산 1 && 0 || 0 && 1의 결과 : %d\n", b && a || a && c);
    printf("논리 연산 <1 && 0> || <0 && 1>의 결과 : %d\n", (b && a) || (a && c));

    return 0;
}
```

실행 결과

```
논리 연산 1 && 1 || 0의 결과 : 1
논리 연산 1 && 0 || 1의 결과 : 1
논리 연산 1 && 0 || 0의 결과 : 0
논리 연산 1 && 0 || 0 && 1의 결과 : 0
논리 연산 <1 && 0> || <0 && 1>의 결과 : 0
```

1 && 1 || 0에서는 && 연산을 먼저 수행하고 || 연산을 수행한다. 즉 1 && 1 연산을 수행한 후 그 결과 값과 0의 || 연산이 수행된다. 1 && 1 연산의 결과 값은 1이고, 이것과 0의 || 연

산을 수행하면 최종 결과 값은 1이다. 나머지 결과 값도 동일하게 우선순위를 지켜 연산한 결과다. 논리 연산을 2개 이상 사용할 때는 괄호를 이용하는 것이 좋다. 괄호 안에 있는 내용은 모든 연산자보다 우선순위가 높기 때문이다.

예제 4-8 **논리 연산자와 관계 연산자 결합하기** 프로그램 4-8.c

```c
#include <stdio.h>

int main(void)
{
	int a = 0, b = 1, c = 1;

	printf("a < b && c > a의 결과 : %d\n", a < b && c > a);
	printf("a > b && c > a의 결과 : %d\n", a > b && c > a);
	printf("a > b || c > a의 결과 : %d\n\n", a > b || c > a);

	printf("괄호를 사용하는 것이 더 좋음\n");
	printf("(a > b) || (c > a)의 결과 : %d\n", (a > b) || (c > a));

	return 0;
}
```

실행 결과

```
a < b && c > a의 결과 : 1
a > b && c > a의 결과 : 0
a > b || c > a의 결과 : 1

괄호를 사용하는 것이 더 좋음
(a > b) || (c > a)의 결과 : 1
```

관계 연산자의 우선순위는 논리 연산자보다 높다. 따라서 a < b && c > a에서는 <와 > 연산이 && 연산보다 우선순위가 높기 때문에 먼저 수행된다. 연산자를 동시에 2개 이상 사용하는 경우에는 괄호로 정확하게 구분하면 우선순위를 모르더라도 올바르게 연산을 수행할 수 있다. 따라서 연산자 우선순위를 너무 깊게 생각하며 프로그램을 하기보다는 먼저 처리할 연산은 소괄호(())를 사용해서 처리하면 된다.

06 비트 연산자

비트 연산자는 피연산자 정숫값을 비트 단위로 두고 논리 연산을 수행하는 연산자이며 AND, OR, NOT의 기본 논리식으로 이루어진다. 비트 연산자의 종류는 [표 4-9]와 같다.

표 4-9 비트 연산자의 종류와 사용 예

연산자	의미	사용법	설명
&	비트곱(AND)	a = b & c	b와 c를 AND 연산하여 a에 대입한다.
¦	비트합(OR)	a = b ¦ c	b와 c를 OR 연산하여 a에 대입한다.
^	배타적 논리합(XOR)	a = b ^ c	b와 c를 XOR 연산하여 a에 대입한다.
~	비트 반전(1의 보수)	a = ~b	b의 각 비트를 반전하여 a에 대입한다.
<<	왼쪽으로 이동(shift)	a << b	a를 b만큼 왼쪽으로 비트 이동한다.
>>	오른쪽으로 이동(shift)	a >> b	a를 b만큼 오른쪽으로 비트 이동한다.

[표 4-10]은 4비트의 데이터를 이용하여 나타낼 수 있는 정보의 양을 정리한 것이다. 1비트로는 데이터를 2개 나타낼 수 있고 2비트로는 4개, n비트로는 2n개를 나타낼 수 있다.

표 4-10 4비트로 표현할 수 있는 데이터의 종류

10진수	2진수	10진수	2진수	10진수	2진수	10진수	2진수
0	0000	4	0100	8	1000	12	1100
1	0001	5	0101	9	1001	13	1101
2	0010	6	0110	10	1010	14	1110
3	0011	7	0111	11	1011	15	1111

[그림 4-1]은 데이터가 4비트인 비트 연산의 예다. 비트 연산은 일반 논리 연산과 다르다. 앞서 살펴본 논리 연산은 피연산자의 참과 거짓만을 다루어 그 결과를 참 또는 거짓으로 표시한다. 반면에 비트 연산은 피연산자를 2진수로 바꾸어 각 비트별로 연산을 수행한 것이 결과로

나타난다. 그러므로 특수한 경우를 제외하고는 피연산자의 값을 2진수로 바꾸어 연산을 해보기 전에는 사용자가 결과 값을 미리 예측하기 어렵다.

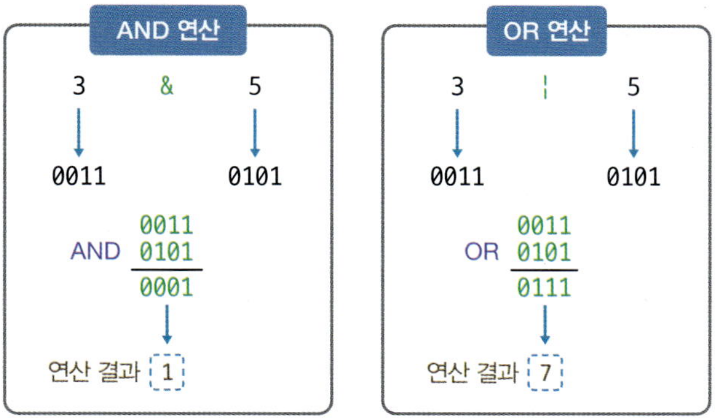

그림 4-1 AND와 OR 연산의 예

예제 4-9 **변수의 특정 위치 비트 값 알아내기** 프로그램 4-9.c

```
#define _CRT_SECURE_NO_WARNINGS
#include <stdio.h>

int main(void)
{
      unsigned char lastmask = 1;        // 2의 0승 위치 : 00000001
      unsigned char firstmask = 128;     // 2의 7승 위치 : 10000000

      unsigned char input;

      printf("값을 입력하시오.\n");
      scanf(" % hhd", &input);

            printf("입력한 값 %d의 첫 번째 비트는 %d이다.\n", input, (input & firstmask) > 127);

      printf("입력한 값 %d의 마지막 비트는 %d이다.\n", input, input & lastmask);

      return 0;
}
```

실행 결과

```
값을 입력하시오.
25
입력한 값 25의 첫 번째 비트는 0이다.
입력한 값 25의 마지막 비트는 1이다.
```

[예제 4-9]의 12행에서 %hhd는 char 형식이며 scanf() 함수의 입력 형식이 1바이트 크기의 정수임을 의미하는 변환 기호이다. input 변수의 메모리를 절약하기 위해서 char 형식을 사용했으며, 이렇게 해야 경고와 오류가 발생하지 않는다.

비트 연산을 이용하면 변수에서 원하는 특정 위치의 비트 값을 알 수 있다. 이처럼 **특정 위치의 비트 값을 알아내기 위해 사용하는 값**을 **비트 마스크**라고 한다. [예제 4-9]에서는 firstmask와 lastmask가 비트 마스크다. 입력 값이 25이므로 첫 번째 비트 값은 (input & firstmask) > 127 연산을 통해서 input의 첫 번째 비트 값이 0이면 (input & firstmask)의 연산 결과는 첫 번째 비트가 0이므로 127보다 작아 0이 출력된다. 마지막 비트 값은 input & lastmask 연산을 통해서 간단하게 구할 수 있는데 입력 값 input이 25이므로 마지막 비트가 1이 되어, input & lastmask 연산 결과는 1이 된다.

비트 마스크를 만들고 이에 따라 비트 연산을 잘 수행하면 원하는 값을 얻거나 바꿀 수 있다. 다음은 비트 연산을 이용하여 변수에서 특정 위치의 비트 값을 바꾸는 예제다.

예제 4-10 특정 위치의 비트 값 바꾸기 프로그램 4-10.c

```
#define _CRT_SECURE_NO_WARNINGS
#include <stdio.h>

int main(void)
{
	unsigned char lastmask = 1; // 2의 0승 위치 : 00000001
	unsigned char firstmask = 128; // 2의 7승 위치 : 10000000

	unsigned char input;

	printf("0 ~ 255 사이 값 중 짝수를 입력하시오.\n");
	scanf("%hhd", &input);
```

```

    printf("입력한 값 %d의 첫 번째 비트는 %d이다.\n", input, (input & firstmask) > 127);

    printf("입력한 값의 첫 번째 비트 값만 바꾸면 입력한 값은 %d가 된다.\n", input ^ firstmask);

    printf("입력한 값의 마지막 비트 값을 바꾸면 입력한 값은 %d이 된다.\n", input | lastmask);

    return 0;
}
```

실행 결과

```
0 ~ 255 사이 값 중 짝수를 입력하시오.
222
입력한 값 222의 첫 번째 비트는 1이다.
입력한 값의 첫 번째 비트 값만 바꾸면 입력한 값은 94가 된다.
입력한 값의 마지막 비트 값을 바꾸면 입력한 값은 223이 된다.
```

입력 값이 222이므로 첫 번째 비트 값은 `(input & firstmask) > 127` 연산을 통해서 `input`의 첫 번째 비트 값이 1이면 `(input & firstmask)`의 연산 결과는 첫 번째 비트가 1이므로 127보다 커 1이 출력된다. 또한 XOR 연산은 두 비트 값이 같으면 `0`, 다르면 1의 결과가 나오는데 이 성질을 이용하여 특정 위치의 비트 값을 바꿀 수 있다. 위의 예에서는 `firstmask`가 `10000000`의 값을 가지므로 `input`과 `firstmask`를 XOR 연산한 `input ^ firstmask`에서 `input`의 첫 번째 비트 값이 0이면 그 결과가 1이 되고, 1이면 그 결과가 `0`이 된다. 그러므로 `input ^ firstmask` 연산의 결과는 `input`의 첫 번째 비트 값만 바뀌고 나머지 비트 값은 그대로다.

OR 연산은 두 비트 값이 모두 0일 때만 그 결과가 `0`이고, 한 비트라도 1이면 그 결과가 1이다. `input | lastmask` 연산에서는 `lastmask`가 `00000001`이므로 연산을 수행하면 마지막 비트는 무조건 1이 되고 나머지 비트들은 `input`의 원래 값을 그대로 유지한다.

혼자 해 보기 4-3

임의의 수를 입력받아 입력한 값의 두 번째, 네 번째 비트 값을 알아내는 프로그램을 작성하시오. 단, 입력받는 변수는 unsigned char형으로 입력하시오.

①힌트 unsigned char형으로 두 번째 값만 1이고 나머지가 0인 경우는 2의 6승일 때이고, 네 번째 값만 1이고 나머지가 0인 경우는 2의 4승일 때다.

[그림 4-2]와 같이 shift 연산은 비트를 오른쪽이나 왼쪽으로 이동시킨다. >> 연산은 비트를 오른쪽으로 옮겨 값을 감소시키고, << 연산은 왼쪽으로 옮겨 값을 증가시킨다.

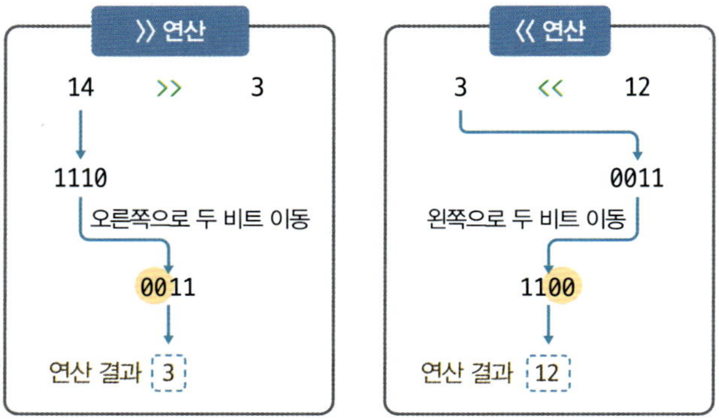

그림 4-2 shift 연산의 예

[그림 4-2]는 데이터가 4비트일 때의 연산을 보여준다. 원으로 표시된 부분은 비트가 이동함에 따라 4비트를 만들기 위해 자동으로 0이 채워진 것이다. 여기서 shift 연산의 처리 결과는 다음과 같다.

■ **>> 연산의 처리 결과**

- a >> b **연산의 의미** : a를 b만큼 오른쪽으로 비트를 이동한다.
- a >> b **연산의 값** : a를 2 ^ b로 나누기한 값(a / 2 ^ b)이다.
- 14 >> 2 : 14 / 2 ^ 2(정수형이므로 소수점은 없어지고 3이 된다)

■ **<< 연산의 처리 결과**

- a << b **연산의 의미** : a를 b만큼 왼쪽으로 비트를 이동한다.
- a << b **연산의 값** : a에 2 ^ b를 곱한 값(a * 2 ^ b)이다.
- 3 << 2 : 3 * 2 ^ 2(12가 된다)

예제 4-11 **비트 논리 연산자 사용하기** 프로그램 4-11.c

```
#include <stdio.h>

int main(void)
{
    int a, b, c, d;
    int x = 10, y = 7;

    a = x & y;
    b = x | y;
    c = x ^ y;
    d = ~x;

    printf("비트곱 x & y의 결과 : %d\n", a);
    printf("비트합 x | y의 결과 : %d\n", b);
    printf("배타적 논리합 x ^ y의 결과 : %d\n", c);
    printf("비트 반전 ~x의 결과 : %d\n", d);

    return 0;
}
```

실행 결과

```
비트곱 x & y의 결과 : 2
비트합 x | y의 결과 : 15
배타적 논리합 x ^ y의 결과 : 13
비트 반전 ~x의 결과 : -11
```

비트곱(&) x & y 연산은 AND 연산을 수행하기 때문에 변수 a의 값이 2다. 비트합(|) x | y 연산은 OR 연산을 수행하므로 변수 b의 값이 15다. 배타적 논리합 x ^ y 연산은 두 변수가 같으면 0, 다르면 1이 출력되므로 변수 c의 값으로 10진수 13이 출력된다. 그리고 비트 반전 ~x는 NOT 연산을 수행하므로 변수 d의 부호가 바뀌어 -11이 출력된다. x, y 값을 2진수로 바꾸어 위 결과를 확인해보라.

07 기타 연산자

1 콤마 연산자

콤마 연산자는 수식 2개를 문장 1개로 표현할 때 사용하는데, 주로 변수 선언에 쓰인다. 연산자 중 우선순위가 가장 낮으며 왼쪽에서 오른쪽으로 연산을 수행한다. 그리고 마지막에 수행한 연산의 결과 값을 반환한다.

■ 콤마 연산자의 사용 예 1

```
int x;
x = 3 + 4, 5 - 10;
printf("%d\n", x); // 출력 값은 7이다.
```

■ 콤마 연산자의 사용 예 2

```
int x;
x = (3 + 4, 5 - 10);
printf("%d\n", x); // 출력 값은 -5다.
```

예제 4-12 변수를 선언할 때 값 할당하기 프로그램 4-12.c

```
#include <stdio.h>

int main(void)
{
	int x, y;

	printf("x = %d, y = %d\n", x = (y = 5, y + 10), y);

	return 0;
}
```

실행 결과

```
x = 15, y = 5
```

첫 번째 x의 값은 (y = 5, y + 10)의 연산을 차례로 수행하므로 15가 된다.

2 축약 연산자

축약 연산자는 연산 2개를 동시에 수행하여 값을 할당하는 연산자로 프로그램을 좀 더 간결하게 만든다. [표 4-11]에 축약 연산자의 종류와 사용 예를 정리했다.

표 4-11 축약 연산자의 종류와 사용 예

<table>
<tr><th>연산자</th><th>사용법</th><th>설명</th></tr>
<tr><td>+=</td><td>a += b</td><td>a와 b를 더하여 a에 대입한다.</td></tr>
<tr><td>-=</td><td>a -= b</td><td>a에서 b를 뺀 결과 값을 a에 대입한다.</td></tr>
<tr><td>*=</td><td>a *= b</td><td>a와 b를 곱하여 a에 대입한다.</td></tr>
<tr><td>/=</td><td>a /= b</td><td>a를 b로 나눈 몫을 a에 대입한다.</td></tr>
<tr><td>%=</td><td>a %= b</td><td>a를 b로 나눈 나머지를 a에 대입한다.</td></tr>
<tr><td><<=</td><td>a <<= b</td><td>a를 b비트만큼 왼쪽으로 이동하여 a에 대입한다.</td></tr>
<tr><td>>>=</td><td>a >>= b</td><td>a를 b비트만큼 오른쪽으로 이동하여 a에 대입한다.</td></tr>
<tr><td>&=</td><td>a &= b</td><td>a와 b를 비트별로 AND 연산하여 a에 대입한다.</td></tr>
<tr><td>|=</td><td>a |= b</td><td>a와 b를 비트별로 OR 연산하여 a에 대입한다.</td></tr>
<tr><td>^=</td><td>a ^= b</td><td>a와 b를 비트별로 XOR 연산하여 a에 대입한다.</td></tr>
</table>

예제 4-13 축약 연산자 사용하기 프로그램 4-13.c

```c
#include <stdio.h>

int main(void)
{
	int a = 10;
	printf("초깃값 : a = 10\n");

	a += 5;
```

```
    printf("a += 5 : %d\n", a);

    a = 10; a -= 5 + 2;
    printf("a -= 5 + 2 : %d\n", a);

    a = 10; a *= 2 + 5;
    printf("a *= 2 + 5 : %d\n", a);
    return 0;
}
```

실행 결과

```
초깃값 : a = 10
a += 5 : 15
a -= 5 + 2 : 3
a *= 2 + 5 : 70
```

변수 a의 초깃값을 10으로 한다. a += 5는 a 값에 5를 더한 후 그 결과를 다시 a에 대입하라는 의미다. a -= 5 + 2는 먼저 5 + 2를 연산하여 7을 얻고, a 값에서 7을 뺀 후 그 결과를 다시 a에 대입하라는 의미다. 마지막으로 a *= 2 + 5는 먼저 2 + 5를 연산하여 7을 얻고, a 값에 7을 곱한 후 그 결과를 다시 a에 대입하라는 의미다.

3 sizeof 연산자

sizeof 연산자는 **변수나 자료형의 크기를 알고 싶을 때 사용**한다. 크기 단위는 바이트이고 사용 예는 다음과 같다.

■ **sizeof 연산자를 자료형에 사용한 예**

```
sizeof(int);                    // 결과 값 4
sizeof(double);                 // 결과 값 8
printf("%d\n", sizeof(int));    // 결과 값 4
```

■ sizeof 연산자를 변수에 사용한 예

```
int a; double d;
sizeof(a);                        // 결과 값 4
sizeof d;                         // 결과 값 8
```

여기서 주의할 점은 괄호의 사용 유무인데, 자료형에 sizeof 연산자를 사용할 때는 반드시 괄호를 넣어야 하지만 변수에 사용할 때는 sizeof 다음에 괄호를 생략해도 된다.

예제 4-14 **sizeof 연산자 사용하기** 프로그램 4-14.c

```c
#include <stdio.h>

int main(void)
{
	char c = 'a';
	int a = 10;
	double d = 5.0;

	printf("char 자료형의 크기는 %d바이트다.\n", sizeof(char));
	printf("int 자료형의 크기는 %d바이트다.\n", sizeof(int));
	printf("double 자료형의 크기는 %d바이트다.\n\n", sizeof(double));

	printf("변수 c의 크기는 %d바이트다.\n", sizeof(c));
	printf("변수 a의 크기는 %d바이트다.\n", sizeof a);
	printf("변수 d의 크기는 %d바이트다.\n", sizeof d);

	return 0;
}
```

실행 결과

```
char 자료형의 크기는 1바이트다.
int 자료형의 크기는 4바이트다.
double 자료형의 크기는 8바이트다.
변수 c의 크기는 1바이트다.
변수 a의 크기는 4바이트다.
변수 d의 크기는 8바이트다.
```

08 연산자 우선순위

연산식 하나에 여러 개의 연산자가 있을 때는 어떤 연산자를 먼저 수행할 것인지 결정해야 한다. 연산자 간에 우선순위가 있어서 이에 따라 우선순위가 높은 연산자부터 먼저 수행되기 때문이다. 또한 우선순위가 같을 때는 왼쪽이나 오른쪽 연산자를 먼저 수행한다. 이를 결합성이라고 하는데 연산자마다 다르게 적용된다. 연산자의 분류에 따른 우선순위를 정리하면 다음과 같다.

단항 〉 산술 〉 이동 〉 관계 〉 비트 〉 논리 〉 조건 〉 대입

연산자 우선순위의 원칙은 일반적으로 다음과 같다.

- 소괄호(()) 안의 내용을 먼저 처리한다.
- 단항 연산자를 이항 연산자보다 먼저 처리한다.
- 증감 연산자는 위치에 따라 처리되는 순서가 다르지만 대개 왼쪽에서 오른쪽으로 수행하는 것이 원칙이다.

다음에 나와 있는 [표 4-12]를 참조하여 연산자 우선순위를 명확하게 정리해보자.

여러 연산자를 동시에 사용해야 할 때 연산자 우선순위를 잘못 알고 있으면 실수를 할 수 있으니 이에 대비하여 연산자 우선순위를 잘 알아둘 필요가 있다. 그러나 연산자 우선순위를 모르더라도 소괄호(())가 최우선순위라는 것만 기억하면 혼동되는 부분에 소괄호(())를 넣어 처리하면 되므로 크게 걱정할 필요는 없다. [표 4-12]에 포함된 조건 연산자 ?:은 5장에서 자세히 설명할 것이다.

표 4-12 연산자 우선순위

<table>
<tr><th>우선순위</th><th colspan="2">연산자의 종류</th><th>결합성</th><th>실행 결과</th></tr>
<tr><td rowspan="15">고
↕
저</td><td colspan="2">식, 구조체, 공용체</td><td>( ), [ ], ., -></td><td>좌→우</td></tr>
<tr><td colspan="2">단항 연산자</td><td>!, ~, -, +, ++, --, &, *</td><td>좌→우</td></tr>
<tr><td rowspan="10">이항 연산자</td><td>승제</td><td>*, / , %</td><td rowspan="10">좌→우</td></tr>
<tr><td>가감</td><td>+, -</td></tr>
<tr><td>이동</td><td><<, >></td></tr>
<tr><td>비교</td><td><, <=, >, >=</td></tr>
<tr><td>등가</td><td>==, !=</td></tr>
<tr><td>비트 AND</td><td>&</td></tr>
<tr><td>비트 XOR</td><td>^</td></tr>
<tr><td>비트 OR</td><td>|</td></tr>
<tr><td>논리 AND</td><td>&&</td></tr>
<tr><td>논리 OR</td><td>||</td></tr>
<tr><td colspan="2">조건 연산자</td><td>?:</td><td>좌←우</td></tr>
<tr><td colspan="2">대입 연산자</td><td>=, +=, -=, *=, %=, <<=, >>=, &=</td><td>좌←우</td></tr>
<tr><td colspan="2">콤마 연산자</td><td>,</td><td>좌←우</td></tr>
</table>

요약

01 연산과 연산자

- **연산자**Operator : 산술 연산자인 +, -, *, /와 같이 이미 정의된 연산을 수행하는 기호
- **연산식** : 변수나 상수 데이터를 어떤 방법으로 처리할지 지정한 것
- **피연산자**Operand : 연산Operation에 참여하는 변수나 값

02 연산자의 종류

연산자는 변수나 상수 데이터를 어떤 방법으로 처리할지 지정하여 하나의 연산식을 만드는 데 사용한다.

종류	예
산술 연산자	+, -, *, /, %
관계 연산자	>, <, ==, !=, >=, <=
증감 연산자	++, --
논리 연산자	&&, ||, !
조건 연산자	?:
비트 논리 연산자	&, |, ^, ~
비트 이동 연산자	<<, >>
대입 연산자	=

03 축약 연산자

연산 2개를 동시에 수행하여 값을 할당하는 연산자로 프로그램을 좀 더 간결하게 만든다.

연산자	사용법	설명
+=	a += b	a와 b를 더하여 a에 대입한다.
-=	a -= b	a에서 b를 뺀 결과 값을 a에 대입한다.
*=	a *= b	a와 b를 곱하여 a에 대입한다.
/=	a /= b	a를 b로 나눈 몫을 a에 대입한다.
%=	a %= b	a를 b로 나눈 나머지를 a에 대입한다.

<<=	a <<= b	a를 b비트만큼 왼쪽으로 이동하여 a에 대입한다.
>>=	a >>= b	a를 b비트만큼 오른쪽으로 이동하여 a에 대입한다.
&=	a &= b	a와 b를 비트별로 AND 연산하여 a에 대입한다.
¦=	a ¦= b	a와 b를 비트별로 OR 연산하여 a에 대입한다.
^=	a ^= b	a와 b를 비트별로 XOR 연산하여 a에 대입한다.

04 연산자 우선순위

하나의 연산식에 여러 개의 연산자가 있을 때는 우선순위가 높은 것부터 먼저 수행된다. 연산자의 분류에 따른 우선순위는 다음과 같다.

단항 〉 산술 〉 이동 〉 관계 〉 비트 〉 논리 〉 조건 〉 대입

05 연산자 우선순위의 원칙

- 소괄호(()) 안의 내용을 먼저 처리한다.
- 단항 연산자를 이항 연산자보다 먼저 처리한다.
- 증감 연산자는 위치에 따라 처리되는 순서가 다르지만 대개 왼쪽에서 오른쪽으로 수행하는 것이 원칙이다.

연습문제

01 다음 프로그램의 오류를 수정하시오.

```
int x = 5, y = 3;
const int z = 3;
x = x + 5;
y + 3 = x;
z = z + 4;
```

02 다음 프로그램에서 x, y, z의 최종 결과 값은 얼마인가?

```
int x = 10, y = 10, z;
x = y++;
z = (++x) % 3;
```

03 다음 프로그램의 연산 결과를 직접 확인해보시오.

①

```
int a = 10, b = 15, c = 0;
printf("%d\n", a >= b || c);
```

②

```
int a = 10, b = 15, c = 0;
printf("%d\n", a < b && a < c);
```

③

```
int a, b, c;
a = 20; b = 10;
a += b;
c = ++a;
printf("a = %d, b = %d, c = %d\n", a, b, c);
a = b + ++c;
printf("a = b + ++c 문장 실행 후\n");
printf("a = %d, b = %d, c = %d\n", a, b, c);
a = b++ + c++;
printf("a = b++ + c++ 문장 실행 후\n");
printf("a = %d, b = %d, c = %d\n", a, b, c);
unsigned char number = 176;
unsigned char b = 128;
const unsigned char level = 127;
printf("number의 첫 번째 비트 값은 %d. \n", (number & b) > level);
```

04 정수 3개를 입력받아 합을 계산한 뒤 합이 100보다 크면 '합격'을, 그렇지 않으면 '불합격'을 출력하는 프로그램을 작성하시오([예제 4-5] 참조).

연습문제

05 정수형 변수 2개를 입력받아 AND, OR, XOR의 비트 논리 연산을 수행하고 연산의 결과 값을 정수형으로 화면에 출력하는 프로그램을 작성하시오.

06 unsigned char형으로 정수(0~255) 값을 입력받아 총 8비트에서 첫 번째 비트의 값이 무엇인지 알아내는 프로그램은 일반적으로 아래와 같다.

```
unsigned char number = 176;
unsigned char b = 128;
const unsigned char level = 127;
printf("number의 첫 번째 비트 값은 %d. \n", (number & b) > level);
```

이 프로그램에서 두 번째 비트부터 여덟 번째 비트까지의 값을 알아내려면 mask인 b와 level 값은 각각 얼마여야 하는가?

07 unsigned char형 변수의 하위 4개의 비트를 이용해서 대학입시 지원자의 최종 결과 정보를 정의하려고 한다. 다섯 번째 비트는 지원자의 과(0 : 문과, 1 : 이과), 여섯 번째 비트는 지원자의 지원 신분(0 : 고등학생, 1 : 재수생 이상), 일곱 번째 비트는 특목고 출신(0 : 일반고, 1 : 특목고), 여덟 번째 비트는 합격여부(0 : 불합격, 1 : 합격)이다. 예를 들어 4개의 비트가 '0101'이면 "지원자는 문과이고 재수생 이상이며 일반고 출신으로 합격"이라는 정보이다.

아래 지원자들의 숫자를 보고 지원자 정보를 설명해 줄 수 있는 프로그램을 작성한 뒤 프로그램 결과를 보고 각 지원자의 지원자 정보를 설명해 보시오.

① A지원자 : 13　　② B지원자 : 9　　③ C지원자 : 5

CHAPTER 05
선택문

학습목표

- 프로그램의 흐름을 바꾸는 다양한 선택문을 알아본다.
- 대표적 선택문인 if문과 switch문을 중점적으로 알아본다.

01 제어문의 정의와 종류

1 제어문이란?

프로그램은 보통 첫 번째 문장 → 두 번째 문장 → 세 번째 문장의 순으로 수행된다. 하지만 상황에 따라 실행되는 부분이 달라지거나 일련의 작업을 반복적으로 수행해야 하는 경우가 있다. 이럴 때 프로그램의 실행 흐름을 제어하는 것이 제어문이다. 제어문은 프로그램의 실행을 인위적으로 조절할 수 있는 문장으로 프로그램의 흐름을 이동 또는 반복시킨다.

제어문은 순서도를 살펴보면 이해하기 쉽다. [그림 5-1]은 임의의 수를 입력받아 그 수가 홀수인지, 짝수인지에 따라 다른 문장을 수행하는 프로그램의 흐름를 나타낸 순서도다. 그림에서 입력받은 수가 홀수인지 검사해서 참(true)이면 ❶번 문장을 수행하고 거짓(false)이면 ❷번 문장을 수행한다.

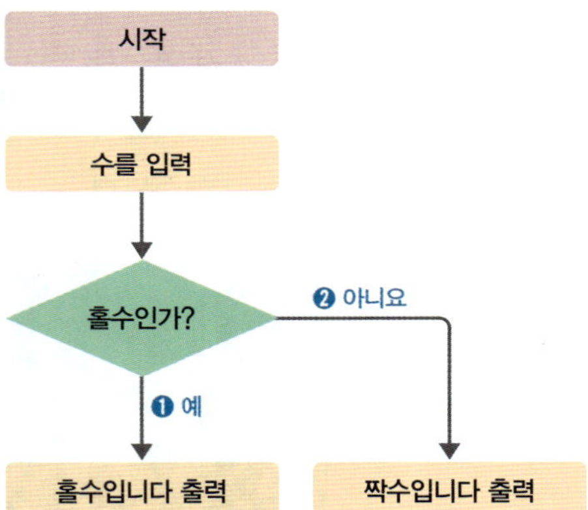

그림 5-1 제어문의 흐름

2 제어문의 종류

제어문에는 선택문, 반복문, 무조건 분기문이 있는데 이를 정리하면 [표 5-1]과 같다. 이 장에서는 선택문을 집중적으로 다루고 나머지 제어문은 6장에서 살펴볼 것이다.

표 5-1 제어문의 종류

종류	제어문	보조 제어문
선택문	if	break return
	if~else	
	if~else if	
	다중 if문	
	switch~case	
반복문	while	
	for	
	do~while	
무조건 분기문	goto	return

02 if문

1 if문의 형식

if문에는 단순한 형태의 if문과 if~else문, if~else if문, 다중 if문이 있다. if문은 조건에 따라 그다음 명령 수행을 달리하고자 할 때 사용하는 명령문으로 다음과 같은 형식이다.

1.1 단순한 형태의 if문

if문의 조건식이 참이면 문장을 수행하고, 거짓이면 문장을 수행하지 않는다.

```
if (조건식) 문장;
```

1.2 if~else문

if문의 조건식이 참이면 문장 1을 수행하고, 거짓이면 else문 아래의 문장 2를 수행한다.

```
if (조건식)
   문장_1;
else
   문장_2;
```

1.3 if~else if문

조건식이 여러 개 있을 때 조건에 맞는 문장만 수행하는 경우에 사용한다. 예를 들어 성적에 따라 등급을 주는 프로그램에서 학생이 얻은 점수에 따라 등급을 A~F로 준다면 각각의 등급에 맞는 점수대가 있을 것이다. 입력한 점수에 따라 등급을 판단하는 조건이 여러 개 있을 텐데 이때 if~else if문을 사용한다. if~else if문에서는 if문을 처음에 한 번만 사용하지만 else if문은 조건의 수에 따라 더 사용할 수 있다. 따라서 해당 조건식에 맞는 if문이나 else if문 아래 문장을 수행한다.

```
if (조건식 1)
   문장 1;
else if (조건식 2)
   문장 2;
else if (조건식 3)
   문장 3;
 ⋮
else
   문장 4;
```

1.4 다중 if문

if문 안에 if문이 있는 경우로 조건식 1과 조건식 2가 모두 참일 때만 문장 1이 수행된다.

```
if (조건식_1)
   if (조건식_2)
       문장 1;
```

위에서 간략히 설명한 각각의 if문을 예제를 통해 자세히 살펴보자.

2 if~else문

if~else문에서는 조건식이 참이면 if문 아래 문장을, 거짓이면 else문 아래 문장을 수행한다. [그림 5-2]는 앞에서 살펴본 [그림 5-1]의 순서도에서 조건 확인을 짝수 여부로 바꾼 것을 C 언어로 표현한 것으로, 임의의 수를 입력받아 if~else문을 이용하여 홀수와 짝수를 구분한다. 그리고 [예제 5-1]은 이 순서도대로 프로그램을 작성한 것이다.

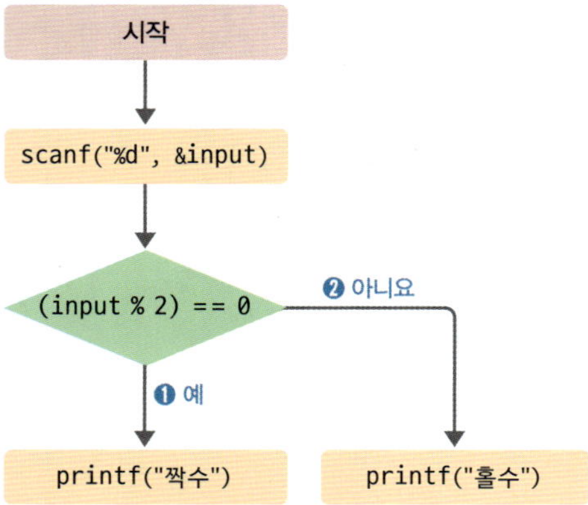

그림 5-2 if~else문의 순서도

예제 5-1 **입력받은 양수가 홀수인지 짝수인지 확인하기** 프로그램 5-1.c

```c
#define _CRT_SECURE_NO_WARNINGS
#include <stdio.h>
int main(void)
{
	int input;
	printf("양수를 입력하세요.\n");
	scanf("%d", &input);

	if (input % 2 == 0)
		printf("입력한 수 %d는 짝수입니다.\n", input);
	else
		printf("입력한 수 %d는 홀수입니다.\n", input);

	return 0;
}
```

실행 결과

```
양수를 입력하세요.
35
입력한 수 35는 홀수입니다.
```

사용자가 입력한 수인 input을 2로 나눈 나머지(%)가 0이면 입력한 수는 짝수다. if문의 조건이 참일 때 수행할 문장이 1개이기 때문에 중괄호({})를 사용하지 않았다. 그러나 조건식에 맞는 문장이 여러 개인 경우에는 중괄호({})를 반드시 사용해야 한다.

■ **괄호 사용법**

```
if (조건식)
   문장_1;
if (조건식) {
   문장_2;
   문장_3;
}
```

■ **괄호를 바르게 사용한 예**

```
if (조건식) {
   문장_1;
   문장_2;
}
```

- **의도** : 조건식이 참이면 문장 1과 문장 2를 수행하고, 참이 아니면 두 문장 모두 수행하지 않는다.
- **결과** : 의도대로 조건식이 참이면 문장 1과 문장 2를 수행하고, 참이 아니면 두 문장 모두 수행하지 않는다.

■ **괄호를 잘못 사용한 예**

```
if (조건식)
   문장_1;
   문장_2;
```

- **의도** : 조건식이 참이면 문장 1과 문장 2를 수행하고, 참이 아니면 두 문장 모두 수행하지 않는다.
- **결과** : 조건식이 참이면 문장 1과 문장 2를 수행하지만 참이 아니어도 문장 2가 수행된다.

이러한 괄호의 사용은 `if`문뿐만 아니라 모든 제어문과 C 프로그램에 동일하게 적용된다.

3 if~else if문

대등한 조건이 하나가 아니라 여러 개 있는 경우에 `if~else if`문을 사용한다. [예제 5-2]를 통해 이를 자세히 알아보자.

예제 5-2 성적을 입력받아 학점 출력하기 프로그램 5-2.c

```c
#define _CRT_SECURE_NO_WARNINGS
#include <stdio.h>

int main(void)
{
    int jumsu;

    printf("0점에서 100점 사이의 점수를 입력하세요.\n");
    scanf("%d", &jumsu);

    if (jumsu >= 0 && jumsu <= 100)
        printf("입력한 점수는 %d점입니다.\n", jumsu);
    else
    {
        printf("0점에서 100점 사이를 입력하셔야 합니다.\n");
        return 0;
    }

    if (jumsu >= 0 && jumsu < 60)
        printf("%d점은 F학점입니다.\n", jumsu);

    else if (jumsu >= 60 && jumsu < 70)
        printf("%d점은 D학점입니다.\n", jumsu);

    else if (jumsu >= 70 && jumsu < 80)
        printf("%d점은 C학점입니다.\n", jumsu);

    else if (jumsu >= 80 && jumsu < 90)
        printf("%d점은 B학점입니다.\n", jumsu);

    else if (jumsu >= 90 && jumsu <= 100)
        printf("%d점은 A학점입니다.\n", jumsu);

    return 0;
}
```

이 코드의 조건문은 유효 범위(0~100) 내에서 처리한다. 유효 범위 안에 있을 때의 결과와 벗어났을 때의 결과를 비교해 보자.

■ **입력 점수가 유효 범위 안에 있을 때**

실행 결과

```
0점에서 100점 사이의 점수를 입력하세요.
88
입력한 점수는 88점입니다.
88점은 B학점입니다.
```

■ **입력 점수가 유효 범위를 벗어났을 때**

실행 결과

```
0점에서 100점 사이의 점수를 입력하세요.
-20
0점에서 100점 사이를 입력하셔야 합니다.
```

혼자 해 보기 5-1

임의의 수를 입력받아 5의 배수인지 아닌지 검사하는 프로그램을 작성하시오.

힌트 입력받은 수에 5로 % 연산을 수행하면 된다.

4 다중 if문

if문 안에서 또 다른 조건식을 검사하고자 할 때 다중 if문을 사용한다. 다중 if문을 사용하지 않고도 표현할 수 있으나, 다중 if문을 사용하면 프로그램의 흐름을 이해하기 쉽다. 입력받은 수가 양수인지 검사하고 짝수, 홀수를 판별할 때, 다중 if문을 사용한 경우와 사용하지 않은 경우를 비교해 보자.

■ **다중 if문을 사용한 예**

```
if (input >= 0)
    if (input % 2 == 0)
        printf("입력한 수 %d는 양수이며 짝수입니다.\n", input);
```

```
    else
        printf("입력한 수 %d는 양수이며 홀수입니다.\n", input);
```

TIP 정수는 양수, 0, 음수로 구분해야 하지만 여기서는 코드를 간결하게 하기 위해 0을 양수에 포함했다.

input은 입력받은 정수이며, if문 안의 또 다른 조건식을 검사하기 위해 if문을 한 번 더 사용했다.

■ **다중 if문을 사용하지 않은 예**

```
if (input >= 0 && input % 2 == 0)
    printf("입력한 수 %d는 양수이며 짝수입니다.\n", input);

else if (input >= 0 && input % 2 != 0)
    printf("입력한 수 %d는 양수이며 홀수입니다.\n", input);

else
    printf("입력한 수 %d는 음수입니다.\n");
```

이처럼 다중 if문을 사용하지 않으면 if문의 조건식이 복잡해진다.

예제 5-3 다중 if문 사용하기 프로그램 5-3.c

```
#define _CRT_SECURE_NO_WARNINGS
#include <stdio.h>

int main(void)
{
    int input;
    printf("양수를 입력하세요.\n");
    scanf("%d", &input);

    if (input >= 0)
    {
        if (input % 2 == 0)
            printf("입력한 수 %d은 짝수입니다.\n", input);
        else
            printf("입력한 수 %d은 홀수입니다.\n", input);
    }
```

```
    else
    {
        printf("입력한 수 %d은 음수입니다.\n", input);
    }

    return 0;
}
```

■ **입력된 수가 양수일 때**

실행 결과

```
양수를 입력하세요.
10
입력한 수 10은 짝수입니다.
```

■ **입력된 수가 음수일 때**

실행 결과

```
양수를 입력하세요.
-20
입력한 수 -20은 음수입니다.
```

사용자가 임의의 수를 입력하면 그 수가 양수인지 음수인지 if문을 이용하여 검사한다. 양수라면 다시 if문으로 그 수가 홀수인지 짝수인지 검사한다. if문 안에 다시 if문을 사용한 것이다.

예제 5-4 **다중 if문 사용하지 않기** 프로그램 5-4.c

```
#define _CRT_SECURE_NO_WARNINGS
#include <stdio.h>

int main(void)
{
    int input;
    printf("양수를 입력하세요.\n");
    scanf("%d", &input);

    if (input >= 0 && input % 2 == 0)
        printf("입력한 수 %d은 양수이며 짝수입니다.\n", input);
```

```
    else if (input >= 0 && input % 2 != 0)
        printf("입력한 수 %d은 양수이며 홀수입니다.\n", input);

    else
        printf("입력한 수 %d은 음수입니다.\n", input);

    return 0;
}
```

- **입력된 수가 양수일 때**

실행 결과

```
양수를 입력하세요.
10
입력한 수 10은 양수이며 짝수입니다.
```

- **입력된 수가 음수일 때**

실행 결과

```
양수를 입력하세요.
-20
입력한 수 -20은 음수입니다.
```

다중 `if`문을 사용했을 때와 결과는 같지만, 다중 `if`문을 사용하면 조건을 하나씩 검사할 수 있다는 것이 장점이다. 일례로 다중 `if`문을 사용하지 않으면 `if (input >= 0 && input % 2 == 0)` 문장에서 조건식이 거짓일 때, `input` 값이 음수여서 거짓인지 홀수여서 거짓인지 조건식의 결과만으로는 알 수가 없다.

혼자 해 보기 5-2

임의의 수를 입력받아 3의 배수이면서 6의 배수도 되는지 검사하는 프로그램을 작성하시오.

①힌트 입력받은 수가 3의 배수인지 먼저 확인하고, 3의 배수이면 다시 6의 배수인지 확인할 수 있도록 다중 `if`문을 사용한다.

03 switch~case문

1 switch~case문이란?

if문이 프로그램의 흐름을 두 가지 상황으로 나누는 데 반해 switch문은 조건식을 먼저 평가한 뒤 그 식의 값이 case 상수와 일치하는 쪽으로 분기하여 해당 명령문을 수행한다. 스위치를 움직이면 스위치가 가리키는 동작을 실행하는 기계 같은 역할을 하는 것이 바로 switch문이다.

[그림 5-3]은 특정 기계를 동작시킬 때 사용되는 모듈이다. 사용되는 기능은 OFF, ON, PAUSE, RESET으로 이 네 가지 기능은 화살표가 가리킬 때 동작한다. 그림에서는 화살표가 ON을 가리키기 때문에 기계는 ON에 해당하는 동작을 수행한다.

[그림 5-4]는 [그림 5-3]의 기계 동작을 프로그래밍적으로 표현한 것이다. [그림 5-4]에서 화살표를 스위치(switch)로 간주하고 각 기능을 case로 표현했다. 즉 화살표는 네 가지 case를 가리킬 수 있다. 예를 들어 화살표가 ON을 가리키면 case 2에 해당하는 명령을 수행한다.

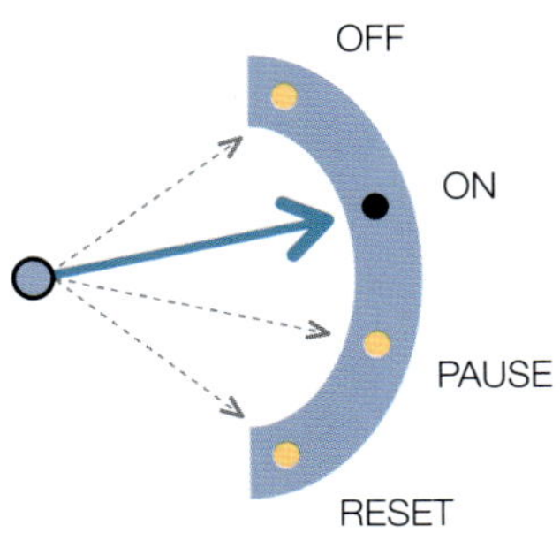

그림 5-3 스위치 동작

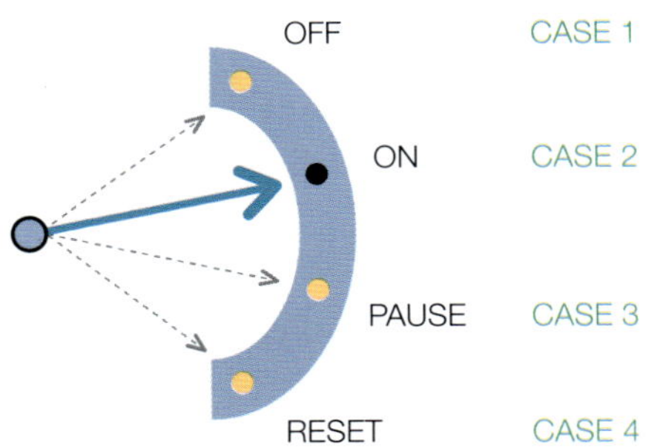

그림 5-4 스위치 동작을 switch문으로 해석

switch문의 기본 형식은 다음과 같다.

■ **switch문 형식**

```
switch (조건식)
{
case 상숫값_1:
   명령문_블록_1
      break;
case 상숫값_2:
   명령문_블록_2
      break;
   ⋮
default:
   명령문_블록_n
      break;
}
```

switch문의 조건식 결과 값과 case 상숫값이 일치하는지 검사하여 일치하는 값이 나오면 그 case문 아래의 명령문 블록을 수행한다. 그러나 여러 개의 case문 중에서 어느 하나라도 일치하는 값이 없으면 default 부분의 명령문 블록을 수행한다. default 부분은 switch~case 문을 사용할 때 반드시 있어야 하는 것은 아니지만 조건에 맞는 case가 없을 경우를 대비하여 만들어두는 것이 바람직한 프로그래밍 습관이다.

명령문 중간의 break문은 해당하는 case의 명령문을 빠져나오는 데 필요하므로 빠뜨리지 않도록 주의한다. 만약 case 1에 break문이 없으면 case 2의 명령문까지 한꺼번에 처리되어 원치 않는 결과가 나온다. 따라서 명령문 블록 1개가 끝나면 반드시 break문을 적용해야 한다.

TIP break문에 관한 자세한 내용은 149쪽에서 다룬다.

예제 5-5 switch~case문 사용하기 프로그램 5-5.c

```
#define _CRT_SECURE_NO_WARNINGS
#include <stdio.h>

int main(void)
{
    int input;
```

```c

    printf("영어로 인사하는 법을 배우겠습니다.\n");
    printf("아침 인사는 1번을 누르세요.\n");
    printf("점심 인사는 2번을 누르세요.\n");
    printf("저녁 인사는 3번을 누르세요.\n");
    scanf("%d", &input);

    switch (input) {
    case 1:
        printf("Good Morning!!\n");
        break;
    case 2:
        printf("Good Afternoon!!\n");
        break;
    case 3:
        printf("Good Night!!\n");
        break;
    }

    return 0;
}
```

- **1을 입력했을 때**

실행 결과

```
영어로 인사하는 법을 배우겠습니다.
아침 인사는 1번을 누르세요.
점심 인사는 2번을 누르세요.
저녁 인사는 3번을 누르세요.
1
Good Morning!!
```

- **2를 입력했을 때**

실행 결과

```
영어로 인사하는 법을 배우겠습니다.
아침 인사는 1번을 누르세요.
점심 인사는 2번을 누르세요.
저녁 인사는 3번을 누르세요.
2
Good Afternoon!!
```

- **3을 입력했을 때**

실행 결과

```
영어로 인사하는 법을 배우겠습니다.
아침 인사는 1번을 누르세요.
점심 인사는 2번을 누르세요.
저녁 인사는 3번을 누르세요.
3
Good Night!!
```

- **4를 입력했을 때**

실행 결과

```
영어로 인사하는 법을 배우겠습니다.
아침 인사는 1번을 누르세요.
점심 인사는 2번을 누르세요.
저녁 인사는 3번을 누르세요.
4
```

[예제 5-5]에서 조건식은 input이다. 즉 input 값에 따라 세 가지 경우로 실행되도록 프로그래밍했다. 입력한 값이 1~3이면 각 숫자에 따라 결과가 출력된다. 그러나 1~3이 아닌 다른 값을 입력하면 아무것도 실행되지 않는다. 오류는 발생하지 않지만 입력 범위를 벗어난 값을 처리하지 않기 때문에 프로그램의 흐름이 매끄럽지 않다. 그렇다면 [예제 5-6]을 통해 이러한 예외를 처리해보자.

예제 5-6 **default를 사용하여 예외 처리하기** 프로그램 5-6.c

```c
#define _CRT_SECURE_NO_WARNINGS
#include <stdio.h>

int main(void)
{
    int input;

    printf("영어로 인사하는 법을 배우겠습니다.\n");
    printf("아침 인사는 1번을 누르세요.\n");
    printf("점심 인사는 2번을 누르세요.\n");
    printf("저녁 인사는 3번을 누르세요.\n");
    scanf("%d", &input);

    switch (input) {
    case 1:
        printf("Good Morning!!\n");
        break;
    case 2:
        printf("Good Afternoon!!\n");
        break;
    case 3:
        printf("Good Night!!\n");
        break;
    default:
        printf("잘못 입력했습니다. 1~3 사이의 숫자를 입력하세요.\n");
    }

    return 0;
}
```

실행 결과

```
영어로 인사하는 법을 배우겠습니다.
아침 인사는 1번을 누르세요.
점심 인사는 2번을 누르세요.
저녁 인사는 3번을 누르세요.
4
잘못 입력했습니다. 1~3 사이의 숫자를 입력하세요.
```

default를 사용하여 예외를 처리하면 프로그램의 흐름이 좀 더 매끄럽다.

2 switch~case문의 조건식

switch~case문의 조건식에는 if문에서 사용했던 관계 연산자나 논리 연산자를 사용할 수 없고 반드시 수식이나 값을 넣어야 한다.

■ **조건식을 잘못 사용한 예**

```
switch (input > 0)
{
    ⋮
}
```

■ **조건식을 바르게 사용한 예**

```
switch (input)
{
    ⋮
}
```

위의 예처럼 헷갈리지 않도록 꼭 기억해두고 switch~case문을 사용하도록 한다. 조건식이 올바르게 적용된 예제를 살펴보자.

예제 5-7 **switch문의 조건으로 수식 사용하기** 프로그램 5-7.c

```c
#define _CRT_SECURE_NO_WARNINGS
#include <stdio.h>

int main(void)
{
	int score;

	printf("당신의 점수를 입력하세요 : ");
	scanf("%d", &score);

	switch (score / 10)
	{
	case 10:
	case 9: printf("점수는 %d점이고 성적은 %c입니다.\n", score, 'A'); break;

	case 8: printf("점수는 %d점이고 성적은 %c입니다.\n", score, 'B'); break;

	case 7: printf("점수는 %d점이고 성적은 %c입니다.\n", score, 'C'); break;

	case 6: printf("점수는 %d점이고 성적은 %c입니다.\n", score, 'D'); break;

	default: printf("점수는 %d점이고 성적은 %c입니다.\n", score, 'F'); break;
	}

	return 0;
}
```

실행 결과

```
당신의 점수를 입력하세요 : 93
점수는 93점이고 성적은 A입니다.
```

[예제 5-7]은 사용자에게 점수를 입력받아 학점을 계산하는 프로그램이다. 학점은 아래와 같이 계산한다.

- **90점 이상 :** A학점
- **80점 이상 90점 미만 :** B학점

- 70점 이상 80점 미만 : C학점
- 60점 이상 70점 미만 : D학점
- 60점 미만 : F학점

[예제 5-7]에서는 조건식으로 입력받은 점수를 10으로 나누는 수식을 썼고, case문의 상숫값으로는 나눈 몫을 이용했다. case 10에는 break가 없으므로 case 9와 동일하게 처리하여 100점인 경우 A로 평가한다. 그리고 60점 미만의 점수는 default로 처리했다.

3 break문의 사용

break문은 제어문을 강제로 종료시킨다. 즉 정상적인 종료 조건이 아니더라도 break문을 만나면 제어문이 종료된다. switch~case문에서는 break문을 사용하여 선택된 case에 해당하는 것만 실행하므로, break문의 적절한 사용은 중요하다. [예제 5-8]은 break문을 적절하게 사용하지 못해서 문제가 발생한 경우다.

TIP 여기에서 정상적인 종료 조건이란, 조건문이나 반복문의 논리식이 false이거나 실행이 완료된 경우를 의미한다.

예제 5-8 break문의 잘못된 사용 프로그램 5-8.c

```
#define _CRT_SECURE_NO_WARNINGS
#include <stdio.h>

int main(void)
{
    int input;

    printf("영어로 인사하는 법을 배우겠습니다.\n");
    printf("아침 인사는 1번을 누르세요.\n");
    printf("점심 인사는 2번을 누르세요.\n");
    printf("저녁 인사는 3번을 누르세요.\n");
    scanf("%d", &input);

    switch (input) {
    case 1:
        printf("Good Morning!!\n");
    case 2:
        printf("Good Afternoon!!\n");
```

```
    case 3:
        printf("Good Night!!\n");
    default:
        printf("잘못 입력했습니다. 1~3 사이의 숫자를 입력하세요.\n");
      break;
    }

    return 0;
}
```

실행 결과

```
영어로 인사하는 법을 배우겠습니다.
아침 인사는 1번을 누르세요.
점심 인사는 2번을 누르세요.
저녁 인사는 3번을 누르세요.
1
Good Morning!!
Good Afternoon!!
Good Night!!
잘못 입력했습니다. 1~3 사이의 숫자를 입력하세요.
```

[예제 5-8]에서 1이 입력되면 아침, 점심, 저녁 인사와 default의 내용이 모두 출력된다. case문에 break문이 없기 때문에 case 1에서 종료되지 않고 아래로 계속 진행되는 것이다. 그리고 2가 입력되면 점심, 저녁 인사와 default의 내용이 출력된다. 즉 case 2 아래의 모든 문장이 수행되는 것이다. case별로 하는 일이 각각 다른 경우에는 break문을 반드시 사용해야 한다.

한편 break문을 적절하게 사용하면 효율적으로 프로그래밍할 수 있다. 예를 들어 평점에 따라 장학금과 해외 연수, 겨울 특강 수강 자격을 주는 학교 포상이 있다고 하자. 평점이 4.4를 넘으면 세 가지 특혜를 다 받고, 4.3 이상 4.4 미만이면 장학금과 겨울 특강 수강 자격을, 4.2 이상 4.3 미만이면 겨울 특강 수강 자격만 받는 프로그램을 switch~case문을 이용하여 처리할 때 break문을 적용하면 좋다.

다음 예를 통해 break문을 적절하게 사용한 경우와 그렇지 않은 경우를 비교해보자.

■ **break문을 적절하게 사용하지 않은 예**

```
// input이 1일 경우 : 4.2 <= 평점 < 4.3
// input이 2일 경우 : 4.3 <= 평점 < 4.4
// input이 3일 경우 : 4.4 <= 평점

switch (input)
{
case 1:
    printf("겨울 특강 수강 자격을 받습니다.!!\n");
    break;
case 2:
    printf("겨울 특강 수강 자격을 받습니다.!!\n");
    printf("장학금을 받습니다.\n");
    break;
case 3:
    printf("겨울 특강 수강 자격을 받습니다.!!\n");
    printf("장학금을 받습니다.\n");
    printf("해외 연수 기회가 주어집니다.\n");
    break;
default:
    printf("잘못 입력했습니다. 1~3 사이의 숫자를 입력하세요.\n");
}
```

break문을 제대로 사용하지 않으면 위와 같이 동일한 내용을 여러 번 작성해야 한다. 따라서 다음과 같이 break문을 적절하게 사용해야 좀 더 효율적으로 프로그래밍할 수 있다.

■ **break문을 적절하게 사용한 예**

```
// input이 1일 경우 : 4.2 <= 평점 < 4.3
// input이 2일 경우 : 4.3 <= 평점 < 4.4
// input이 3일 경우 : 4.4 <= 평점

switch (input)
{
case 3:
    printf("해외 연수 기회가 주어집니다.\n");
case 2:
    printf("장학금을 받습니다.\n");
```

```
case 1:
    printf("겨울 특강 수강 자격을 받습니다.!!\n");
    break;
default:
    printf("잘못 입력했습니다. 1~3 사이의 숫자를 입력하세요.\n");
}
```

위 예에서 input이 3인 경우에는 세 가지 혜택이 모두 출력되어 나온다. 사용자에게 숫자를 입력받는 부분을 포함하여 소스코드를 완성하면 [예제 5-9]와 같다.

예제 5-9 **break문 적절하게 사용하기** 프로그램 5-9.c

```
#define _CRT_SECURE_NO_WARNINGS
#include <stdio.h>

int main(void)
{
    int input;
    printf("평점이 4.2 이상 4.3 미만이면 1번을 누르세요.\n");
    printf("평점이 4.3 이상 4.4 미만이면 2번을 누르세요.\n");
    printf("평점이 4.4 이상이면 3번을 누르세요.\n");

    scanf("%d", &input);

    switch (input) {
    case 3:
        printf("해외 연수 기회가 주어집니다.\n");
    case 2:
        printf("장학금을 받습니다.\n");
    case 1:
        printf("겨울 특강 수강 자격을 받습니다.\n");
        break;
    default:
        printf("잘못 입력했습니다. 1~3 사이의 숫자를 입력하세요.\n");
    }

    return 0;
}
```

실행 결과

```
평점이 4.2 이상 4.3 미만이면 1번을 누르세요.
평점이 4.3 이상 4.4 미만이면 2번을 누르세요.
평점이 4.4 이상이면 3번을 누르세요.
3
해외 연수 기회가 주어집니다.
장학금을 받습니다.
겨울 특강 수강 자격을 받습니다.
```

04 if문과 switch~case문의 대응 관계

이 절에서는 앞서 배운 if문과 switch~case문을 이용하여 같은 작업을 수행하는 프로그램을 만들어볼 것이다. switch~case문이 어떻게 if문으로 대응되는지 예제를 통해 알아보자. 선택문의 올바른 사용법을 되새기면서 사용자에게 정수 2개와 연산자 1개를 입력받아 연산자에 따라 사칙연산을 수행하는 프로그램을 switch~case문으로 프로그래밍해보자.

예제 5-10 switch문을 이용한 사칙연산 프로그램 5-10.c

```
#define _CRT_SECURE_NO_WARNINGS
#include <stdio.h>

int main(void)
{
      int num1, num2;
      char arithmetic;

      printf("숫자 2개와 연산자를 입력하세요.\n\n");

      printf("연산자는 아래와 같습니다.\n");
      printf("더하기 : +, 빼기 : -, 곱하기 : *, 나누기 : /\n");
      printf("입력 순서 : 정수1 연산자 정수2\n\n");
      scanf("%d %c %d", &num1, &arithmetic, &num2);

      switch (arithmetic)
      {
      case '+':
              printf("%d %c %d = %d \n", num1, arithmetic, num2, num1 + num2);
              break;

      case '-':
              printf("%d %c %d = %d \n", num1, arithmetic, num2, num1 - num2);
              break;

```

```
    case '*':
        printf("%d %c %d = %d \n", num1, arithmetic, num2, num1 * num2);
        break;

    case '/':
        printf("%d %c %d = %d \n", num1, arithmetic, num2, num1 / num2);
        break;
    default:
        printf("연산자를 잘못 입력했습니다.\n");
        break;
    }

    return 0;
}
```

실행 결과

```
숫자 2개와 연산자를 입력하세요.

연산자는 아래와 같습니다.
더하기 : +, 빼기 : -, 곱하기 : *, 나누기 : /
입력 순서 : 정수1 연산자 정수2

25 / 5
25 / 5 = 5
```

[예제 5-10]은 다음의 [그림 5-5]와 같이 표현할 수 있다. 스위치로 연산자의 문자형을 사용하고, 각 case로 사칙연산을 사용했다.

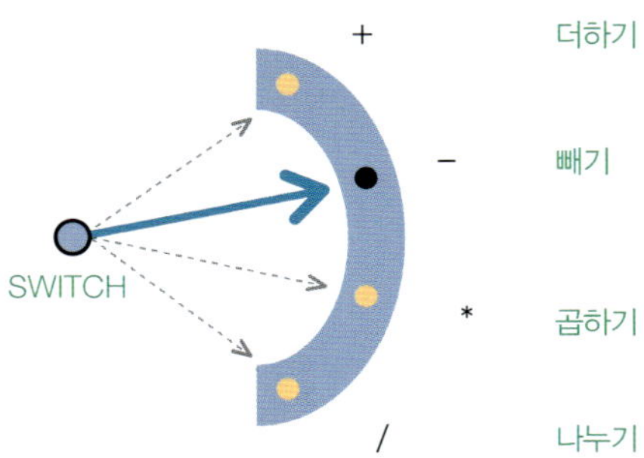

그림 5-5 switch문을 이용한 사칙연산

이번에는 [예제 5-10]을 if~else if문을 이용하여 프로그래밍해보자.

예제 5-11 if~else if문을 이용한 사칙연산 프로그램 5-11.c

```c
#define _CRT_SECURE_NO_WARNINGS
#include <stdio.h>

int main(void)
{
    int num1, num2;
    char arithmetic;

    printf("숫자 2개와 연산자를 입력하세요.\n\n");

    printf("연산자는 아래와 같습니다.\n");
    printf("더하기 : +, 빼기 : -, 곱하기 : *, 나누기 : /\n");
    printf("입력 순서 : 정수1 연산자 정수2\n\n");
    scanf("%d %c %d", &num1, &arithmetic, &num2);

    if (arithmetic == '+')
        printf("%d %c %d = %d \n", num1, arithmetic, num2, num1 + num2);

    else if (arithmetic == '-')
        printf("%d %c %d = %d \n", num1, arithmetic, num2, num1 - num2);

    else if (arithmetic == '*')
        printf("%d %c %d = %d \n", num1, arithmetic, num2, num1 * num2);

    else if (arithmetic == '/')
        printf("%d %c %d = %d \n", num1, arithmetic, num2, num1 / num2);

    else
        printf("연산자를 잘못 입력했습니다.\n");

    return 0;
}
```

실행 결과

```
숫자 2개와 연산자를 입력하세요.

연산자는 아래와 같습니다.
더하기 : +, 빼기 : -, 곱하기 : *, 나누기 : /
입력 순서 : 정수1 연산자 정수2

5 * 6
5 * 6 = 30
```

[예제 5-11]은 [예제 5-10]의 switch~case문을 if~else if문으로 바꾼 것이다. 이때 else 문은 연산자를 잘못 입력한 경우를 처리하는 부분으로 switch~case문의 default와 같은 역할을 한다.

05 조건 연산자

조건 연산자는 제어문이 아니라 연산자다. 그리고 C 언어에서 유일하게 피연산자가 3개인 삼항 연산자다. 하지만 그 기능이 선택문과 같아서 4장에서 다루지 않고 이 장에서 소개한다. 조건 연산자의 작성 형식은 다음과 같다.

```
(문장_1) ? (문장_2) : (문장_3);
```

조건 연산자는 ?와 : 연산자를 이용하여 프로그램을 제어한다. 문장 1의 내용이 참이면 문장 2를 수행하고, 거짓이면 문장 3을 수행한다. 다음 예를 통해 살펴보자.

```
(x > y) ? 1 : 2;
```

위의 경우는 x 값이 y 값보다 크면 결과 값이 1이 되고, 그렇지 않으면 결과 값이 2가 된다. 이를 응용하여 두 수 중 큰 값을 알아내는 프로그램을 다음과 같이 작성할 수 있다.

```
max = (x > y) ? x : y;
```

x 값과 y 값을 비교해서 큰 값을 변수 max에 저장하는 연산이다. 대입 연산자(=)는 우선순위가 가장 낮기 때문에 조건 연산자가 수행된 후에 수행된다. 그러므로 위의 경우는 두 값을 비교해서 큰 값을 알아내고 대입 연산자를 이용하여 그 값을 max에 저장한다.

```
min = (x > y) ? y : x;
```

반면 위의 경우는 두 수 중에서 작은 값을 찾는 예다. 조건에서 x 값이 y 값보다 크면 min에는 y 값이 할당되고, 반대인 경우는 x 값이 할당된다.

```
value = (x) ? 1 : 0;
```

문장 1의 내용에 조건식뿐만 아니라 값도 올 수 있다. 앞의 예에서 x 값이 0이 아니면 value는 1이 되고, x 값이 0이면 value는 0이 된다.

예제 5-12 조건 연산자를 이용하여 큰 값과 작은 값 구하기 프로그램 5-12.c

```c
#include <stdio.h>

int main(void)
{
	int min, max;

	int x = 10, y = 20;

	max = (x > y) ? x : y;
	min = (x > y) ? y : x;

	printf("두 수 %d과 %d 중에 큰 수는 %d이다.\n", x, y, max);
	printf("두 수 %d과 %d 중에 작은 수는 %d이다.\n", x, y, min);

	return 0;
}
```

실행 결과

```
두 수 10과 20 중에 큰 수는 20이다.
두 수 10과 20 중에 작은 수는 10이다.
```

max = (x > y) ? x : y;을 max = (y > x) ? y : x;으로 바꿔도 결과는 같다. min 값도 마찬가지다.

예제 5-13 **조건 연산자를 이용하여 유효값 확인하기** 프로그램 5-13.c

```
#define _CRT_SECURE_NO_WARNINGS
#include <stdio.h>

int main(void)
{
	int x;

	printf("양수를 입력하세요.\n");
	scanf("%d", &x);

	(x >= 0) ? printf("x는 유효한 값입니다.\n") : printf("x는 유효한 값이 아닙니다.\n");

	return 0;
}
```

실행 결과

```
양수를 입력하세요.
33
x는 유효한 값입니다.
```

x 값으로 양수가 입력되면 유효한 값이라고 출력하고, 양수가 아닌 값이 입력되면 유효하지 않은 값이라고 출력한다.

조건 연산자로 표현할 수 있는 것은 if문으로도 작성할 수 있다. [예제 5-12]를 if문을 이용하여 작성하면 다음과 같다.

예제 5-14 **if문을 이용하여 큰 값과 작은 값 구하기** 프로그램 5-14.c

```
#define _CRT_SECURE_NO_WARNINGS
#include <stdio.h>

int main(void) {
    int min, max;
    int x, y;

    printf("숫자 2개를 입력하세요.\n");
    scanf("%d %d", &x, &y);
```

```c

    if (x > y) {
        max = x;
        min = y;
    }

    else {
        max = y;
        min = x;
    }

    printf("두 수 %d와 %d 중 큰 수는 %d이다.\n", x, y, max);
    printf("두 수 %d와 %d 중 작은 수는 %d이다.\n", x, y, min);

    return 0;
}
```

실행 결과

```
숫자 2개를 입력하세요.
12
15
두 수 12와 15 중 큰 수는 15이다.
두 수 12와 15 중 작은 수는 12이다.
```

if문을 이용해도 결과는 같다. 간단한 조건을 나타낼 때는 선택문보다 조건 연산자를 사용하는 것이 좋고, 여러 조건이나 조건에 따른 내용이 많은 경우에는 선택문을 사용하는 것이 좋다.

요약

01 제어문

프로그램의 흐름을 사용자의 의도에 맞게 바꾸거나 특정 부분을 반복시키는 문장이다.

02 선택문

조건에 따라 다른 문장을 수행할 때 사용한다. 대표적인 선택문으로는 if문과 switch~case문이 있다.

03 if문

조건에 따라 다른 명령을 수행하려고 할 때 사용한다. if문에는 4가지 형태가 있다.

- **단순한 형태의 if문** : if문의 조건식이 참이면 문장을 수행하고, 거짓이면 문장을 수행하지 않는다.

```
if(조건식) 문장;
```

- **if~else문** : if문의 조건식이 참이면 문장 1을 수행하고, 거짓이면 else문 아래의 문장 2를 수행한다.

```
if (조건식)
   문장_1;
else
   문장_2;
```

- **if~else if문** : 조건식이 여러 개 있을 때 조건에 맞는 문장만 수행하는 경우에 사용한다.

```
if (조건식 1)
   문장_1;
else if (조건식 2)
   문장_2;
else if (조건식 3)
   문장_3;
 ⋮
else
   문장_4;
```

- 다중 if문

```
if (조건식_1)
   if (조건식_2)
       문장_1;
```

04 switch~case문

조건식(정수)을 먼저 평가한 뒤 그 식의 값이 case의 상수와 일치하는지 비교한다. 그 후 일치하는 case문 쪽으로 분기하여 명령문을 수행한다.

```
switch (조건식)
{
case 상숫값_1:
   명령문_블록_1;
   break;
case 상숫값_2:
   명령문_블록_2
   break;
    ⋮
default:
   명령문_블록_n;
   break;
}
```

05 조건 연산자

제어문이 아니라 연산자이며 C 언어에서 유일하게 피연산자가 3개인 삼항 연산자다. 기본 형식은 아래와 같으며 : 연산자를 이용하여 흐름을 제어한다. 문장 1의 내용이 참이면 문장 2를 수행하고, 거짓이면 문장 3을 수행한다.

```
(문장_1) ? (문장_2) : (문장_3);
```

연습문제

01 if문과 switch문은 각각 어느 경우에 사용하면 좋은지 설명하시오.

02 다음 프로그램의 오류를 수정하시오.

①

```c
#define _CRT_SECURE_NO_WARNINGS
#include <stdio.h>

int main(void)
{
	int input;

	printf("양수를 입력하세요.\n");
	scanf("%d", &input);

	if (input)
		printf("입력한 수는 \n");
		printf("짝수입니다. 11 \n");
	else
		printf("입력한 수 %d는 홀수입니다.\n", input);

	return 0;
}
```

②

```c
#define _CRT_SECURE_NO_WARNINGS
#include <stdio.h>

int main(void)
{
	int jumsu;

	printf("0점에서 100점 사이의 점수를 입력하세요.\n");
```

```c
    scanf("%d", &jumsu);

    if (jumsu >= 0 && jumsu < 60)
        printf("%d점은 F학점입니다.\n", jumsu);

    else if
        printf("%d점은 D학점입니다.\n", jumsu);

    else if
        printf("%d점은 C학점입니다.\n", jumsu);

    return 0;
}
```

③

```c
#define _CRT_SECURE_NO_WARNINGS
#include <stdio.h>

int main(void)
{
    int jumsu;

    printf("0점에서 100점 사이의 점수를 입력하세요.\n");
    scanf("%d", &jumsu);

    switch (jumsu)
    {
    case jumsu >= 0 && jumsu < 60:
        printf("불합격입니다.\n");
        break;

    case jumsu >= 60
        printf("합격입니다.\n");
        break;

```

```
    }

    return 0;
}
```

④

```
#define _CRT_SECURE_NO_WARNINGS
#include <stdio.h>

int main(void)
{
    int score;

    printf("당신의 점수를 입력하세요 :");
    scanf("%d", &score);

    switch (score / 10)
    {
    case 10:

    case 9: printf("점수는 %d이고 성적은 %c입니다.\n", score, 'A');

    case 8: printf("점수는 %d이고 성적은 %c입니다.\n", score, 'B');

    case 7: printf("점수는 %d이고 성적은 %c입니다.\n", score, 'C');

    case 6: printf("점수는 %d이고 성적은 %c입니다.\n", score, 'D');

    default: printf("점수는 %d이고 성적은 %c입니다.\n", score, 'F');
    }


    return 0;
}
```

03 **조건 연산자로 작성된 다음 프로그램을 if문을 이용한 프로그램으로 바꾸시오.**

```
int value, x;
scanf("%d", &x);
value = x > 0 ? 1 : 0;

int answer = 20, x;
scanf("%d", &x);
(answer == x) ? printf("정답\n") : printf("오답\n");
```

04 **임의의 양의 정수를 입력받아 '2의 배수인지' 또는 '3의 배수인지', '2와 3의 배수인지', '2와 3의 배수가 아닌지'를 확인하는 프로그램을 작성하시오.**

05 **제시한 조건에 맞게 프로그램을 작성하시오.**

① 정수 3개를 입력받아 3개 수 중에서 최댓값을 구하는 프로그램을 제어문을 이용하여 작성하시오.

② ①번에서 작성한 프로그램을 조건 연산자를 이용한 프로그램으로 바꾸시오.

③ 정수 3개를 입력받아 3개 수 중에서 중간값을 구하는 프로그램을 제어문을 이용하여 작성하시오.

④ ③번에서 작성한 프로그램을 조건 연산자를 이용한 프로그램으로 바꾸시오.

06 if~else if문을 이용하여 다양한 도형의 면적을 계산하는 프로그램을 작성하시오. 면적을 계산할 도형은 삼각형, 직사각형, 정사각형, 원으로, 원하는 도형의 면적을 계산하기 위한 정보도 도형에 따라 프로그램에서 요청하도록 하시오.

07 switch~case문을 이용하여 달(month)을 입력받고 그 달에 며칠(day)이 있는지 출력하는 프로그램을 작성하시오. 이때 날수가 같은 달에는 break문을 사용하지 않고 프로그램을 작성하시오(단, 2월은 29일까지 있다고 가정한다).

08 통신사가 연령대가 낮은 고객들을 유치하기 위한 전략을 아래와 같이 세웠다. switch~case문을 이용하여 연령대를 입력받아 연령대별 제공 서비스를 보여주는 프로그램을 작성하시오.

〈연령대별 제공 서비스〉

- 50대 이상 : 1년간 데이터 매달 1G 제공
- 40대 : 1년간 데이터 매달 1G 제공, 3개월 통신요금 10% 할인
- 30대 : 1년간 데이터 매달 1G 제공, 6개월 통신요금 10% 할인
- 20대 : 1년간 데이터 매달 1G 제공, 6개월 통신요금 10% 할인
- 이외에는 커피쿠폰 5매 증정

CHAPTER 06
반복문

학습목표

- 반복문의 의미와 필요성을 이해한다.
- 대표적인 반복문인 for문, while문, do~while문의 작성법을 알아본다.

01 반복문의 필요성

프로그램을 수행하다 보면 일련의 문장을 반복적으로 수행해야 하는 경우가 있다. 이렇게 특정한 명령을 반복하기 위해 C 언어에서는 for문, while문, do~while문과 같은 반복문을 사용한다. 반복문은 동일한 내용을 반복하거나 일정한 규칙으로 반복하는 일을 수행할 때 사용한다. 반복문을 사용하면 프로그램을 좀 더 간결하고 실제적으로 작성할 수 있다. 다음은 반복문이 필요한 경우의 예이다.

■ **동일한 내용을 반복할 때**

```
printf("********** \n");
printf("********** \n");
printf("********** \n");
printf("********** \n");
printf("********** \n");
```

■ **일정한 규칙으로 반복하는 일을 수행할 때**

```
int sum = 1 + 2 + 3 + 4 + 5 + 6 + 7 + 8 + 9 + 10;
```

위의 예는 1~10을 더하는 경우다. 10까지는 사용자가 숫자를 직접 입력할 수 있지만, 만약 100 또는 10000까지 더해야 한다면 직접 입력하기 어렵고 잘못 입력할 수도 있다. 이러한 이유로 반복문이 반드시 필요하다.

02 for문

1 for문이란?

for문은 특정한 문장을 일정한 횟수만큼 반복시킬 때 사용하는 반복문으로, 조건식이 참인 동안에만 명령문이 수행된다. for문의 형식과 실행 순서는 다음과 같다.

```
for (초기화; 조건식; 증감식)
      ❶      ❷      ❹
{
     ❸ 명령문_1;
       명령문_2;
          ⋮
}
```

- **초기화** : 변수의 초깃값을 지정하고, 반복문의 시작을 나타낸다.
- **조건식** : 반복을 계속할지 아니면 멈출지를 결정한다. 즉 변숫값이 조건식에 맞으면 계속 반복하고 아니면 멈춘다.
- **명령문** : 조건식이 참이면 명령문을 수행한다.
- **증감식** : 증감식에 따라 변숫값을 증가시키거나 감소시킨다.
- **실행 순서** : for문은 ❶ → ❷ → ❸ → ❹ → ❷ → ❸ → ❹… 순으로 실행된다. 초기화는 처음 한 번만 실행하고, 다음부터는 조건식을 검사하여 참이면 명령문을 수행한 후 증감식을 수행하는 과정이 반복된다는 점에 유의한다.
- **종료 조건** : 조건식이 거짓일 때 종료된다.

for문은 ❶ → ❷ → ❸ → ❹ → ❷ → ❸ → ❹… 순으로 진행된다. 구체적으로 살펴보면 초기화 단계에서 변수의 초깃값을 지정한다. 그 초깃값을 조건식과 비교해서 참인 경우 명령문을 수행하고, 명령문의 수행이 끝나면 증감식에 따라 초기화된 변숫값을 증가시키거나 감소시킨다. 그리고 변숫값을 다시 조건식과 비교해서 참이면 명령문을 한 번 더 수행한다. 이렇게 일정한 횟수만큼 명령문을 수행하다가 조건식이 거짓이 되면 for문을 빠져나온다.

2 동일한 내용을 반복하는 for문

■ 반복문을 사용하지 않은 예

```
printf("********** \n");
printf("********** \n");
printf("********** \n");
printf("********** \n");
printf("********** \n");
```

■ 반복문을 사용한 예

```
int i
for (i = 0; i < 5; i++)
   printf("********** \n");
```

아래쪽 예는 반복문을 사용하여 '**********'를 다섯 번 출력하는 프로그램으로, 반복문을 사용하지 않은 위쪽 예보다 프로그램이 간결하다. [그림 6-1]은 위의 반복문이 처리되는 과정을 보여준다.

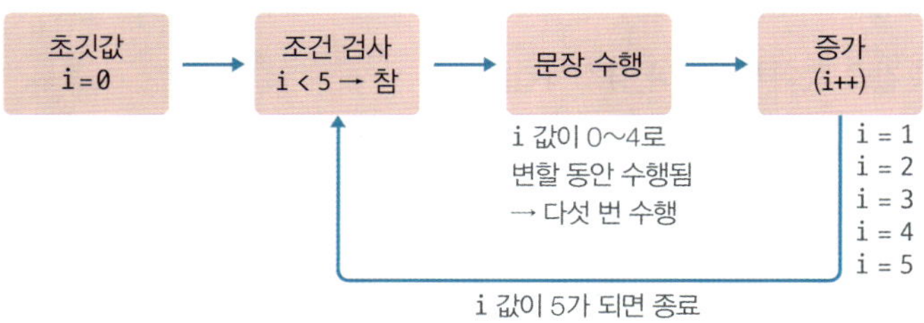

그림 6-1 for문 실행 과정

초깃값이 `i = 0`으로 조건(`i < 5`)을 충족하여 문장이 수행되고 i 값이 1씩 증가한다. i 값이 4가 될 때까지는 조건이 참이므로 문장이 수행되고 i 값이 5가 되면 반복이 종료된다. 결과적으로 문장은 총 다섯 번 수행된다.

예제 6-1 반복문을 이용하여 동일한 문장 출력하기 　　프로그램 6-1.c

```c
#include <stdio.h>

int main(void)
{
	int i;

	for (i = 0; i < 5; i++)
		printf("**********\n"); // * 10개

	return 0;
}
```

실행 결과

```
**********
**********
**********
**********
**********
```

3 일정한 규칙으로 반복하는 for문

```c
int sum = 1 + 2 + 3 + 4 + 5 + 6 + 7 + 8 + 9 + 10;
```

```c
int i, sum = 0;
for (i = 1; i <= 10; i++)
  sum += i;
```

1~10의 합을 구하는 위의 예에서는 변수 i를 1로 초기화했고, i 값이 10보다 클 때 종료된다. i 값이 1~10으로 증가할 때 조건이 참이므로 sum += i 문장을 수행한다. sum += i는 sum = sum + i를 나타낸다. 조건이 참이면 sum += i가 수행되기 전 sum 값에 i 값을 더해 sum 값을 구한다. 위의 조건은 i <= 10이지만 i < 11로 해도 무방하다.

[표 6-1]을 통해 반복문에서 변숫값이 어떻게 변하는지 살펴보자.

표 6-1 for문 실행 과정의 예

증감식(i++)	조건식(i <= 10)	명령문 수행(sum += i)	
		수행 전	수행 후
i = 1(초기화)	참	sum = 0	sum = 1(0 + 1)
i = 2	참	sum = 1	sum = 3(1 + 2)
i = 3	참	sum = 3	sum = 6(3 + 3)
i = 4	참	sum = 6	sum = 10(6 + 4)
i = 5	참	sum = 10	sum = 15(10 + 5)
i = 6	참	sum = 15	sum = 21(15 + 6)
i = 7	참	sum = 21	sum = 28(21 + 7)
i = 8	참	sum = 28	sum = 36(28 + 8)
i = 9	참	sum = 36	sum = 45(36 + 9)
i = 10	참	sum = 45	sum = 55(45 + 10)
i = 11	거짓 → 종료		

예제 6-2 반복문을 이용하여 합 구하기

프로그램 6-2.c

```c
#include <stdio.h>

int main(void)
{
	int i, Sum = 0;

	for (i = 1; i <= 10; i++)
		Sum += i;

	printf("1부터 10까지의 합은 %d다.\n", Sum);

	return 0;
}
```

실행 결과

```
1부터 10까지의 합은 55다.
```

초깃값과 조건은 경우에 따라 다르게 표현할 수 있다. 앞의 예제에서는 `i = 0`이라고 해도 관계없다. 덧셈에서 0은 더해도 의미가 없기 때문에 초깃값을 `i = 1`로 정한 것이다. 동일한 문장을 반복적으로 출력하는 [예제 6-1]의 경우도 문장을 다섯 번 출력하는 것이 목적이므로 초깃값과 조건을 거기에 맞추어 정하면 된다. 증감식도 상황에 맞게 바꿀 수 있다.

표 6-2 다섯 번 반복하는 반복문을 표현하는 방법

초깃값	종료 조건	증감식
i = 0	i < 5	i++
i = 1	i < 6	i++
i = 1	i < 10	i += 2
i = 10	i > 0	i -= 2

4 다양한 for문의 실행 조건

초깃값, 조건식, 증감식을 다양하게 바꾸는 예제를 더 살펴보자.

예제 6-3 다양한 초깃값, 조건식, 증감식 프로그램 6-3.c

```
#include <stdio.h>

int main(void)
{
	int i;

	for (i = 0; i < 5; i++)
		printf("**********\n"); // * 10개
	printf("\n\n");

	for (i = 1; i < 10; i += 2)
		printf("**********\n"); // * 10개
	printf("\n\n");

	for (i = 10; i > 0; i -= 2)
		printf("**********\n"); // * 10개

```

```
    return 0;
}
```

실행 결과

```
**********
**********
**********
**********
**********

**********
**********
**********
**********
**********

**********
**********
**********
**********
**********
```

초깃값, 조건식, 증감식은 다양하게 작성할 수 있지만, 가급적 처음 보는 사람도 알 수 있도록 단순하게 작성하는 것이 좋다. 조건이 복잡하면 프로그램을 이해하는 데 어려움이 있기 때문이다.

혼자 해 보기 6-1

사용자에게 값을 입력받아 그 값만큼 반복하는 다음 소스코드를 실행해보시오.

```
#define _CRT_SECURE_NO_WARNINGS
#include <stdio.h>

int main(void)
{
    int number, i;

```

```c
    printf("반복 횟수를 입력하세요 : ");
    scanf("%d", &number);

    printf("for문 예제입니다!!\n");

    for (i = 1; i <= number; i++)
    {
        printf("%d번 반복합니다!!\n", i);
    }

    return 0;
}
```

힌트 for문의 {}는 반복문을 실행할 문장이 1개일 때는 필요 없지만 여러 개일 때는 반드시 필요하다. 하지만 반복할 문장이 1개이더라도 프로그램을 좀 더 명확하게 이해할 수 있도록 {}를 사용하는 것이 좋다.

예제 6-4 알파벳 출력하기

프로그램 6-4.c

```c
#include <stdio.h>

int main(void)
{
    int i;
    for (i = 65; i <= 90; i++)
    {
        printf("%c ", i);
    }
    printf("\n");

    return 0;
}
```

실행 결과

```
A B C D E F G H I J K L M N O P Q R S T U V W X Y Z
```

아스키코드 65~90에 해당하는 알파벳 대문자를 반복문을 이용하여 출력했다. 출력할 때 **%c**를 사용했기 때문에 알파벳으로 출력되었다. 만약 변환 기호를 **%d**로 했다면 숫자가 출력되었을 것이다.

혼자 해 보기 6-2

아스키코드와 반복문을 이용하여 알파벳 소문자를 출력하는 프로그램을 작성하시오.

지금까지는 초깃값과 조건식, 증감식이 단일 문장이었으나 복수 문장을 사용해도 된다.

예제 6-5 초깃값과 증감식이 복수 문장인 경우 프로그램 6-5.c

```
#include <stdio.h>

int main(void)
{
	int i, j;
	for (i = 0, j = 0; i < 3; i++, j++)
		printf("i = %d, j = %d\n", i, j);

	return 0;
}
```

실행 결과

```
i = 0, j = 0
i = 1, j = 1
i = 2, j = 2
```

위의 경우 변수 **i**, **j**를 한꺼번에 0으로 초기화했다. 이처럼 **for**문 안에 변수를 여러 개 사용할 수도 있다.

5 다중 for문

다중 for문은 for문이 2개 이상인 것으로 실행 순서나 형식은 단일 for문과 같다. 다만 for문을 여러 개 사용하여 이해하기가 조금 어려울 수 있다. 다중 for문의 형식과 수행 절차는 다음과 같다.

```
for (초기화; 조건식; 증감식)            // for문 (a)
      ❶       ❷       ❼
{
        for (초기화; 조건식; 증감식)    // for문 (b)
              ❸       ❹       ❻
        {
              명령문_1;
                 ⋮
        }        ❺
}
```

우선 첫 번째 블록 for문 (a)의 초기화(❶)와 조건식(❷)을 비교하여 참인지 판단하고, 참이면 두 번째 for문 (b)의 초기화(❸)와 조건식(❹)을 비교한다. 두 번째 for문 (b)의 초기화와 조건식이 참이면 명령문(❺)을 수행하고, 두 번째 for문 (b)의 증감식(❻)에 따라 변숫값을 증감시킨다. 만약 두 번째 for문 (b)의 조건식이 거짓이 되어 반복문을 빠져나오면 다시 첫 번째 for문 (a)의 증감식(❼)에 따라 변숫값을 증감시킨다. 첫 번째 for문 (a)의 조건식(❷)을 비교하여 거짓이면 첫 번째 for문 (a)를 빠져나오고, 참이면 다시 두 번째 블록 for문 (b)를 수행한다.

예제 6-6 다중 for문을 이용하여 변수 2개의 합 구하기 프로그램 6-6.c

```
#include <stdio.h>

int main(void)
{
      int sum, i, j;

      printf("다중 for문 예제입니다.\n");

      for (i = 1; i <= 3; i++)
      {
```

```
		for (j = 1; j <= 3; j++)
		{
			sum = i + j;
			printf("%d + %d = %d\n", i, j, sum);
		}
	}

	return 0;
}
```

실행 결과

```
다중 for문 예제입니다.
1 + 1 = 2
1 + 2 = 3
1 + 3 = 4
2 + 1 = 3
2 + 2 = 4
2 + 3 = 5
3 + 1 = 4
3 + 2 = 5
3 + 3 = 6
```

첫 번째 for문에서 (i = 1; i <= 3)으로 초기화와 조건식이 참이므로 두 번째 for문을 비교한다. 두 번째도 (j = 1; j <= 3)으로 참이다. 따라서 sum = i + j의 명령문과 printf()문을 수행한다. 수행이 끝나면 두 번째 for문의 증감식이 수행되어 j 값이 2가 된다. 이제 (j = 2; j <= 3)이므로 다시 두 번째 for문의 명령문을 수행한다. 만약 j 값이 4가 되면 두 번째 for문을 빠져나와 첫 번째 for문의 증감식에 따라 (i = 2; i <= 3)이 되므로 다시 두 번째 for문을 수행한다. 이렇게 for문을 반복하다 첫 번째 for문의 i 값이 4가 되면 모든 for문을 빠져나온다.

예제 6-7 다중 for문을 이용하여 곱하기 표시 증가시키기 프로그램 6-7.c

```
#include <stdio.h>

int main(void)
{

```

```

	int i, j;

	for (i = 1; i < 6; i++)
	{
		for (j = 0; j < i; j++)
		{
			printf("*");
		}
		printf("\n");
	}
	return 0;
}
```

실행 결과

```
*
**
***
****
*****
```

첫 번째 for문은 전체적으로 printf("\n")을 다섯 번 반복한다. 두 번째 for문은 종료 조건이 첫 번째 for문의 변수 i이므로 i 값이 1부터 5까지 변하는 만큼 출력되는 *의 개수가 증가한다.

혼자 해 보기 6-3

다중 for문을 이용하여 아래와 같은 실행 결과가 나오도록 프로그램을 작성하시오.

실행 결과

```
*****
****
***
**
*
```

힌트 [예제 6-7] 첫 번째 for문의 초기화와 종료 조건을 반대로 변형하면 된다.

소수는 1과 자기 자신으로만 나누어 떨어지는 수다. 다중 for문을 이용하여 2부터 100 사이의 소수를 구하는 프로그램을 작성해보자.

예제 6-8 **다중 for문을 이용하여 2~100 사이의 소수 구하기** 프로그램 6-8.c

```c
#include <stdio.h>

int main(void)
{
	int i, j, count = 0;

	for (i = 2; i <= 100; ++i)
	{
		for (j = 2; j < i; ++j)
		{
			if (i % j == 0)
				break;
		}

		if (j == i) {
			count++;
			printf("%d%s", i, count % 5 ? " " : "\n");
		}
	}

	return 0;
}
```

실행 결과

```
2 3 5 7 11
13 17 19 23 29
31 37 41 43 47
53 59 61 67 71
73 79 83 89 97
```

첫 번째 for문은 i 값을 2~100으로 반복해서 증가시킨다. 두 번째 for문은 2~100의 i 값이 소수인지 아닌지 판단한다. 두 번째 for문에서 i % j == 0일 때 break문을 통해 반복문이 종료된다. j 값이 증가하는 동안 i % j == 0을 만족하지 않으면 증가한 j 값이 i 값과 동일해져서 두 번째 for문을 빠져나온다. 자기 자신 외에는 나누기를 수행했을 때 나머지가 0이 되는 경우가 없으므로 검사하려는 i는 소수다.

한편 소수가 아니면 두 번째 for문에서 i % j == 0을 만족하여 break문을 통해 반복문을 빠져나온다. 하지만 그다음 if문의 조건이 만족되지 않아 i 값만 증가한다. 소수인 경우 두 번째 for문을 빠져나와 if(j == i)가 만족되기 때문에 i 값을 출력한다.

출력문에서 변환 기호 %s와 연결된 count % 5 ? " " : "\n"은 좀 더 보기 좋게 출력 형태를 작성한 것이다. 즉 소수인 경우에 count 값을 증가시켜 소수를 다섯 번 출력하면 줄을 바꾸고, 나머지는 공백이 출력되도록 출력 형태를 조정했다. 이처럼 연산자를 이용하여 간결하게 의도대로 출력하면 된다.

6 실행문이 없는 for문

```
for (j = 2; j < i; ++j)
{
   if (i % j == 0)
      break;
}
```

```
for (j = 2; i % j; j++);
```

[예제 6-8]에서 i가 소수인지 아닌지 판단하려고 두 번째 for문을 위의 왼쪽 코드와 같이 작성했는데, 이것을 오른쪽 코드와 같이 변경할 수도 있다. 오른쪽 코드의 for문은 실행문이 없는 특이한 경우로 왼쪽 코드를 간단하게 표현한 것이다. 아무 일도 하지 않지만 종료 조건이 i % j이므로 나머지가 0인 경우에 종료된다. 소수인 경우는 i 값과 j 값이 동일하다.

예제 6-9 **실행문이 없는 for문** 프로그램 6-9.c

```c
#include <stdio.h>

int main(void)
{
	int i, j, count = 0;

	for (i = 2; i <= 100; ++i)
	{
		for (j = 2; i % j; j++);

		if (j == i)
		{
			count++;
			printf("%d%s", i, count % 5 ? " " : "\n");
		}
	}

	return 0;
}
```

실행 결과

```
2 3 5 7 11
13 17 19 23 29
31 37 41 43 47
53 59 61 67 71
73 79 83 89 97
```

[예제 6-9]의 결과는 [예제 6-8]과 같다.

혼자 해 보기 6-4

다음 소스코드를 실행해보고 어떤 기능이 수행되는지 확인하시오.

```c
#define _CRT_SECURE_NO_WARNINGS
#include <stdio.h>

int main(void)
{
	int i, j, index, input;

	printf("임의의 정수를 입력하세요 : ");
	scanf("%d", &input);

	for (i = 1; i <= input; i++)
	{
		index = 0;
		for (j = 1; j <= i; j++)
		{
			if (i % j == 0)
				index++;
		}

		if (index == 2)
			printf("%d\n", i);
	}

	return 0;
}
```

ⓘ힌트 초깃값과 index가 어떤 역할을 하는지 유의해서 확인한다.

03 while문

while문은 for문처럼 정해진 횟수만큼 반복시키기보다는 횟수를 정확하게 알지는 못하지만 반복의 조건을 알고 있을 때 사용한다. 예를 들어 문자 1개를 계속 입력받는 프로그램을 작성한다고 하자. 사용자가 'q'를 입력했을 때 문자를 그만 입력받기로 하는 경우, 얼마만큼 반복해야 할지 정확히 알 수 없으므로 while문을 사용하면 좋다.

표 6-3 반복 횟수가 정해지지 않은 경우의 for문과 while문

<table>
<tr><th>for문 사용 – 반복 횟수가 모호함</th><th>while문 사용 – 간단하게 처리할 수 있음</th></tr>
<tr><td><pre>char c;
int i;
c = getchar();
for (i = 0; c != 'q'; i++) {
        putchar(c);
        c = getchar();
}</pre></td><td><pre>char c;
while ((c = getchar()) != 'q')
        putchar(c);</pre></td></tr>
</table>

위와 같이 프로그램이 종료되는 시점이 상황에 따라 달라지는 경우에 while문을 사용한다. 일반적인 while문의 형식은 다음과 같다.

```
while (조건식)
{
   명령문 1;
   명령문 2;
    ⋮
   증감식
}
```

while문과 for문의 수행방식을 비교해 보자.

```
[while문]
 ❶ 초기화;
 ❷ while (조건식)
   {
    ❸ 명령문_1;
       명령문_2;
          ⋮
    ❹ 증감식
   }
```

```
[for문]

for (초기화; 조건식; 증감식)
{      ❶       ❷       ❹
        명령문_1;
        명령문_2;
           ⋮
}          ❸
```

while문은 조건식을 검사하여 참이면 명령을 수행하고 for문처럼 증감식으로 변숫값을 증감시킨다. 그리고 다시 조건식과 비교하여 특정한 명령을 반복 수행한다. 따라서 다음과 같이 for문으로도 쓸 수 있다.

일반적으로 for문은 괄호 안에서 초기화를 하지만 while문은 while문 외부에서 초기화를 한다. 물론 for문에서도 for문 시작 전에 초기화를 할 수 있으나 일반적이지 않다. [표 6-4]는 for문에서 일반적으로 초기화를 한 경우와 외부에서 초기화를 한 경우의 예를 보여준다. while문과 같이 외부에서 초기화를 해도 관계없으나 소스코드에서 알 수 있듯 불편해 보인다.

표 6-4 for문의 초기화 위치

일반적인 for문의 초기화	외부에서 초기화한 경우

`int i, sum = 0;`
`for (i = 1; i <= 10; i++);`
`sum += i;`
	`int i, sum = 0;`
	`i = 1;`
	`for ( ; i <= 10; i++)`
	`        sum += i;`

예제 6-10 1에서 10까지의 합 구하기 프로그램 6-10.c

```
#include <stdio.h>

int main(void)
{
        int sum = 0, number = 1;

        printf("1에서 10까지 합을 구합니다.\n");

```

```c
    while (number <= 10)
    {
        sum += number;
        number++;
    }

    printf("합은 %d입니다.\n", sum);

    return 0;
}
```

실행 결과

```
1에서 10까지 합을 구합니다.
합은 55입니다.
```

변수를 초기화(number = 1)한 다음 while문의 조건식(number <= 10)을 만족하기까지, 즉 number가 10을 초과하기 전까지 while문 안의 명령문을 반복한다. sum += number로 1~10을 계속 더하고, number는 명령문을 한 번 수행할 때마다 1씩 증가시켜 while문의 조건식과 비교한다.

예제 6-11 **알파벳 순서대로 보여주기** 프로그램 6-11.c

```c
#include <stdio.h>

int main(void)
{
    int i = 65;

    while (i <= 90)
    {
        printf("%c ", i);
        i++;
    }

    printf("\n");

    return 0;
}
```

실행 결과

```
A B C D E F G H I J K L M N O P Q R S T U V W X Y Z
```

[예제 6-11]을 실행하면 아스키코드 65~90에 해당하는 알파벳 대문자를 출력한다.

예제 6-12 **1부터 더한 값이 최초로 300 이상이 되는 a 값 구하기** 프로그램 6-12.c

```c
#include <stdio.h>

int main(void)
{
	int a = 1, sum = 0;

	while (sum < 300)
	{
		sum += a;
		a++;
	}

	printf("합이 300이 넘는 a의 최솟값은 %d다. \n", a - 1);
	printf("sum = %d\n", sum);

	return 0;
}
```

실행 결과

```
합이 300이 넘는 a의 최솟값은 24다.
sum = 300
```

1부터 자연수를 계속 더해간다. 더한 값이 최초로 300이 넘을 때의 a 값은 24이고, 합은 300이다.

여기서 잠깐 무한 반복

종료되지 않는 반복문을 **무한 반복**Infinite Loop이라고 한다. 일반적으로 어떤 조건을 사용하여 조건에 맞으면 반복시키지만 경우에 따라서는 무한 반복을 사용하기도 한다. **for**문과 **while**문에서 무한 반복을 사용하는 방법은 다음과 같다.

```
[for문]
for ( ; ; ) {
   문장
    ⋮
}
```

```
[while문]
while (1) {
   문장
    ⋮
}
```

while문에서는 **while(1)**처럼 조건식에 값 1을 주어 조건이 항상 참이라는 것을 나타낸다. 이와 같이 프로그래밍에서는 값이 0인 경우 거짓이고 그 외에 값이 있는 경우는 참이다. 위의 경우는 **while(2)**로 해도 무한 반복한다. 그러나 일반적으로 **while(1)**이라는 표현을 더 많이 쓴다.

무한 반복에서 빠져나오려면 **break**문을 이용하거나 Shift+F5 키를 눌러 디버깅을 강제로 종료하면 된다.

04 do ~ while문

for문이나 while문은 조건식이 만족되지 않으면 경우에 따라서 명령문을 한 번도 수행하지 않을 수 있다. 그러나 do~while문은 일단 do 안에 있는 명령문을 수행하고 나중에 while문의 조건식을 비교하므로 적어도 한 번은 명령문을 처리한다. do~while문의 기본 형식은 while 문과 비슷하다.

```
do
{
        명령문_1;  ❶
} while (조건식);
                ❷
```

조건식을 검사하는 while(조건식)은 C 언어 문장으로 여겨지므로 마지막에 세미콜론(;)을 반드시 넣어야 한다.

예제 6-13 **do~while문을 이용하여 1에서 10까지의 합 구하기** 프로그램 6-13.c

```c
#include <stdio.h>

int main(void)
{
    int sum = 0;
    int number = 0;

    printf("1에서 10까지 합을 구합니다.\n");

    do
    {
        number++;
        sum += number;
    } while (number < 10);

```

```c
    printf("합은 %d입니다.\n", sum);

    return 0;
}
```

실행 결과

```
1에서 10까지 합을 구합니다.
합은 55입니다.
```

do~while문은 일단 do 안의 명령문을 수행하기 때문에 number 값이 1이고 sum 값도 1이다. 그다음에 while문의 조건식을 비교해 number < 10이 만족되면 do문을 수행한다. 이렇게 number 값이 10보다 클 때까지 계속해서 number 값을 sum에 더한다.

예제 6-14 **합이 1000보다 작은 최대합과 자연수 구하기** 프로그램 6-14.c

```c
#include <stdio.h>

int main(void)
{
    int sum = 0, index = 0;

    do
    {
        ++index;
        sum = sum + index;
    } while (sum < 1000);

    printf("합이 1000보다 작은 최대 합은 = %d\n", sum - index);
    printf("마지막으로 더해지는 자연수는 %d다.\n", index - 1);

    return 0;
}
```

실행 결과

```
합이 1000보다 작은 최대 합은 = 990
마지막으로 더해지는 자연수는 44다.
```

[예제 6-14]는 sum 값이 1000보다 작으면 참이고 1000을 넘는 순간 거짓이 되는 프로그램이다. sum 값이 1000보다 커질 때 종료되므로 sum - index 값이 1000을 넘지 않는 최대 합이다. 그때의 index 값은 합이 1000을 처음으로 넘는 값이므로 index - 1이 1000을 넘지 않는 최대 정수다.

혼자 해 보기 6-5

do~while문을 이용하여 [예제 6-2]의 프로그램을 다시 작성하시오.

05 기타 제어문

for문, while문, do~while문 이외에도 프로그램의 흐름을 변경하고자 할 때는 goto문, break문, continue문, return문 등을 사용한다.

1 goto문

goto문은 **명령문의 실행 순서를 프로그래머가 임의로 변경하고자 할 때 사용하는 제어문**으로, 실행 순서를 사용자가 지정한 **라벨**Label로 이동한다. goto문의 형식은 다음과 같다.

```
goto label;
```

라벨은 프로그램의 다른 명령문 앞에 선언되며, goto문은 실행 순서를 지정된 라벨로 옮겨 계속 수행한다. goto문과 라벨을 어떻게 사용하는지 다음 예제를 통해 알아보자.

예제 6-15 goto문을 이용하여 반복 중단하기 프로그램 6-15.c

```c
#include <stdio.h>

int main(void)
{
      int sum = 0;
      int number = 0;
      while (1)
      {
      sum += number;
      number++;

      if (number > 10) goto ex1;

      }

```

```
ex1:
      printf("1에서 10까지 합을 구합니다.\n");
      printf("합은 %d입니다.\n", sum);

      return 0;
}
```

실행 결과

```
1에서 10까지 합을 구합니다.
합은 55입니다.
```

while(1) 조건식은 항상 참이므로 while문 안의 명령문이 무한 반복된다. 하지만 number 값이 10보다 커지면 while문을 빠져나와 goto문이 가리키는 라벨인 ex1로 프로그램의 흐름이 이동한다. 라벨을 사용할 때는 ex1:과 같이 라벨 다음에 콜론(:)을 넣는다.

예제 6-16 구구단 중단시키기 프로그램 6-16.c

```
#include <stdio.h>

int main(void)
{
      int i, j;

      for (i = 1; i <= 100; i++)
      {
            for (j = 1; j <= 9; j++)
            {
                  printf("%d * %d = %2d\n", i, j, i * j);
                  if (i == 9 && j == 9) goto end;
            }
      }

end:

      printf("goto문을 빠져나왔습니다.\n");

      return 0;
}
```

실행 결과

```
1 * 1 = 1
1 * 2 = 2
1 * 3 = 3
1 * 4 = 4
1 * 5 = 5
  ⋮
9 * 1 = 9
9 * 2 = 18
9 * 3 = 27
9 * 4 = 36
9 * 5 = 45
9 * 6 = 54
9 * 7 = 63
9 * 8 = 72
9 * 9 = 81
goto문을 빠져나왔습니다.
```

goto문은 프로그램의 흐름을 강제로 바꾸는 제어문으로 전체적인 프로그램을 이해하는 데 도움이 안 된다. 따라서 특수한 경우가 아니면 일반적으로 goto문을 잘 사용하지 않고 대체할 수 있는 다른 제어문을 사용한다.

2 break문

break문은 반복문을 빠져나오거나 switch~case문에서 정상적인 흐름을 변경하기 위해 사용한다. 주로 goto문 대신에 쓰는 방법으로 switch~case문에서는 거의 필수적으로 사용한다. 다음 예제를 통해 break문 사용법을 익히자.

예제 6-17 간단한 break문 사용하기 프로그램 6-17.c

```c
#include <stdio.h>
int main(void)
{
	int i;

	for (i = 1; i < 100; i++)
```

```
    {
    printf("%d ", i);
    if (i >= 5) break;
    }

    printf("\nfor문을 빠져나왔습니다.\n");


    return 0;
}
```

실행 결과

```
1 2 3 4 5
for문을 빠져나왔습니다.
```

for문이 1부터 100까지 변수 i 값을 증가시킨다. 만약 (i >= 5)가 만족되면 break문을 통해 for문을 빠져나와 printf()문을 수행한다.

3 continue문

continue문은 break문과 대립되는 제어문으로 반복문을 빠져나오지 않고 해당 반복문의 처음으로 프로그램의 흐름을 이동시킨다. 다시 말해 continue문 다음에 있는 명령문을 처리하지 않고 해당 반복문의 처음으로 실행 순서가 이동한다. 예를 들어 1~10에서 홀수 또는 짝수만 더하는 경우는 다음과 같이 작성할 수 있다.

■ 1~10에서 짝수만 더하는 예 1

```
int sum = 0, i;

for (i = 2; i <= 10; i += 2)
   sum += i
```

■ 1~10에서 홀수만 더하는 예 1

```
int sum = 0, i;

for (i = 1; i <= 10; i += 2)
   sum += i;
```

이처럼 홀수 또는 짝수만 더하는 프로그램을 구현할 수 있다. 홀수만 더할 때와 짝수만 더할 때 모두 i 값을 2씩 증가시켰으나 초깃값은 각각 다르게 설정해야 한다. 이런 불편함을 해소하려면 다음과 같이 continue문을 이용하는 것이 좋다.

■ **1~10에서 홀수만 더하는 예 2**

```
int sum = 0, i;
for (i = 1; i <= 10; i++)
{
   if (i % 2 == 0) continue; // 짝수면 아래 문장을 진행하지 않고 증감식으로 이동한다.
   sum += i;
}
```

■ **1~10에서 짝수만 더하는 예 2**

```
int sum = 0, i;
for (i = 1; i <= 10; i++)
{
   if (i % 2 != 0) continue; // 홀수면 아래 문장을 진행하지 않고 증감식으로 이동한다.
   sum += i;
}
```

continue문을 만나면 if문 아래에 있는 sum += i를 수행하지 않고 증감식으로 이동한다. continue문을 적절하게 사용하면 반복문의 초기식이나 증감식을 변경하지 않고도 원하는 결과를 간단하게 얻을 수 있다.

예제 6-18 **continue문을 이용하여 홀수만 더하기** 프로그램 6-18.c

```
#include <stdio.h>

int main(void)
{
      int i, sum = 0;

      for (i = 1; i <= 10; i++)
      {
            if (i % 2 == 0) continue;
            sum += i;
      }

      printf("1부터 10까지 홀수의 합은 %d다.\n", sum);

```

```
    return 0;
}
```

실행 결과

```
1부터 10까지 홀수의 합은 25다.
```

혼자 해 보기 6-6

continue문을 이용하여 1부터 10까지의 정수 가운데 짝수만 더하는 프로그램을 작성하시오.

continue문은 조건 2개를 동시에 비교하는 경우에도 유용하게 사용할 수 있다. 1~20에서 2의 배수이면서 3의 배수인 수를 제외하고 출력하는 프로그램을 작성해보자.

■ **2의 배수인 조건**

```
(i % 2) == 0
```

■ **3의 배수인 조건**

```
(i % 3) == 0
```

■ **두 조건의 AND 연산 : 2의 배수이면서 3의 배수인 조건**

```
(i % 2) == 0 && (i % 3) == 0
```

위 조건이 만족되지 않을 때 값을 출력해야 한다. 즉 다음과 같이 조건을 정한다.

```
for (i = 1; i <= 20; i++) {
   if ((i % 2 == 0) && (i % 3 == 0)) continue;
   printf("%d", i);
}
```

예제 6-19 **2의 배수이면서 3의 배수인 수를 제외하고 출력하기** 프로그램 6-19.c

```c
#include <stdio.h>

int main(void)
{
	int i;

	for (i = 1; i <= 10; i++)
	{
		if ((i % 2 == 0) && (i % 3 == 0)) continue;
		printf("%d ", i);
	}
	printf("\n");

	return 0;
}
```

실행 결과

```
1 2 3 4 5 7 8 9 10
```

이처럼 continue문은 해당 조건이 맞으면 문장을 수행하고 싶지 않을 때 유용하게 사용되는 제어문이다.

01 반복문

동일한 내용을 반복하거나 일정한 규칙으로 반복하는 일을 수행하기 위해 사용한다. 대표적인 반복문으로 for문, while문, do~while문 등이 있다.

02 for문

명령문을 일정한 횟수만큼 반복시킨다. 조건식이 참인 동안에만 명령문을 수행한다.

```
for (초기화; 조건식; 증감식)
{
    명령문_1;
     ⋮
}
```

03 while문

반복해야 하는 횟수를 정확히 알지는 못하지만 반복의 조건을 알 때 사용한다.

```
while (조건식)
{
    명령문 1;
    명령문 2;
     ⋮
    증감식
}
```

04 do~while문

do 안에 있는 명령문을 실행하고 나중에 while문의 조건식을 비교한다. 적어도 한 번은 명령문을 처리하며 기본 형식은 while문과 비슷하다.

```
do
{
          명령문_1;
} while (조건식);
```

연습문제

01 for문과 while문은 각각 어느 경우에 사용하는 것이 효과적인지 설명하시오.

02 다음 프로그램의 문법적인 오류나 논리적인 오류를 수정하시오.

①

```
#include <stdio.h>

int main(void)
{
	int sum = 0, number = 1;

	printf("1에서 10까지의 합을 구합니다.\n");

	while (number <= 10, number++)
	{
		sum += number;
	}
	printf("합은 %d입니다.\n", sum);

	return 0;
}
```

②

```
#include <stdio.h>

int main(void)
{
	int sum = 0;
	int number = 0;

	printf("1에서 10까지의 합을 구합니다.\n");

	do {
```

```
		number++;
		sum += number;
	} while (number < 11);

	printf("합은 %d입니다.\n", sum);

	return 0;
}
```

③

```
#include <stdio.h>

int main(void)
{
	int i, sum = 0;

	for (i = 1; i <= 10; i += 2)
	{
		if (i % 2 == 0) continue;
		sum += 1;
	}

	printf("1부터 10까지 짝수의 합은 %d이다.\n", sum);

	return 0;
}
```

연습문제

03 다음과 같이 실행 결과가 출력되도록 반복문을 이용하여 프로그래밍하시오.

① 실행 결과

```
*
* *
* * *
* * * *
* * * * *
```

② 실행 결과

```
* * * * *
* * *
*
```

③ 실행 결과

```
1
1 3
1 3 5
⋮
1 3 5 7 9 11 13 15 19
```

④ 실행 결과

```
* * * * * * *
  * * * * * *
    * * * * *
      * * * *
        * * *
          * *
            *
```

⑤ 실행 결과

```
* * * * * * *
  * * * * *
    * * *
      *
```

04 while문을 이용해서 알파벳 소문자 하나를 입력받은 뒤 'a'부터 입력받은 소문자까지 순서대로 출력하는 프로그램을 작성하시오.

05 for문을 이용하여 1부터 순차적으로 더한 값이 처음으로 300 이상이 되는 마지막 자연수 값을 찾고 그때의 합을 구하는 프로그램을 작성하시오.

06 continue문과 break문을 이용하여 1부터 1000 사이의 자연수 중 2의 배수이면서 6의 배수인 수를 출력하되 10개까지만 출력하는 프로그램을 작성하시오.

07 소수를 2부터 계속 더할 때 2000보다 작은 최대 합은 몇이고 마지막으로 더해지는 소수는 무엇인지 프로그래밍을 통해 알아보시오.

08 정수 3개를 입력받아 가장 큰 수와 가장 작은 수 사이(가장 큰 수와 가장 작은 수는 제외)의 짝수를 곱한 결과를 출력하는 프로그램을 작성하시오.

연습문제

09 양의 정수를 입력받아 그 수보다 작은 값의 피보나치 수열을 출력하는 프로그램을 작성하시오. 피보나치 수열이란 첫 번째 값이 0이고 두 번째 값이 1일 때 이후의 값은 이전의 두 값을 더한 것이다. 즉 0, 1, 1, 2, 3, 5, 8, … 순으로 이뤄진 수열이다.

10 두 사람 A와 B의 마음을 테스트하는 놀이가 있다고 하자. A에게 0~9 사이에 있는 숫자를 하나 입력하라고 하고, B가 몇 번째에 그 숫자를 맞추는지를 실험하는 프로그램을 작성하시오. 이때 다섯 번까지 맞출 수 있는 기회를 제공하고 몇 번째에 맞추었는지를 알려준다.

11 1부터 원하는 수 사이의 자연수 중에서 2의 배수이면서 6의 배수인 수의 산술평균을 구하는 프로그램을 작성하시오(산술평균은 값을 다 더한 후에 개수로 나눈 값이다).

CHAPTER 07
배열

학습목표

- 배열의 개념과 종류를 알아본다.
- 1차원 배열, 2차원 배열, 다차원 배열, 문자 배열의 개념을 이해하고 프로그램을 작성한다.
- 배열과 주소의 관계를 알아본다.

01 배열의 정의

배열은 **동일한 종류, 동일한 자료형의 데이터를 일련의 구조화된 집단으로 메모리에 구성한 것**이다. 배열을 사용하면 변수마다 일일이 이름을 붙여야 하는 번거로움을 줄일 수 있다. 더욱이 반복문을 이용하여 데이터를 관리할 수 있어 프로그래밍하기 편리하다.

예를 들어 정수형 변수를 사용하여 학생의 성적을 입력한다고 하자. 학생이 수강하는 과목마다 정수형 변수를 선언해야 하기 때문에 과목에 따라 선언하는 변수의 개수도 달라진다. 수학, 국어, 영어, 과학, 사회 등 다섯 과목일 경우 다음과 같이 변수로 선언한다.

```
int jumsu1, jumsu2, jumsu3, jumsu4, jumsu5;
```

과목이 5개여서 일일이 변수를 선언해도 입력할 만하다. 하지만 과목 수가 많아지면 변수를 선언하기 어렵고 어느 변수에 어느 값이 들어가는지 알 수도 없다. 예를 들어 직원 수가 10000명인 회사에서 프로그램을 이용하여 평가시험 점수를 저장한다고 하자. 지금까지 배운 변수 선언으로 처리하면 다음과 같다.

```
int score1, score2, score3, score4, score5;
int score6, score7, score8, score9, score10;
 ⋮
int score9996, score9997, score9998, score9999, score10000;
```

프로그래머의 입장에서 위와 같이 프로그램을 작성한다면 끔찍할 것이다. 처리 과정마다 일일이 변수를 선언해야 하는데, 값을 할당, 변경하거나 출력하기 힘든 데다 오류도 많이 발생할 것이다.

이처럼 동일한 자료형을 동시에 여러 개 선언할 때 배열을 사용한다. 배열을 선언하는 방법은 다음과 같다.

```
자료형 배열명[배열 크기];
int score[10];
```

예를 들어 int score[10]은 int형 변수 10개를 동시에 선언한 것으로, 배열명은 score이고 원소가 10개다. 배열의 원소는 1개부터 메모리가 허락되는 범위 내에서 무한대로 선언할 수 있다. 그리고 모든 자료형은 배열로 선언할 수 있다.

[그림 7-1]은 배열 선언을 그림으로 표현한 것으로 int형 변수 10개가 메모리에 만들어졌다. int형 변수 1개의 메모리 크기가 4바이트이므로 score[10]의 메모리 크기는 40바이트다. 즉 4바이트 크기의 창고 10개가 동시에 만들어진 셈이다.

그림 7-1 배열 선언

배열의 원소(각 창고)에 접근할 수 있는 이름이 있어야 하는데, 이는 일반 변수의 변수명과 같다. 배열의 각 요소는 배열명에 원소 번호를 붙여서 명명한다.

```
score[0] // score 배열의 첫 번째 원소
score[1] // score 배열의 두 번째 원소
score[2] // score 배열의 세 번째 원소
    ⋮
score[9] // score 배열의 열 번째 원소
```

주의할 것은 배열의 첫 번째 원소는 score[0]과 같이 1부터가 아니라 0부터 시작한다는 것이다. 배열의 크기가 10이면 배열의 각 원소 번호는 0부터 9까지 총 10개다.

02 배열의 초기화

배열을 초기화하는 방법은 두 가지다. 첫 번째는 배열을 먼저 선언하고 배열의 각 원소 값을 할당하는 방법이고, 두 번째는 배열을 선언하는 동시에 값을 할당하는 방법이다.

```
int a[3];   // 배열의 선언
a[0] = 10;  // 배열의 초기화
a[1] = 15;
a[2] = 20;
```

위 예는 배열을 초기화하는 첫 번째 방법으로, 선언 후에 값을 할당한다. 이 정수형 배열의 배열명은 a이고 크기는 3이다. 각 원소에는 10, 15, 20이 저장된다.

```
int a[3] = { 10, 15, 20 };     // 배열을 선언함과 동시에 초기화
```

위 예는 배열을 선언하면서 초기화하는 방법이다. 배열을 선언함과 동시에 초깃값을 할당하면 다음과 같은 경우도 발생한다.

```
int a[3] = { 10, 15 };         // 배열을 선언함과 동시에 초기화
```

배열을 선언함과 동시에 초기화할 때 배열의 원소보다 초깃값을 적게 할당하면, 초깃값이 할당되지 않은 배열의 원소에는 0이 저장된다. 위의 경우에는 a[0]에 10이, a[1]에 15가 할당되고 a[2]에는 0이 할당된다.

```
int a[3] = { 10, 15, 20, 30 }; // 틀린 예(오류 발생)
```

위 예는 배열의 원소보다 초깃값을 많이 할당한 것으로, 이렇게 하면 오류가 발생한다.

```
int a[] = { 5, 25, 18, 6, 8 };
```

위 예는 원소의 개수를 표시하지 않았지만 그 개수만큼 배열의 원소가 자동으로 생성된다. 따라서 배열의 원소를 표시하지 않고 초깃값을 할당하는 것이 오류 발생을 줄이는 방법이기도 하다.

```
int a[]; // 오류 발생
a[0] = 5;
a[1] = 25;
a[2] = 18;
```

그러나 위와 같이 배열 선언과 초깃값 할당을 따로 하면 오류가 발생하므로 배열을 선언할 때는 원소의 개수를 기록하는 것이 좋다.

혼자 해 보기 7-1

다음 배열 선언에서 오류를 찾아 수정하시오.

①
```
int a[4] = { 1, 2, 3, 4, 5 };
```

②
```
int b[3];
b[1] = 10;
b[2] = 20;
b[3] = 30;
```

03 1차원 배열

배열의 정의와 초기화에서 보았던 int a[3]과 같이 대괄호([]) 하나로 선언하는 배열을 1차원 배열이라고 한다. 1차원 배열은 자료가 벡터로 저장되어 있는 것으로 보면 되는데, 앞의 예에서 나왔던 int score[10]이 바로 1차원 배열이다.

배열을 반복문과 함께 사용하면 유용하며, 반복문의 증감 변수를 배열의 첨자와 동일하게 여기면 된다. 아래와 같이 score 배열의 각 원소 값을 반복문을 이용하여 출력할 수 있다. 다만 반복문의 초깃값을 설정할 때 배열의 원소는 0부터 시작한다는 것을 명심해야 한다.

```
for (i = 0; i < 10; i++)
   printf("score[%d] = %d\n", i, score[i]);
```

예제 7-1 배열을 초기화하고 원소 출력하기 프로그램 7-1.c

```
#include <stdio.h>

int main(void)
{
    int i;
    int a[] = { 5, 10, 15 };

    for (i = 0; i < 3; i++)
    {
        printf("a[%d] = %d\n", i, a[i]);
    }

    return 0;
}
```

실행 결과

```
a[0] = 5
a[1] = 10
a[2] = 15
```

배열 `a[] = { 5, 10, 15 }`로 선언하면 자동으로 `a[]`의 배열 크기가 3으로 정의된다. [예제 7-1]은 각 배열의 원소가 0부터 시작한다는 것을 `for`문을 사용하여 알아본 경우로, `a[0]`에는 5가 들어간다.

반복문과 배열을 잘 이용하면 여러 가지를 유용하게 처리할 수 있다.

```
sum = 0;
for (i = 0; i < 5; i++)
   sum += A[i];
average = sum / i;
```

위 예에서는 변수 `sum`에 배열의 모든 원소 값이 더해졌다. 그리고 배열의 원소 값 평균을 알 수 있도록 전체 합을 원소의 개수로 나누었다.

예제 7-2 배열 원소의 합과 평균 구하기 프로그램 7-2.c

```
#include <stdio.h>

int main(void)
{
    int A[5] = { 1, 2, 3, 4, 5 };
    int i, sum = 0;
    double average;

    for (i = 0; i < 5; i++)
        sum += A[i];

    average = (double)sum / i;

    printf("배열 A 원소의 합은 %d다.\n", sum);
    printf("배열 A 원소의 평균은 %4.2lf이다.\n", average);
```

```

    return 0;
}
```

실행 결과

```
배열 A 원소의 합은 15다.
배열 A 원소의 평균은 3.00이다.
```

변수 i가 5로 증가한 후에 반복문이 종료되었기 때문에 average = (double)sum / i에서 전체 합을 i로 나누어 배열의 평균을 구할 수 있다. 평균은 소숫값이므로 double형으로 선언했고, 올바른 연산을 위해 형 변환을 했다.

혼자 해 보기 7-2

다음에 제시된 배열의 원소를 모두 곱한 결과를 출력하는 프로그램을 작성하시오.

```
int mult[] = { 4, 2, 5, 1, 3 };
```

04 2차원 배열과 다차원 배열

1 2차원 배열

연속적인 저장 공간을 선언하는 배열을 만들 때 1차원뿐만 아니라 2차원 이상도 생각해볼 수 있다. 2차원 배열의 형태는 행과 열로 표현된 행렬과 비슷하다.

```
int a[2][4];
```

2차원 배열은 위와 같이 대괄호([]) 2개를 이용하여 정의한다. **a[2][4]**는 행이 2개이고 열이 4개인 2차원 행렬의 형태다. **a[2][4]**에서 첫 번째 대괄호는 행의 개수를, 두 번째 대괄호는 열의 개수를 나타낸다. 각 첨자는 1차원 배열과 마찬가지로 0부터 시작한다. 따라서 행의 첨자는 0~1이 되고 열의 첨자는 0~3이 된다.

[그림 7-2]에서 보듯이 2차원 배열을 행과 열의 행렬 형태로 표현했으나 메모리는 1차원 배열의 형태로 저장된다. 즉 **a[0][0]**부터 **a[0][3]**까지 첫 번째 행이 기록된 후에 이어서 두 번째 행이 기록된다.

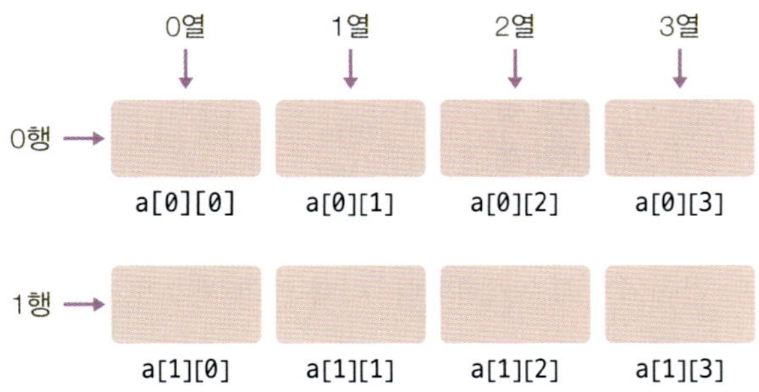

그림 7-2 2차원 배열 선언

[그림 7-3]은 2차원 배열 **a[2][3]**을 선언하고 배열의 각 원소에 값을 할당한 예를 나타낸 것이다. 2차원 배열을 초기화하는 방법에는 배열을 선언한 후 배열의 각 원소 값을 할당하는 방

법, 선언과 동시에 초기화하는 방법이 있다.

그림 7-3 2차원 배열의 선언과 초깃값 할당

```
int a[2][3] = { {10, 20, 30}, {40, 50, 60} };
int a[2][3] = { 10, 20, 30, 40, 50, 60 };
```

2차원 배열은 중괄호({})로 배열의 원소를 행 단위로 묶어 초기화하거나 전체 원소를 묶어 초기화한다. 1차원 배열을 선언과 동시에 초기화할 때 배열의 원소 개수를 기록하지 않아도 초기화하는 원소의 개수로 형태를 알 수 있듯이 2차원 배열에서도 선언할 때 행의 개수를 생략할 수 있다. 그러나 열의 개수를 생략하면 오류가 발생한다.

```
int a[][3] = { 10, 20, 30, 40, 50, 60 };    // 올바른 예
int a[2][] = { 10, 20, 30, 40, 50, 60 };    // 잘못된 예 1
int a[][] = { 10, 20, 30, 40, 50, 60 };     // 잘못된 예 2
int a[][3];                                  // 잘못된 예 3
```

올바른 예에서는 행의 개수를 생략했지만 값을 6개로 초기화했다. 이때 열의 개수가 3개이므로 6을 3으로 나누어 행이 2개임을 컴파일러가 자동으로 안다.

반면에 잘못된 예 1은 행의 개수는 알지만 열의 개수가 생략되어 원소 6개 중 몇 개가 첫 번째 행인지 알 수 없다. 그러므로 열의 개수를 생략하면 안 된다. 잘못된 예 2는 열과 행의 개수가 모두 생략되어 오류가 발생한다. 잘못된 예 3은 선언과 동시에 초기화하는 경우가 아니기 때

문에 오류가 발생한다. 이런 경우는 반드시 행과 열의 개수를 기록해야 한다.

```
int a[][3] = { 10, 20, 30, 40 };   // 올바른 예
```

앞의 예와 같이 원소 값은 4개인데 열이 3개이면 컴파일러가 10, 20, 30을 첫 번째 행으로, 40을 두 번째 행으로 본다. 두 번째 행의 원소가 1개뿐이지만 나머지 두 원소에는 자동적으로 0이 할당된다. 즉 a[0][0] = 10, a[0][1] = 20, a[0][2] = 30, a[1][0] = 40, a[1][1] = 0, a[1][2] = 0이 된다.

예제 7-3 2차원 배열의 초기화

프로그램 7-3.c

```c
#include <stdio.h>

int main(void)
{
    int i, j;
    int a[2][3] = { {15, 20}, {25, 30} };

    for (i = 0; i < 2; i++)
    {
        for (j = 0; j < 3; j++)
        {
            printf("a[%d][%d] = %d\n", i, j, a[i][j]);
        }
    }

    return 0;
}
```

실행 결과

```
a[0][0] = 15
a[0][1] = 20
a[0][2] = 0
a[1][0] = 25
a[1][1] = 30
a[1][2] = 0
```

배열 a[2][3]을 선언하고 배열의 크기보다 적게 원소를 초기화했다. a[0][2]와 a[1][2]에는 자동으로 0이 할당된다.

예제 7-4 **2차원 배열의 합 구하기** 프로그램 7-4.c

```c
#include <stdio.h>

int main(void)
{
    int i, j, sum = 0;
    int a[2][2] = { 5, 20, 12, 7 };

    for (i = 0; i < 2; i++)
    {
        for (j = 0; j < 2; j++)
        {
            sum += a[i][j];
        }
    }

    printf("2차원 배열 a의 합은 %d다.\n", sum);

    return 0;
}
```

실행 결과

```
2차원 배열 a의 합은 44다.
```

[예제 7-4]는 단순하게 배열 a[2][2] 각 원소의 합을 구하는 것이므로 쉽게 이해할 수 있을 것이다.

그렇다면 2차원 배열을 이용하여 학생 3명의 국어, 영어, 수학 점수를 배열에 저장하고 각 학생의 평균을 알아보는 예제를 살펴보자.

혼자 해 보기 7-3

다음과 같이 2차원 배열을 선언하시오. 그리고 3열로 구성되어 있는 배열의 각 열별로 더한 값을 출력하는 프로그램을 작성하시오.

```
int a[3][3] = { 1, 2, 3, 4, 5, 6, 7, 8, 9 };
```

실행 결과

```
1열의 원소를 다 더하면 ……
2열의 원소를 다 더하면 ……
3열의 원소를 다 더하면 ……
```

예제 7-5 학생별 점수 평균 구하기

프로그램 7-5.c

```
#include <stdio.h>

int main(void)
{
    int i, j, sum = 0;
    int a[][3] = { {90, 80, 90},        // 영희의 국어, 영어, 수학 점수
                   {70, 100, 100},      // 철수의 국어, 영어, 수학 점수
                   {80, 90, 90} };      // 미나의 국어, 영어, 수학 점수

    double average[3];

    for (i = 0; i < 3; i++)
    {
        for (j = 0; j < 3; j++)
        {
            sum += a[i][j];
        }

        average[i] = (double)sum / j;

        printf("%d번 학생의 평균은 %.2lf이다.\n", i + 1, average[i]);
        // 다음 학생의 평균을 구하기 위해 sum을 초기화한다.
        sum = 0;
    }
```

```c

    return 0;
}
```

실행 결과

```
1번 학생의 평균은 86.67이다.
2번 학생의 평균은 90.00이다.
3번 학생의 평균은 86.67이다.
```

학생 3명의 국어, 영어, 수학 점수를 저장할 2차원 배열을 만들었다. 학생이 3명이고 과목도 3과목이므로 3행 3열인 배열이 필요하다. 첨자가 0인 행에는 영희의 점수, 첨자가 1인 행에는 철수의 점수, 첨자가 2인 행에는 미나의 점수가 기록되었다.

그리고 각 학생의 평균 점수를 저장하려고 1차원 배열 `average`를 선언했다. 반복문에서 변수 `i`는 행을 나타내므로 각 행 모든 열의 값을 더하면 한 학생의 과목 합계가 되고 이것을 3으로 나눈 것이 평균이다. 변수 `sum` 값은 `int`형이므로 정확한 계산을 위해 `double`로 형 변환을 했다. 또한 각 행에 `i + 1`로 학생 번호를 나타냈다. 변수 `i`는 행렬의 첨자로서 0부터 시작하기 때문에 1을 더했다.

[예제 7-5]에서는 학생별 점수 평균을 구했는데, 과목별 점수 평균을 구하는 방법은 [예제 7-6]에서 살펴보자.

예제 7-6 국어, 영어, 수학 점수의 평균 구하기 프로그램 7-6.c

```c
#include <stdio.h>

int main(void)
{
    int i, j, sum = 0;
    int a[][3] = { {90, 80, 90},            // 영희의 국어, 영어, 수학 점수
                   {70, 100, 100},          // 철수의 국어, 영어, 수학 점수
                   {80, 90, 90} };          // 미나의 국어, 영어, 수학 점수

    double aveClass[3];

    for (j = 0; j < 3; j++)
```

```
    {
        for (i = 0; i < 3; i++)
        {
            sum += a[i][j];
        }

        aveClass[j] = (double)sum / i;

        if (j == 0)
            printf("국어 평균은 %.2lf이다.\n", aveClass[j]);
        else if (j == 1)
            printf("영어 평균은 %.2lf이다.\n", aveClass[j]);
        else if (j == 2)
            printf("수학 평균은 %.2lf이다.\n", aveClass[j]);

        // 다음 과목의 평균을 구하기 위해 sum을 초기화한다.
        sum = 0;
    }

    return 0;
}
```

실행 결과

```
국어 평균은 80.00이다.
영어 평균은 90.00이다.
수학 평균은 93.33이다.
```

[예제 7-5]와 동일한 2차원 배열을 사용하지만 각 과목별로 평균을 구하는 것이 다르다. 학생별 점수 평균은 2차원 배열의 행별로 값을 다 더해서 구했으나 과목별 점수 평균은 2차원 배열의 열별로 값을 더해야 하므로 반복문의 i와 j를 [예제 7-5]와는 반대로 작성하여 반복했다.

2 다차원 배열

이제 다차원 배열을 알아볼 차례다. 먼저 다음 예를 보자.

```
int a[2][2][2];
int b[2][2][2][2];
```

배열 a는 3차원 배열, 배열 b는 4차원 배열을 나타낸다. 사용하는 방법은 2차원 배열과 유사하다. 예를 들면 [그림 7-4]는 2차원 배열을 이용하여 저장한 영상(이미지)의 화소 값을 나타낸 것이다.

2차원 디지털 영상은 가로와 세로의 크기만큼 화소를 가지고 있다. [그림 7-4]는 크기가 가로 256, 세로 256인 흑백 영상의 화소 값을 보여준다. 영상의 각 화소 값을 메모리에 저장하려면 2차원 좌표를 구별하고 각 좌표별로 값을 저장해야 하는데 이에 적합한 자료형이 바로 2차원 배열이다.

y \ x	0	1	2	…	254	255
0	33	43	43	…	63	60
1	32	42	43	…	62	60
2	40	44	44	…	60	63
3	42	39	39	…	50	51
⋮	…	…	…	…	…	…
255	72	67	72	…	88	80

y

그림 7-4 2차원 영상의 좌표와 화소 값

```
int a[256][256];
```

위와 같이 2차원 배열 a를 선언하면 여기에 2차원 영상의 x 좌표, y 좌표와 각 좌표의 값을 저장할 수 있다. 위 예는 2차원 영상이지만 3차원 그래픽처럼 x 축, y 축, z 축으로 좌표를 표시할 때는 3차원 배열을 이용한다. 이처럼 배열은 여러 분야에서 다양하게 사용할 수 있으므로 잘 알아두어야 한다.

예제 7-7 **3차원 배열을 초기화하고 각 원소 출력하기** 프로그램 7-7.c

```c
#include <stdio.h>

int main(void)
{
    int x[2][2][5] = { 0,1,2,3,4,
                       5,6,7,8,9,
                       10,11,12,13,14,
                       15,16,17,18,19 };
    int i, j, k;
    for (i = 0; i < 2; i++)
        for (j = 0; j < 2; j++)
            for (k = 0; k < 5; k++)
                printf("x[%d][%d][%d] = %d\n", i, j, k, x[i][j][k]);

    return 0;
}
```

실행 결과

```
x[0][0][0] = 0
x[0][0][1] = 1
x[0][0][2] = 2
x[0][0][3] = 3
x[0][0][4] = 4
x[0][1][0] = 5
x[0][1][1] = 6
x[0][1][2] = 7
x[0][1][3] = 8
x[0][1][4] = 9
x[1][0][0] = 10
x[1][0][1] = 11
x[1][0][2] = 12
x[1][0][3] = 13
x[1][0][4] = 14
x[1][1][0] = 15
x[1][1][1] = 16
x[1][1][2] = 17
x[1][1][3] = 18
x[1][1][4] = 19
```

05 문자 배열

문자 배열(이하 문자열)은 char형 문자를 여러 개 모아놓은 문자 집합으로, 문장도 될 수 있고 단어도 될 수 있다. 문자는 작은따옴표('')로 나타내지만 문자열은 큰따옴표("")로 나타낸다. C 언어에는 문자열을 위한 자료형이 별도로 없기 때문에 char형 배열을 이용하여 표현한다. '\0'(NULL)을 통해 문자열의 끝이 어디인지 파악하므로, 문자열 끝엔 항상 문자 코드 '\0'을 덧붙여야 한다. 따라서 배열을 문자열로 사용하는 경우에는 배열의 크기를 실제 문자의 개수보다 하나 더 많게 선언해야 한다.

```
char str[5] = { 'A', 'B', 'C', 'D', '\0' };    // 올바른 선언
char str[4] = { 'A', 'B', 'C', 'D' };          // 잘못된 선언
```

위 예는 ABCD라는 문자열을 메모리에 저장하려고 배열 str을 선언한 것이다. char에는 한 글자씩 선언할 수 있는데 char를 동시에 여러 개 선언했기 때문에 문자 배열이 되었다. 사용할 문자열의 크기는 4개이지만 마지막에 NULL 값을 포함해야 하므로 str[5]로 선언해야 한다. 물론 배열을 선언하는 동시에 초깃값을 할당하는 경우에는 첨자를 생략할 수 있다. 방법은 앞에서 다룬 자료형 배열을 선언할 때와 동일하다.

```
char str[] = { 'A', 'B', 'C', 'D', '\0' };    // 올바른 선언
```

각 배열의 원소 값을 작은따옴표('')를 이용하여 할당할 수 있지만 다음과 같이 큰따옴표("")를 이용하여 한 번에 처리해도 된다.

```
char str[] = "ABCD";    // 올바른 선언
```

위의 선언 방법은 일일이 한 글자씩 입력하는 것보다 더 쉽다. 한편 다음과 같이 선언한 후에 값을 할당해도 상관없다.

```
char str[5];
str[0] = 'A';
str[1] = 'B';
str[2] = 'C';
str[3] = 'D';
str[4] = '\0';
```

예제 7-8 문자열 출력하기 프로그램 7-8.c

```
#include <stdio.h>

int main(void)
{
    int i;
    char str[4] = { 'A', 'B', 'C', '\0' };
    char student[] = "John";

    printf("문자열을 동시에 출력하는 경우\n");
    printf("학생의 이름은 %s이다.\n\n", student);
    printf("문자열을 한 글자씩 출력하는 경우 \n");

    for (i = 0; str[i] != '\0'; i++)
        printf("%c\n", str[i]);

    return 0;
}
```

실행 결과

```
문자열을 동시에 출력하는 경우
학생의 이름은 John이다.

문자열을 한 글자씩 출력하는 경우
A
B
C
```

printf()의 변환 기호 %s와 %c를 이용하여 문자열을 동시에 출력하는 경우와 한 글자씩 출력하는 경우를 나타냈다.

자료형 중에서 정수형은 0이 거짓이고 나머지 값이 참이다. 하지만 문자의 경우 '\0'을 거짓, 나머지를 참으로 여긴다. [예제 7-8]에서 문자열이 '\0'으로 끝나기 때문에 종료 조건을 str[i] != '\0'으로 설정하여 반복을 종료했다.

■ **반복문에서 문자열의 종료 조건**

```
for (i = 0; str[i]; i++)
    printf("%c\n", str[i]);
```

```
while (str[i])
    ⋮
```

문자열을 한 글자씩 출력할 경우, 반복문의 종료 조건을 위의 오른쪽 예와 같이 while문의 형태로도 많이 표현한다. while(str[i])는 str[i] 값이 '\0'이 아니면 계속 반복한다. 문자열은 프로그래밍할 때 많이 사용하므로 문자열을 처리하는 함수는 시스템 라이브러리 함수로 만들어져 있다. 이에 대해서는 10장에서 자세히 설명하겠다.

여기서 잠깐 문자와 문자열

'a'는 char형 문자 1개를 나타내고 "a"는 문자열을 나타낸다. 즉 "a"는 'a'와 '\0'이 결합된 형태다. 따라서 'a'는 1바이트, "a"는 2바이트가 할당된다. 이러한 사실은 다음 코드를 통해 확인할 수 있다.

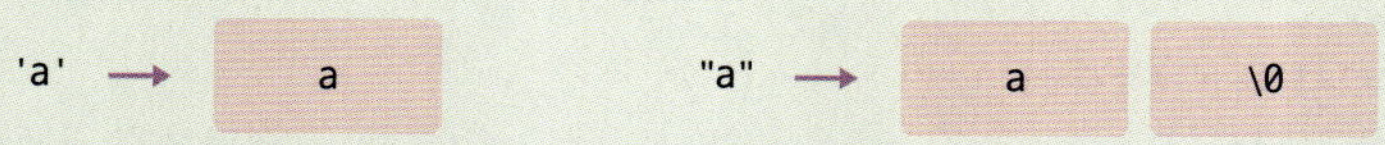

그림 7-5 문자와 문자열의 차이

```
#include<stdio.h>

int main() {
   char c1 = 'a';
   char c2[] = "a";
   // 문자열 배열에 문자 값을 넣으면 오류이다.
   // char c3[] = 'a';

   printf("c1 : %d\n", sizeof(c1));
   printf("c2 : %d\n", sizeof(c2));

   return 0;
}
```

실행 결과

```
c1 : 1
c2 : 2
```

06 배열과 주소

변수를 선언하면 선언된 변수의 크기만큼 메모리가 할당된다. 물론 배열을 선언해도 변수와 마찬가지로 선언된 배열의 크기만큼 메모리가 할당된다.

1 메모리가 할당된 변수에 접근하는 방법

메모리가 할당된 변수에 접근하는 방법은 두 가지다. 첫 번째 방법은 변수명으로 접근하는 것이고, 두 번째 방법은 변수의 주소 값으로 접근하는 것이다.

1.1 변수명으로 접근하기

[그림 7-6]의 경우 변수명 a로 접근한다. 한 프로그램 내에 동일한 이름이 여러 개가 있을 수 있으므로 변수명이 변수를 표시하는 유일한 방법은 아니다.

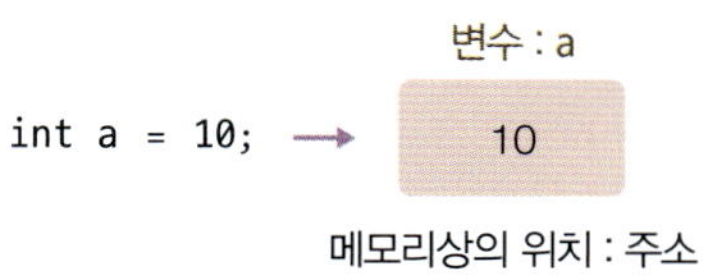

그림 7-6 변수 접근 방법

1.2 변수의 주소 값으로 접근하기

변수의 주소는 메모리에서의 하드웨어적인 위치를 나타낸다. 메모리는 바이트 단위로 번호가 부여되고 16진수로 표현된다. 변수의 주소는 변수가 메모리에서 만들어진 위치를 나타내므로 값이 유일하고, 변수 앞에 &를 붙여 표시한다.

TIP 변수명으로 변수에 접근하는 경우 변수의 영향 범위와 관련이 있다. 이에 대해서는 9장에서 자세히 다룰 것이다.

```
int a;
scanf("%d", &a);
```

2 주소 사용의 의미

2.1 변수에서의 주소 사용의 의미

주소를 이용하여 변수에 접근하는 대표적인 예로 앞서 많이 다루었던 `scanf()` 함수를 들 수 있다. `scanf()` 함수는 사용자에게 키보드로 값을 입력받아 이미 만들어진 변수에 값을 저장하는데, 값을 저장하려고 메모리에서 변수의 위치를 찾을 때 변수의 주소를 이용한다.

```
int a;
scanf("%d", &a);
```

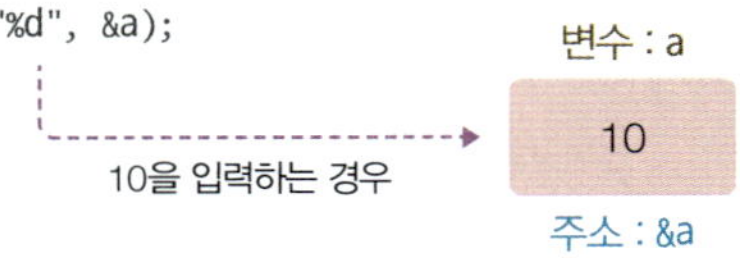

그림 7-7 scanf() 함수에서 주소 사용의 의미

예제 7-9 변수의 주소 출력하기 프로그램 7-9.c

```c
#define _CRT_SECURE_NO_WARNINGS
#include <stdio.h>

int main(void)
{
	int a;
	printf("정수 1개를 입력하시오.\n");
	scanf("%d", &a);

	printf("입력받은 정수의 값은 %d이다.\n", a);
	printf("입력받은 정수의 주소는 %p이다.\n", &a);

	return 0;
}
```

실행 결과

```
정수 1개를 입력하시오.
10
입력받은 정수의 값은 10이다.
입력받은 정수의 주소는 0012FF7C이다.
```

주소를 출력할 때 변환 기호 %p를 이용하여 주소 값을 16진수로 표시했다. 이 주소 값이 메모리에서의 변수 위치를 나타낸다.

배열은 동일한 자료형을 동시에 선언하는 것으로, 메모리에 배열의 원소 개수만큼의 공간이 동시에 할당된다. [그림 7-8]과 같이 배열의 원소명에 주소 연산자 &로 주소를 표시한다.

2.2 배열에서의 주소 사용의 의미

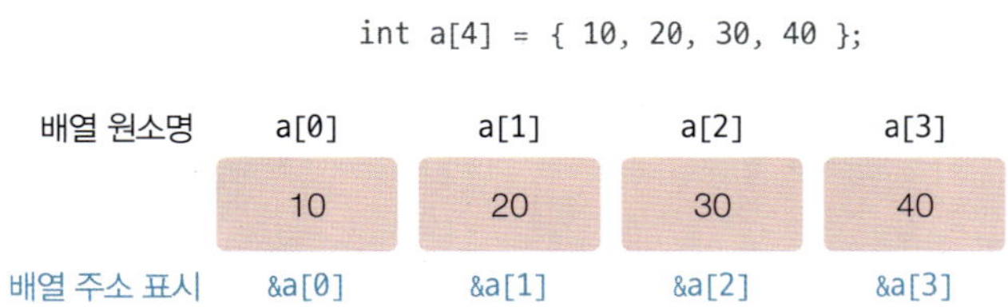

그림 7-8 배열과 주소의 관계

예제 7-10 배열의 주소 출력하기 프로그램 7-10.c

```
#include <stdio.h>

int main(void)
{
    int a[4] = { 10, 20, 30, 40 };
    int i, aryLength;

    aryLength = sizeof(a) / sizeof(int);

    printf("배열의 원소 값을 출력하면 \n");
    for (i = 0; i < aryLength; i++)
    {
        printf("a[%d] = %d\n", i, a[i]);
    }

    printf("배열 원소의 주소를 출력하면 \n");
    for (i = 0; i < aryLength; i++)
    {
        printf("&a[%d] = %p\n", i, &a[i]);
    }

```

```
    return 0;
}
```

실행 결과

```
배열의 원소 값을 출력하면
a[0] = 10
a[1] = 20
a[2] = 30
a[3] = 40
배열 원소의 주소를 출력하면
&a[0] = 0012FF70
&a[1] = 0012FF74
&a[2] = 0012FF78
&a[3] = 0012FF7C
```

sizeof 연산자는 변수나 자료형의 크기를 바이트 단위로 반환한다. `aryLength = sizeof(a) / sizeof(int);`에서 `sizeof(a)`는 배열의 전체 바이트 수이고 `sizeof(int)`는 배열 자료형의 바이트 수다. 그러므로 `sizeof(a) / sizeof(int)`는 배열의 원소 개수를 나타낸다.

배열 원소의 주소에서 주의해야 할 것은 주소가 4바이트 크기로 연속해서 나타난다는 것이다. 따라서 배열의 시작 주소만 알면 나머지 주소는 자료형의 크기만큼 바이트를 증가시켜 알 수 있다. [그림 7-9]에서는 배열명 a를 이용하여 배열의 주소를 표시했는데, 배열명은 배열의 시작 주소를 나타내는 상수다.

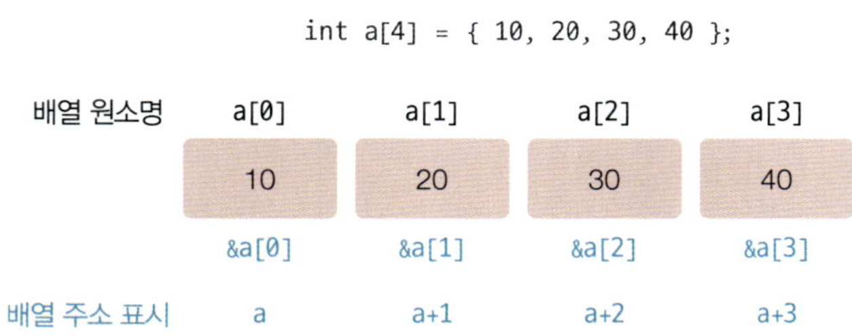

그림 7-9 배열명으로 주소를 표시하는 방법

```
[배열명 = &배열명[0]]
int a[4] = { 10, 20, 30, 40 };
/*
       a = &a[0]
     a+1 = &a[1]
     a+2 = &a[2]
     a+3 = &a[3]
*/
```

배열의 시작 주소는 배열명으로 나타낼 수 있다. 배열의 두 번째 원소 주소는 배열명에 1을 더한 것과 같다. 앞의 예에서 a+1과 &a[1]은 같은 의미다. a+1에서 1은 배열의 시작 주소인 a에 단순히 산술 연산으로 1을 더하는 것을 의미하지 않는다. 여기서의 1은 배열이 선언된 자료형의 크기다.

배열이 int형으로 선언되었기 때문에 자료형의 크기는 바이트 단위로 4바이트다. 따라서 1은 4바이트를 의미하며 a+2에서 2는 8바이트를 의미한다.

```
double b[] = { 2.3, 3.0, 4.1 };
```

배열 b는 double형으로 선언되었기 때문에 b+1에서 1은 8바이트를 의미한다. 이와 같이 배열명과 덧셈을 이용하여 배열의 주소에 쉽게 접근할 수 있다.

예제 7-11 **배열명을 이용하여 주소 출력하기** 프로그램 7-11.c

```c
#include <stdio.h>

int main(void)
{
    double b[] = { 2.3, 3.0, 4.1, 5.5 };
    int a[4] = { 10, 20, 30, 40 };
    int i, aryLenDouble, aryLenInt;

    aryLenDouble = sizeof(b) / sizeof(double);
    aryLenInt = sizeof(a) / sizeof(int);

    printf("double형 배열 원소의 주소를 출력하면 \n");
```

```c

    for (i = 0; i < aryLenDouble; i++)
    {
        printf("b+%d = %p \n", i, b + i);
    }

    printf("int형 배열 원소의 주소를 출력하면 \n");

    for (i = 0; i < aryLenDouble; i++)
    {
        printf("a+%d = %p \n", i, a + i);
    }

    return 0;
}
```

실행 결과

```
double형 배열 원소의 주소를 출력하면
b+0 = 0012FF60
b+1 = 0012FF68
b+2 = 0012FF70
b+3 = 0012FF78
int형 배열 원소의 주소를 출력하면
a+0 = 0012FF50
a+1 = 0012FF54
a+2 = 0012FF58
a+3 = 0012FF5C
```

double형 배열은 8바이트 단위로 주소 값이 증가하고 int형 배열은 4바이트 단위로 주소 값이 증가함을 확인할 수 있다.

01 배열

동일한 종류, 동일한 자료형의 데이터 여러 개를 메모리 내에 일련의 구조화된 집단으로 구성한 것이다.

```
자료형 배열명[배열 크기];
int score[10];
```

02 배열 원소의 선언 범위

배열의 원소는 1개부터 메모리가 허락되는 범위에서 무한대로 선언할 수 있다. 모든 자료형은 배열로 선언할 수 있으며 배열의 원소를 나타내는 첨자는 0부터 시작한다.

03 배열과 반복문

배열을 반복문과 같이 사용하면 유용하다. 반복문의 증감 변수를 배열의 첨자와 동일하게 여기면 된다. 아래와 같이 score 배열의 각 원소를 반복문을 이용하여 출력할 수 있다.

```
for (i = 0; i < 10; i++)
   printf("score[%d] = %d \n", i, score[i]);
```

04 배열의 종류

배열은 선언하는 괄호의 수에 따라 1차원 배열, 2차원 배열, 3차원 배열, 다차원 배열 등 원하는 형태를 만들 수 있다. 2차원 배열로는 2차원 디지털 이미지 값을 표현할 수 있고, 3차원 배열로는 3D 그래픽 데이터를 표현할 수 있다.

05 배열과 주소

메모리에 선언한 변수에 접근하는 방법으로는 변수명으로 접근하는 방법과 변수의 주소를 이용하여 접근하는 방법이 있다. 배열에서는 배열 원소의 주소에 접근하는 방법으로 배열의 시작 주소를 나타내는 상수인 배열명을 이용한다.

연습문제

01 다음 프로그램의 문법적인 오류나 논리적인 오류를 수정하시오.

①

```
int a[4] = { 10, 20, 30, 40, 50 };
```

②

```
int a[3][ ] = { 5, 15, 10, 35, 40, 20 };
```

③

```
char str[5] = "Error";
```

④

```
#include <stdio.h>

int main(void)
{
    int a[3] = { 4, 5, 10 };
    int sum = 0;

    printf("배열의 원소를 모두 더합니다.\n");

    for (i = 1; i <= 3; i++)
    {
        sum += a[i];
    }

    printf("결과는 %d입니다.\n", sum);
    return 0;
}
```

⑤

```c
#include <stdio.h>

int main(void)
{
    char name[] = "Peter";

    printf("반복문을 이용해서 문자열을 출력합니다.\n");
    for (i = 0; i < 5; i++)
        printf("%s", name[i]);

    return 0;
}
```

⑥

```c
#include <stdio.h>

int main(void)
{
     char subject[] = "English";
     int i = 0;

     printf("반복문을 이용해서 문자열을 출력합니다.\n");

     while (subject[i]) putchar (subject[++i]);

     return 0;

}
```

⑦

```c
#include <stdio.h>

int main(void)
{
    int aryTmp[] = { 10, 20, 30, 40 };;
    int i, aryLength;

    aryLength = sizeof(aryTmp) / sizeof(int);

    printf("배열명을 이용해서 주소를 출력합니다. \n");
    for (i = 0; i < aryLength; i++)
        printf("aryTmp의 %d번째 주소는 %p이다.\n", i + 1, &a + i);

    return 0;
}
```

02 정수형인 1차원 배열 a, b를 선언하고 두 배열의 각 원소를 합한 결과를 배열 c로 만들어 화면에 출력하시오.

- 배열 a : 45, 20, 5, 9, 30, 15
- 배열 b : 23, 19, 28, 3, 11, 22

03 02번 문제에서 선언한 배열 a, b에서 배열 a의 각 원소와 배열 b의 각 원소를 비교하여 배열 a의 원소가 크면 'Y'를, 아니면 'N'을 가진 문자형 배열 d를 if문을 이용하여 작성하시오.

04 02번과 03번 문제에서 만든 배열 c와 d의 각 원소 주소 값을 배열명을 이용하여 출력하고, 배열 c와 d의 각 원소 주소 값의 차이를 확인하시오.

05 비밀번호를 입력받아 시스템에 저장되어 있는 비밀번호와 일치하면 종료 메시지를 출력하고, 일치하지 않으면 비밀번호를 다시 물어보는 프로그램을 작성하시오. 이때 시스템 비밀번호는 'code', 종료 메시지는 '프로그램을 종료합니다.'로 작성하시오.

06 다음과 같은 행렬 A와 B의 곱을 계산하여 출력하는 프로그램을 작성하시오.

A =

14	−5
24	1
12	6
13	−2

B =

21	8	11	−2
17	9	−3	−7

07 성적을 계산하는 프로그램을 작성하고자 한다. 아래 질문에 답하시오.

① 철수, 민수, 영희의 국어, 영어, 수학 점수를 각각 입력받아 kor, eng, math의 1차원 배열로 저장하시오(단, 각 배열의 첫 번째 요소는 철수, 두 번째 요소는 민수, 세 번째 요소는 영희로 한다).

② 세 과목의 평균을 각각 구하고, 평균이 가장 높은 과목의 평균 점수를 출력하시오.

③ 세 과목의 합이 가장 높은 학생의 이름을 출력하시오.

08 1차원 배열 `A[10] = { 15, 12, 3, 35, 78, 22, 11, 2, 49, 19 }`의 최대값과 최소값을 출력하는 프로그램을 작성하시오.

09 08번 문제의 1차원 배열 A[10]의 평균을 계산해주는 프로그램을 작성하시오[단, 평균의 식은 아래와 같다].

$$\text{평균} = \frac{\sum_{i=1}^{n} A_j}{n}$$

10 08번 문제의 1차원 배열 A[10]의 표준편차를 계산해주는 프로그램을 작성하시오. C 프로그램에서 제곱근 함수는 'sqrt'이고 `<math.h>` 파일에 있다[단, 표준편차의 식은 아래와 같다].

$$\text{분산} = \frac{\sum_{i=1}^{n} (A_j - \text{평균})^2}{n-1}, \ \text{표준편차} = \sqrt{\text{분산}}$$

CHAPTER 08
함수

학습목표

- 함수의 필요성을 인식한다.
- 함수를 정의, 선언, 호출하는 방법을 알아본다.
- 배열을 함수의 인자로 전달하는 방법과 사용 시 장점을 알아본다.
- 재귀호출로 해결할 수 있는 문제의 특징과 해결 방법을 알아본다.

01 함수의 개요

1 함수의 정의와 기능

'function'이라는 영어 단어의 의미처럼 함수는 특별한 기능을 수행하는 것을 말한다. 지금까지 C 언어를 공부하면서 여러 가지 함수를 사용했다. `main()` 함수로 프로그램의 시작을 알리고, `printf()` 함수로 도스 창에 원하는 결과를 출력했다.

`printf()`와 같이 이미 시스템에 만들어져 있는 함수는 시스템에 이러한 기능을 하는 함수가 있다는 사실을 알고 사용법에 따라 사용하면 된다. 그러나 사용자가 요구하는 기능이 다양하기 때문에, 원하는 기능을 갖춘 함수가 시스템에 모두 만들어져 있지도 않고 만들어줄 수도 없다. 따라서 사용자는 자신에게 필요한 함수를 만들어야 하는데, 이러한 함수가 바로 사용자 정의 함수다. 이 장에서는 사용자 정의 함수를 중심으로 공부할 것이다.

함수는 [그림 8-1]과 같이 **입력을 받아 사용자가 원하는 기능을 수행한 후 필요한 결과를 출력한다.** 따라서 함수는 입력, 기능, 출력 세 가지 관점에서 설명할 수 있다.

그림 8-1 함수의 일반적인 개념

[그림 8-2]는 함수의 몇 가지 예를 보여준다. 덧셈 함수는 정수 2개를 입력받아 더하고 그 결과를 출력한다. 곱셈 함수는 정수 2개를 입력받아 곱하고 그 결과를 출력한다. 그리고 두 수 중에서 큰 값을 출력하는 함수는 정수 2개를 입력받아 비교하고 큰 값을 출력한다. 이 함수를 구현하려면 두 수 중에서 어느 것이 큰지 비교하는 부분을 함수 내부에 구현해야 한다.

함수는 입력, 출력, 내부 기능을 어떻게 할 것인지 결정하고 표현하는 방법에 따라 다양하게 만들 수 있다. 이 세 가지를 잘 표현하는 것이 이 장의 학습 목표다.

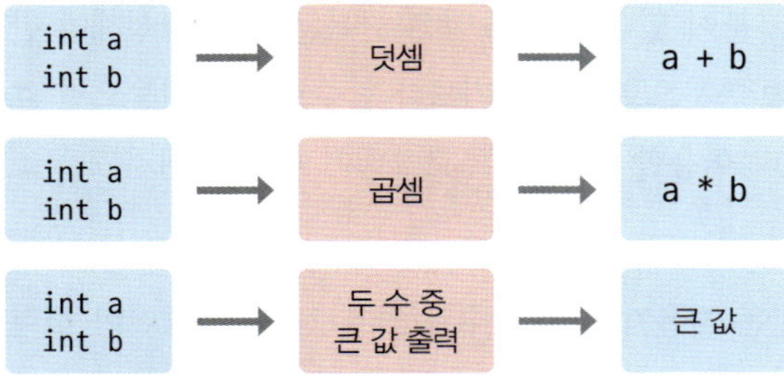

그림 8-2 여러 가지 기능을 수행하는 함수

2 함수 사용의 장점

함수는 특정한 기능을 수행하고 그 수행 결과 값을 반환하는 형식이다. 프로그램 실행 중에 함수명과 동일한 부분을 만나면 해당 함수로 이동하여 함수를 실행하고 함수의 실행이 끝나면 main() 함수로 되돌아온다. 함수를 이용할 때 프로그램의 실행 흐름은 [그림 8-3]과 같다.

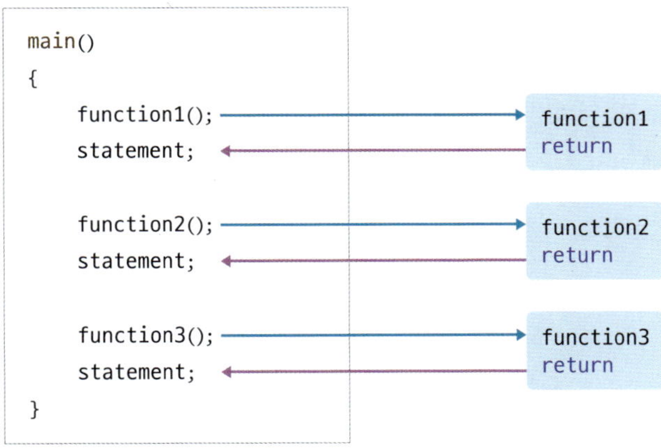

그림 8-3 프로그램의 실행 흐름

예를 들어 1~10을 더하는 프로그램을 생각해보자. 다음과 같이 반복문을 이용하여 프로그램을 작성할 것이다.

```
int i, sum = 0;
for (i = 1; i < 11; i++)
   sum += i;
```

만약 같은 프로그램에서 1~20을 더하는 부분이 있다면 이와 같은 반복문을 또 작성해야 한다. 이렇게 동일한 기능은 사용할 때마다 반복문으로 작성하기보다 함수로 만들어놓으면 효율적이다. 만들어놓은 함수를 필요할 때마다 이용할 수 있어 프로그램이 더 간결해지고 구조를 분석하기도 쉽다.

아래에 제시한 Summation()은 사용자가 만든 사용자 정의 함수로 인자 2개를 입력받아 출력한다. 입력받은 값 2개는 각각 시작 위치와 종료 위치를 나타낸다. 이 함수는 사용자가 시작 위치와 종료 위치를 입력하면 시작 값부터 종료 값까지 더하는 기능을 수행한다.

```
int sum = 0;
sum = Summation(1, 10);
```

더하는 부분을 함수로 처리했기 때문에 반복문으로 작성했을 때보다 프로그램이 더 간결해보이고 쉽게 이해할 수 있다. 이외에도 잘 설계된 함수는 다음과 같은 장점이 있다.

- 반복적으로 실행해야 할 내용을 함수로 만들어 필요할 때마다 호출하여 사용할 수 있다.
- 프로그램이 모듈화되므로 읽기 쉽고, 디버깅과 편집이 수월하다.
- 프로그램의 기능과 구조를 한눈에 알아볼 수 있다.
- 다른 프로그램에서 재사용할 수 있다.

02 함수 사용하기

1 시스템 라이브러리 함수와 사용자 정의 함수

시스템 라이브러리 함수는 **자주 사용하는 유용한 함수를 사용자가 바로 이용할 수 있게 C 시스템에 미리 만들어놓은 것**이다. 도서관에서 필요한 책을 빌려서 보는 것과 같이 시스템에 만들어놓은 함수를 빌리듯이 사용하기 때문에 시스템 라이브러리 함수라고 한다.

필요한 책이 도서관 어디에 있는지 잘 알면 남들보다 더 쉽고 빠르게 책을 찾을 수 있듯이, 프로그래밍에서도 어떤 시스템 라이브러리 함수가 있는지 알면 남들보다 더 쉽고 빠르게 프로그램을 작성할 수 있다. 즉 시스템 라이브러리 함수를 잘 아는 것은 프로그램을 잘 안다는 증거가 된다. 그러므로 자신에게 필요한 시스템 라이브러리 함수를 배우는 것이 매우 중요하다.

하지만 사용자마다 요구가 다르고 필요한 기능도 천차만별이기 때문에 사용자에게 필요한 함수를 모두 시스템에 만들어놓기는 힘들다. 따라서 **사용자 자신이 원하는 기능을 직접 만들어 사용**해야 하는데, 이렇게 만든 함수를 사용자 정의 함수라고 한다.

자신에게 필요한 기능을 사용자 정의 함수로 만들어 자유롭게 사용할 수 있으므로, 시스템 라이브러리 함수를 잘 사용하는 것만큼 사용자 정의 함수를 잘 만드는 것도 중요하다. 앞으로 언급하는 함수라는 용어는 사용자 정의 함수를 의미한다. 그리고 시스템 라이브러리 함수를 가리킬 때는 시스템 라이브러리 함수라고 정확하게 지칭할 것이다. 이제부터 사용자 정의 함수를 만드는 방법을 본격적으로 공부해보자.

2 함수의 정의

앞서 본 [그림 8-2]의 예를 활용해 사용자 정의 함수를 알아보자. [그림 8-4]에서 가운데 상자에 들어있는 이름이 바로 함수명이다. 시스템 라이브러리 함수에도 `printf()`, `scanf()`와 같은 함수명이 있듯이 사용자 정의 함수에도 이름이 필요하다.

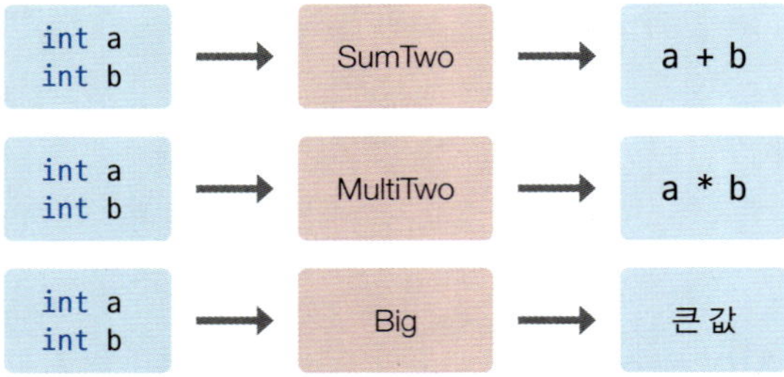

그림 8-4 여러 가지 기능을 수행하는 함수의 함수명

SumTwo()는 정수 2개를 입력받아 더하고 그 값을 출력하는 함수다. 함수에서 중요한 것은 함수의 입력과 기능(하는 일), 출력이다. SumTwo()에서 입력은 정수형 변수 2개이고, 기능은 두 변수를 더하는 것이며, 출력은 더한 값이다. 출력을 **반환 값(리턴 값)**return이라고도 하는데, 반환되는 값의 자료형을 알아야 한다. SumTwo()는 정수형 변수 2개를 더한 값을 반환하므로 더한 값도 정수형이다.

```
[함수의 정의]
반환되는_자료형 함수명 (입력_1, …)
      ❸          ❶        ❷
{

기능_1;       }
      ⋮       }———— ❹

return 반환_값; ———— ❸
}
```

```
[함수의 예]
int SumTwo(int a, int b)

{

   int result;
   result = a + b;
   return result;

}
```

함수의 정의 형태를 하나씩 살펴보자.

❶ **함수명 :** 함수명은 식별자 작성 규칙에 따라 만든다. 함수명만 보고도 함수가 어떤 기능을 수행하는지 알 수 있도록 의미 있게 명명하는 것이 좋다. 위의 예에서는 함수명을 SumTwo라고 했는데, 두 수를 더하는 함수라는 것을 직관적으로 알 수 있다.

❷ **입력 :** 함수에 어떤 인자가 입력되는지 나타낸다. 위의 예에서는 정수형 인자(int a, int b) 2개가 입력된다. 이와 같이 인자의 자료형과 개수를 순서대로 작성한다.

❸ **반환 값 :** 함수가 입력을 받아 기능을 수행한 후에 반환되는 결과 값으로, 함수명 앞에 반환되는

값이 어떤 자료형인지 나타나야 한다. 앞의 예에서는 int형 변수 a, b를 더한 값인 result를 반환하기 때문에 반환되는 자료형을 int라고 했다. 반환 값이 없는 경우에는 return문이 필요 없고 반환되는 자료형에 void라고 표시한다.

❹ **기능** : 함수를 통해 사용자가 구현하려는 내용 대부분이 여기에 기록된다.

함수 내부의 문장을 모두 수행하거나 return문을 만나면 함수가 종료된다. 앞에서 살펴본 함수의 정의를 이용하여 MultiTwo() 함수와 Big() 함수를 만들어보자.

```
int MutiTwo(int a, int b)
{
   int result;
   result = a * b;
   return result;
}
```

MultiTwo() 함수는 정수 2개(a, b)를 입력받아 곱한 결과를 result에 저장하고 그 값을 반환한다. 함수의 입력과 기능(하는 일), 출력이 사용자의 의도에 맞게 작성되었다.

```
int MutiTwo(int a, int b)
{
   return a * b;
}
```

MultiTwo() 함수에서 반환 값으로 int형 변수 result를 사용하지 않고 입력된 변수 2개를 곱하는 간단한 수식을 넣어도 된다.

Big() 함수는 정수 2개(a, b)를 입력받아 두 수 중에서 큰 수를 출력한다. 다음 Big() 함수의 정의를 살펴보면 함수 내부에서 조건문으로 입력 값을 비교하여 큰 값을 반환하게 되어 있다.

```
int Big(int a, int b)
{
   if (a > b) return a;
   else return b;
}
```

혼자 해 보기 8-1

다음 내용에 맞는 함수를 각각 작성하시오.

❶ 정수 2개를 입력받아 나눗셈을 하는 `Division()` 함수

❷ 정수 1개를 입력받아 그 절댓값을 반환하는 `Absolute()` 함수

3 함수의 선언

함수의 정의가 컴파일러에 함수가 어떻게 동작하는지 알려준다면, 함수의 선언은 컴파일러에 함수명과 반환 값, 함수의 매개변수를 알려준다. 함수의 선언을 **함수 원형**Prototype이라고 한다. 이는 사용자 정의 함수에 무엇이 있는지 알려주는 것으로, 함수를 정의하기 전에 선언한다.

```
[선언 형태]
반환되는_자료형 함수명(매개변수_1, …);
```

```
[선언의 예]
int SumTwo(int a, int b);
```

함수의 정의를 머리(header)와 몸통(body) 부분으로 나눈다면, 함수의 선언은 함수의 정의에서 머리 부분을 그대로 사용하고 마지막에 문장의 종료를 알리는 세미콜론(;)을 포함한다. 위의 예에서 `int SumTwo(int a, int b)`를 보면 함수 정의에서의 머리 부분과 동일하다. 함수의 선언에서는 입력 부분의 구체적인 인자명 없이 아래와 같이 인자의 자료형과 개수만 나타내도 된다.

```
int Sum(int, int);
```

4 함수의 호출

정의된 함수를 사용하려면 함수를 호출해야 한다. 함수의 호출은 함수가 정의된 형태에 맞추어 입력과 출력을 고려하여 함수를 사용하는 것이다. 시스템 라이브러리 함수를 호출한 것과 동일하게 호출하면 된다.

```
int x = 10, y = 20, value;
value = SumTwo(x, y);
```

정수 2개를 SumTwo() 함수의 인자로 사용했다. x, y 값이 각각 첫 번째, 두 번째의 인자 값으로 전달된다. x, y 값을 전달받은 함수 SumTwo()는 두 값을 함수의 정의에 따라 더하고, 그 결과는 반환 값으로 반환되어 value에 저장된다. 이와 같이 함수는 정의된 입력과 출력 형태를 맞추어 호출한다.

함수를 호출하면 [그림 8-5]와 같이 호출된 시점에 함수의 정의로 프로그램의 진행 순서가 이동한다. 그 후 호출된 함수의 정의 부분을 모두 수행하면 main()에서 함수를 호출한 지점으로 다시 돌아간다.

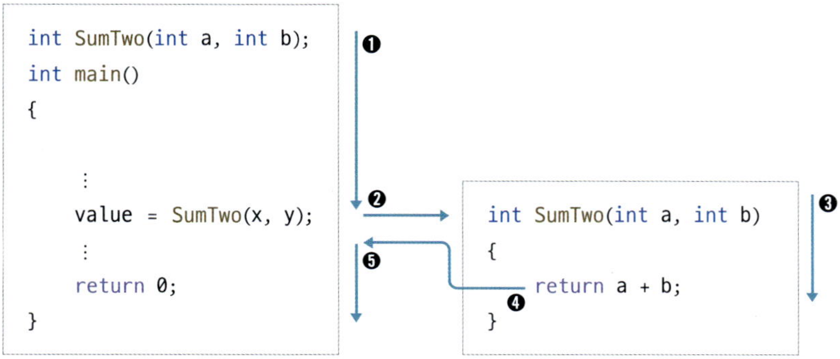

그림 8-5 함수 호출에 따른 프로그램 진행 흐름

예제 8-1 **정수 2개를 더하는 함수** 프로그램 8-1.c

```c
#define _CRT_SECURE_NO_WARNINGS
#include <stdio.h>

int SumTwo(int a, int b); // 함수 선언

int main(void)
{
	int x = 10, y = 5;
	int value;

	value = SumTwo(x, y); // 함수 호출

	printf("두 수의 합 : %d\n", value);

	return 0;
}
```

```c

int SumTwo(int a, int b) // 함수 정의
{
      int result;
      result = a + b;
      return result;
}
```

실행 결과

```
두 수의 합 : 15
```

함수의 선언과 호출을 통해 값을 구하는 간단한 프로그램을 작성했다. main() 함수 전에 SumTwo(int a, int b)를 선언하여 사용자 정의 함수인 SumTwo()가 있음을 main() 함수에 알려준다. value = SumTwo(x, y)에서 함수의 인자로 정수형 변수 x, y를 전달한다.

예제 8-2 **실수 2개를 입력받아 평균 출력하기** 프로그램 8-2.c

```c
#include <stdio.h>

float Average(float x, float y);          // 함수 선언

int main(void)
{
      float num1, num2, result;
      printf("실수 2개를 입력하세요 : ");
      scanf("%f %f", &num1, &num2);

      result = Average(num1, num2);       // 함수 호출
      printf("두 실수의 평균 : %f\n", result);
      return 0;
}

float Average(float x, float y)           // 함수 정의
{
      float z;
      z = (x + y) / 2;
      return z;
}
```

실행 결과

```
실수 2개를 입력하세요 : 20.5 40.5
두 실수의 평균 : 30.500000
```

실수 2개를 scanf() 함수로 입력받아 Average() 함수의 인자로 넘겨준다. Average() 함수는 두 실수의 평균을 구하고, 반환된 결과 값은 result = Average(num1, num2)에서 변수 result로 전달된다.

다음은 시작 값과 종료 값을 입력하면 그 사이의 값을 모두 더하는 함수다.

```
int Integral(int start, int end)
{
    int sum = 0, i;
    for (i = start; i <= end; i++)
        sum += i;
    return sum;
}
```

예제 8-3 **함수의 유용성** 프로그램 8-3.c

```
#include <stdio.h>

int Integral(int start, int end); // 함수 선언

int main(void)
{
    int result = 0, i;

    printf("함수를 사용하지 않고 합을 구함\n");
    for (i = 1; i <= 10; i++)
        result += i;

     printf("1부터 10까지 합은 %d다.\n", result);

   result = 0; // result 값을 다시 0으로 초기화함

   for (i = 7; i <= 17; i++)
```

```c
        result += i;

    printf("7부터 17까지 합은 %d다.\n", result);
    printf("*************************************\n");
    printf("함수를 사용하여 합을 구함\n");
    printf("1부터 10까지 합은 %d다.\n", Integral(1, 10));
    printf("7부터 17까지 합은 %d다.\n", Integral(7, 17));

    return 0;
}

int Integral(int start, int end) // 함수 정의
{
    int sum = 0, i;
    for (i = start; i <= end; i++)
        sum += i;
    return sum;
}
```

실행 결과

```
함수를 사용하지 않고 합을 구함
1부터 10까지 합은 55다.
7부터 17까지 합은 132다.
*************************************
함수를 사용하여 합을 구함
1부터 10까지 합은 55다.
7부터 17까지 합은 132다.
```

[예제 8-3]에서 볼 수 있듯이 반복해서 사용하는 기능을 함수로 작성하면 프로그램이 더 간결해지고 구조를 파악하기 쉽다.

함수의 입력으로 들어가는 인자의 수에는 제한이 없어서 함수의 의도에 맞게 적절히 사용한다. [예제 8-3]에서는 시작 값과 종료 값을 입력받아 시작 값부터 1씩 증가시키면서 종료 값까지의 합을 구했다. 그러나 언제나 값을 1씩 증가시키면서 합을 구하는 것이 아니라 2나 3씩, 사용자가 원하는 것을 수시로 반영할 수 있는 형태로 함수를 작성해도 된다. 다음은 일반적인 형태로 작성한 함수다.

```c
int Integral(int start, int end, int index)
{
    int sum = 0, i;
    for (i = start; i <= end; i += index)
        sum += i;
    return sum;
}
```

위와 같이 함수의 세 번째 인자로 시작 값과 종료 값 사이의 간격을 정해주는 요소Index를 추가하면 [예제 8-3]에서 다루었던 것보다 더 다양한 형태의 합을 구할 수 있다.

```c
Integral(1, 10, 2); // 1부터 10까지 홀수의 합
Integral(2, 10, 2); // 1부터 10까지 짝수의 합
Integral(3, 10, 3); // 1부터 10까지 3의 배수의 합
```

한편 함수의 선언은 **main()** 함수에 어떤 사용자 정의 함수가 있는지 미리 알려주는 역할을 한다고 했다. 그러나 함수의 선언이 항상 필요한 것은 아니다. **main()**보다 먼저 함수를 정의한다면 선언하지 않아도 된다.

예제 8-4 **함수의 선언이 필요 없는 경우** 프로그램 8-4.c

```c
#include <stdio.h>

int SumTwo(int a, int b) // 함수 정의
{
        int result;
        result = a + b;

        return result;
}

int main(void)
{
        int x = 10, y = 5;
        int value;

```

```c
    value = SumTwo(x, y); // 함수 호출

    printf("두 수의 합 : %d'5cn", value);

    return 0;
}
```

실행 결과

```
두 수의 합 : 15
```

main() 함수보다 SumTwo() 함수를 먼저 정의했기 때문에 함수를 선언할 필요가 없다. 함수의 정의 자체가 사용자 정의 함수가 있다고 알려주기 때문이다.

예제 8-5 소문자를 입력받아 대문자로 변환하기

프로그램 8-5.c

```c
#include <stdio.h>

void upper_case(char ch);
int main(void)
{
    char ch1, ch2;
    while ((ch1 = getchar()) != EOF) {
        upper_case(ch1);
    }
    return 0;
}

void upper_case(char ch)
{
    char res;
    if (ch >= 'a' && ch <= 'z')
        res = ch - 32;
    else
        res = ch;
   putchar(res);
}
```

실행 결과

```
enjoy c programming
ENJOY C PROGRAMMING
```

소문자의 아스키코드에서 32를 빼면 대문자의 아스키코드다. 아스키코드는 [표 2-10]을 참조하라.

사용자가 만든 함수의 선언은 일반적으로 사용자가 만든 헤더파일에 포함한다. 다음에 나올 [실습 8-1]에서는 [예제 8-4]를 예로 들어 사용자 정의 헤더파일을 만들고 프로그래밍하는 방법을 알아보자. [예제 8-4]는 다음의 2개 파일(test.c와 myheader.h)로 만들 수 있다.

■ **test.c 파일**

```c
#include "myheader.h" // 헤더파일을 프로그램에 포함한다.
int main(void)
{
        int x = 10, y = 5;
        int value;
        value = SumTwo(x, y); // 함수 호출
        printf("두 수의 합 : %d\n", value);
        return 0;
}
int SumTwo(int a, int b)
{
        int result;
        result = a + b;
        return result;
}
```

■ **myheader.h 파일**

```c
#include <stdio.h>

int SumTwo(int a, int b);
```

test.c 파일에서 myheader.h 파일을 프로그램에 포함한다. myheader.h 파일에는 사용자 정의 함수의 선언과 표준 입출력 함수 헤더파일이 있다. 그럼 [실습 8-1]을 통해 사용자 정의 헤더파일을 만드는 방법을 알아보자.

실습 8-1 **사용자 정의 헤더파일 만들기**

01 test.c 파일이 만들어진 상태에서 [새 파일]-[새로만들기]-[파일] 메뉴를 선택한다. [새 파일] 대화상자가 나타나면 ❶ [Visual C++]를 선택하고 ❷ [헤더파일(.h)]을 선택한 뒤 ❸ 〈열기〉를 클릭한다.

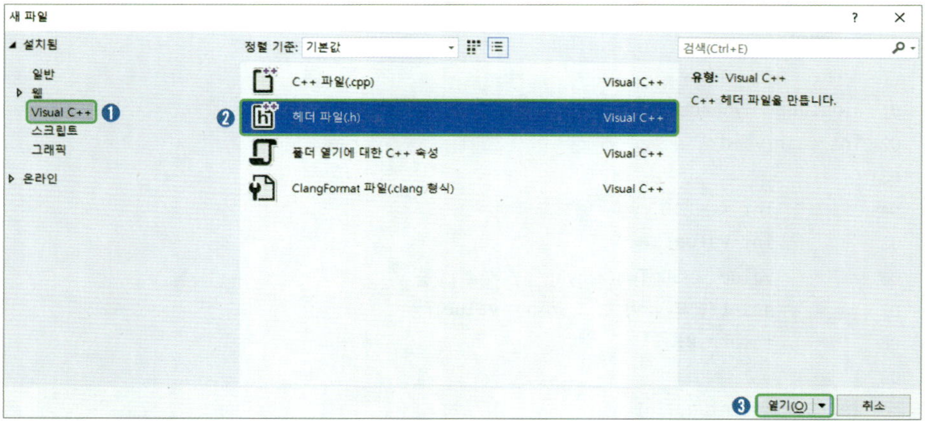

그림 8-6 헤더파일 만들기 준비

02 헤더파일을 작성할 수 있는 소스 작성 창이 나타나면 myheader.h 파일의 내용을 입력한다.

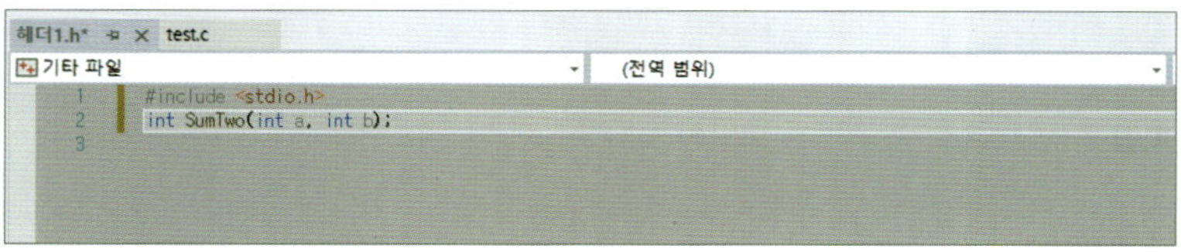

그림 8-7 소스 작성 창에 헤더파일 내용 입력

03 저장하기 위해 [파일]-[저장 헤더1.h]를 선택한다. [다른 이름으로 저장] 대화상자에서 ❶ 파일 이름에 'myheader'를 입력하고 ❷ test.c 파일이 있는 폴더를 선택한 후 ❸ 〈저장〉

을 클릭하면 myheader.h 파일이 만들어진다. 소스 작성 창에서 [test.c] 탭을 선택하여 실행하면 [예제 8-4]의 결과와 같은 화면이 나타난다.

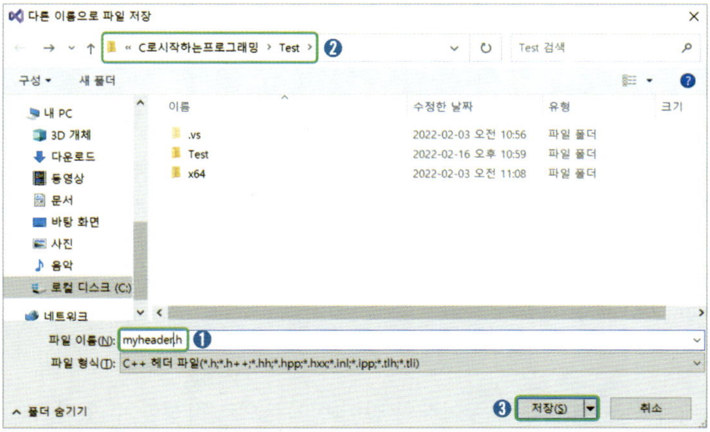

그림 8-8 myheader.h 파일 생성

TIP 프로젝트 창의 헤더파일에서 마우스 오른쪽 버튼을 눌러 나타나는 메뉴를 이용해도 헤더파일을 생성할 수 있다. [추가] – [새 항목]을 선택하면 [새 항목 추가] 대화상자가 나타나며, 이후 과정은 앞의 경우와 동일하다.

혼자 해 보기 8-2

다음 소스코드에서 틀린 부분을 수정하시오.

```
#include <stdio.h>
int main(void)
{
        double x = 10.5, y = 20.5;
        double result;
        result = SumTwo(x, y);
        return 0;
}
int SumTwo(int a, int b)
{
        return a + b;
}
```

03 함수와 배열

지금까지 살펴본 예제는 함수의 인자로 낱개의 변수를 사용했지만 7장에서 배운 배열도 함수 인자로 사용할 수 있다. 배열은 동일한 자료형의 변수들을 메모리에 구조화하여 선언한 것으로, 함수의 인자로 사용하면 좀 더 효과적으로 프로그래밍할 수 있다.

```
int a[] = { 10, 5, 15, 20, 30 };
```

위와 같은 1차원 배열에서 모든 원소의 합은 아래와 같이 반복문으로 작성할 수 있다.

```
int i, sum = 0;
for (i = 0; i < 5; i++)
       sum += a[i];
```

그리고 위와 같이 배열의 원소를 모두 더하는 기능을 하는 함수 SumArray()는 다음과 같다.

```
int SumArray(int Array[], int Size)
{               ❶ 배열        ❷ 원소 개수

    int i, result = 0;
    for (i = 0; i < Size; i++) ❸ 내용
        result += Array[i];

    return result;              ❹ 반환 값
}
```

SumArray() 함수의 인자 2개 중 첫 번째는 배열이고 두 번째는 배열의 원소 개수를 나타내는 정수형 인자다. SumArray() 함수를 자세히 살펴보자.

❶ **배열** : 배열명은 가인자이기 때문에 식별자 작성 규칙에 따라 임의로 작성한다. 즉 Array 대신에 다른 이름을 사용해도 된다는 의미다.

배열명 다음에는 빈 대괄호([])를 사용했다. 다음과 같이 대괄호 안에 숫자를 넣으면 괄호 안의 숫자만큼 원소를 가진 배열만 함수에서 인자로 사용할 수 있으므로 일반적이지 않다.

```
int SumArray(int Array[4], ……)   // 이 경우는 배열의 원소 개수가 4개인
{                                    배열만 인자로 사용될 수 있다.
          ⋮
}
```

❷ **원소 개수** : 일반적으로 배열명에는 빈 대괄호([])를 사용하고 실제 배열의 원소 개수는 두 번째 인자로 표시한다. 변수 Size는 배열의 원소 개수를 나타낸다.

❸ **내용** : 인자로 사용된 배열과 원소 개수를 이용하여 필요한 기능을 작성한다.

❹ **반환 값** : 함수에서 계산된 결과 값을 반환한다.

위와 같이 배열을 인자로 사용하는 함수의 호출은 다음과 같다.

```
int main()
{
        int Sum, a[] = { 10, 5, 15, 25, 7 };
        Sum = SumArray(a, 5); // 함수 호출
         ⋮
        return 0;
}
```

배열이 인자인 함수를 호출할 때는 위와 같이 배열 부분에 배열명만 넣는다. 위 예에서는 배열 a가 실인자이므로 호출할 때 배열명 a를 사용한다.

예제 8-6 **배열을 인자로 사용하는 함수** 프로그램 8-6.c

```
#include <stdio.h>

int SumArray(int Array[], int Size); // 함수 정의
```

```c

int main(void)
{
    int a[] = { 10, 5, 15, 25, 7 };
    int Sum;
    Sum = SumArray(a, 5); // 함수 호출
    printf("배열 원소의 합 : %d\n", Sum);
    return 0;
}
int SumArray(int Array[], int Size) // 함수 정의
{
    int result = 0, i;
    for (i = 0; i < Size; i++)
        result += Array[i];
    return result;
}
```

실행 결과

```
배열 원소의 합 : 62
```

혼자 해 보기 8-3

다음 배열에서 10보다 큰 값만 더하는 **SelectSum()** 함수를 만드시오.

```c
int a[] = { 20, 10, 5, 8, 28 };
```

04 재귀함수

함수에서 그 함수를 다시 호출하는 것을 재귀호출Recursion이라고 한다. 재귀호출은 데이터 N개로 이뤄진 문제가 N-1개의 문제를 해결하면 간단하게 해결될 때 사용하며, 프로그램을 좀 더 간결하고 알기 쉽게 표현할 수 있다. 재귀함수는 재귀호출을 구현한 함수다.

```
N! = N * (N - 1) * (N - 2) * (N - 3) * ⋯⋯ * 1
N! = N * (N - 1)!
(N - 1)! = (N - 1) * (N - 2)!
     ⋮
```

N!을 위와 같이 수식으로 표현할 수 있고, 다음 예의 factorial() 함수는 함수에서 자기 자신을 다시 호출한다.

```
int factorial(int n)
{
          ⋮
    return n * factorial(n - 1);
}
```

이와 같이 자기 자신을 호출하도록 함수를 작성할 수 있는데 종료 조건을 결정해야 무한히 반복하지 않는다. 따라서 factorial() 함수는 n 값이 1일 때나 0일 때, 즉 1!이나 0!일 때 값이 1이므로 다음과 같이 종료 조건을 작성한다.

```
int factorial(int n)
{
        if (n <= 1) return 1; // 종료 조건
        else return n * factorial(n - 1);
        ⋮
}
```

예제 8-7 **팩토리얼 구하기** 프로그램 8-7.c

```c
#include <stdio.h>

int factorial(int n);

int main(void)
{
    int fact_num;
    fact_num = factorial(10);

    printf("10 팩토리얼 : %d\n", fact_num);

    return 0;
}

int factorial(int n)
{
    if (n <= 1)
        return(1);
    else
        return(n * factorial(n - 1));
}
```

실행 결과

```
10 팩토리얼 : 3628800
```

TIP 재귀함수는 함수가 호출되는 횟수가 많아지면 실행 시간이 길어지는 단점이 있다.

factorial() 함수는 n이 1 이하이면 1을 반환하고, 그렇지 않으면 (n * (n-1)!)을 반환한다. [예제 8-7]에서 factorial(10)은 n = 10인 경우로, 10이 1보다 크기 때문에 10 * factorial(9)가 되고 다시 factorial() 함수를 호출해서 factorial(9)를 실행한다. 결국 factorial() 함수에서 다시 factorial() 함수를 호출하는 재귀적인 방법으로 10! = 10 * 9 * 8 * 7 * … * 1을 계산한다.

예제 8-8 **사용자가 입력한 수까지의 합을 재귀함수로 구하기** 프로그램 8-8.c

```c
#include <stdio.h>

int sum(int a);

int main(void)
{
    int input, s = 0;

    printf("양의 정수를 입력하세요 : ");
    scanf("%d", &input);

    s = sum(input);
    printf("재귀함수를 이용한 1부터 %d까지 합 : %d\n", input, s);

    return 0;
}

int sum(int a)
{
    if (a <= 1)
        return 1;
    else
        return a + sum(a - 1);
}
```

실행 결과

```
양의 정수를 입력하세요 : 8
재귀함수를 이용한 1부터 8까지 합 : 36
```

sum() 함수는 1보다 큰 값이 입력되면 입력된 값보다 1만큼 작은 값을 인자로 하는 sum() 함수(자기 자신)를 다시 인자로 호출한다. sum()의 인자가 1일 때는 1을 반환하도록 프로그램을 작성했다.

요약

01 함수

'function'이라는 영어 단어의 의미처럼 특별한 기능을 수행하는 것을 말한다.

- **시스템 라이브러리 함수 :** 자주 사용하는 유용한 함수를 사용자가 바로 이용할 수 있게 C 시스템에 미리 만들어놓은 것
- **사용자 정의 함수 :** 사용자가 자신이 원하는 기능을 직접 만들어 사용하는 함수

02 사용자 정의 함수

사용자가 필요해서 만든 함수다. 사용자 정의 함수는 입력, 기능, 출력 등 세 가지 관점에 따라 정의해야 한다.

```
[함수의 정의]
반환되는_자료형 함수명 (입력_1, ...)

{

기능_1;
        ⋮

return 반환_값;
}
```

```
[함수의 예]
int SumTwo(int a, int b)

{

   int result;
   result = a + b;
   return result;

}
```

03 프로그램 진행 흐름

프로그램의 진행 흐름은 함수 호출에 따라 바뀐다. 함수를 호출하면 그 시점에 프로그램의 진행 순서가 함수의 정의 부분으로 이동한다. 호출된 함수의 정의 부분을 모두 수행한 후에는 함수를 호출한 부분으로 다시 이동한다.

04 함수와 배열

함수의 인자로 배열을 사용할 수 있다. 일반적으로 배열의 크기는 입력에 작성하지 않는다. 배열명에는 빈 대괄호([])를 사용하고 배열의 크기는 또 다른 인자로 전달한다.

05 재귀함수

함수의 정의 부분에 자기 자신을 호출하는 경우에 사용한다. 재귀함수는 종료 조건을 프로그램의 의도에 맞게 작성해야 무한히 반복되지 않고 프로그램이 올바르게 종료된다.

01 다음 프로그램의 문법적인 오류나 논리적인 오류를 수정하시오.

①

```c
#include <stdio.h>

int SumTwo(int, int, int);

int main()
{
	int x = 10, y = 20;
	int result;
	result = SumTwo(x, y);
	printf("합은 %d \n", result);
	return 0;
}

int SumTwo(int a, int b)
{
	return a + b;
}
```

②

```c
#include <stdio.h>

int Big(int, int);

int main()
{
	int x = 10, y = 20;
	printf("두 수 중에 큰 값은 %d \n", Big(a, b));

	return 0;
}

int Big(int a, int b)
{
	a > b ? return a; : return b;
}
```

③

```c
#include <stdio.h>

double Average(int, int);

int main()
{
    int x = 10, y = 20;
    int result;

    result = Average(x, y);
    printf("두 수의 평균은 %d \n", result);

    return 0;
}

double Average(int a, int b)
{
    double result;
    result = (double)a * b / 2.0;
}
```

④

```c
#include <stdio.h>

void cube(int);

int main()
{
    int x = 10;
    printf("x의 세제곱은 %d \n", cube(x));

    return 0;
}

void Cube(int a)
```

```
{
        return a * a * a;
}
```

02 영어 알파벳 한 문자를 입력받아 소문자로 출력하는 lower_case( ) 함수를 만드시오([예제 8-5] 참조).

03 정수형(int) 변수 3개를 입력받아 그중에 가장 작은 값을 출력하는 MinThree( ) 함수를 만드시오.

04 양의 정수를 입력받아 이 정수가 소수인지 확인하는 CheckPrime( ) 함수를 만드시오.

05 문자 배열과 문자 배열의 개수를 입력받아 문자열을 거꾸로 출력하는 ReverseSetting( ) 함수를 만든 뒤 main( ) 함수에서 호출하여 사용하도록 프로그램을 작성하시오.

06 비밀번호를 확인하는 CheckPW( ) 함수를 만드시오. 이 함수는 문자열을 입력받고, 프로그램에 이미 저장되어 있는 비밀번호와 입력 문자열을 비교한다.

07 정수형 배열을 입력으로 받아 최대값을 출력하는 Max() 함수를 작성하시오.

08 정수형 배열을 입력으로 받아 최소값을 출력하는 Min() 함수를 작성하시오.

09 정수형 배열을 입력으로 받아 평균(실수형)을 출력하는 Average() 함수를 작성하시오.

10 정수형 배열을 입력으로 받아 표준편차(실수형)를 출력하는 StanD() 함수를 작성하시오. 이때 09번 문제의 Average( ) 함수를 사용하시오.

11 정수형 배열 b[ ] = { 20, 34, 12, 24, 54, 91, 9, 40, 81, 10 }의 최대값, 최소값, 평균, 표준편차를 앞의 연습문제에서 만들었던 함수들을 사용하여 계산하고 화면에 출력하는 프로그램을 작성하시오.

12 **이항분포는 이항확률변수(앞면이 나올 확률이 p인 동전을 n번 던졌을 때에 앞면이 나오는 수)에 대한 확률분포(확률변수가 갖는 값에 대한 확률)이다. 이항분포의 확률질량함수는 아래와 같다.**

$$f(x) = \binom{n}{x} p^x (1-p)^{n-x},\ x = 0, 1, \cdots$$

$$\left(\binom{n}{x} = \frac{n!}{x!(n-x)!} \text{ 는 조합을 의미}\right)$$

8장에서의 factorial( ) 함수를 활용해서 이항분포의 확률질량함수(함수명 : binomial)를 프로그램하시오. 이 함수의 인자는 정수형 n과 x 그리고 실수형 p이다. 여기서 p^x은 pow(p, x) 함수를 이용하면 된다. pow( ) 함수는 math.h 파일에 있다.

13 **포아송분포는 포아송확률변수(단위시간당 사건발생횟수로 단위시간은 일, 시간, 분 등 다양하게 정의할 수 있음)에 대한 확률분포이다. 포아송분포의 확률질량함수는 아래와 같다.**

$$f(x) = \frac{e^{-\lambda}\lambda^x}{x!},\ x = 0, 1, \cdots$$

① 8장에서의 factorial() 함수를 활용해서 포아송분포의 확률질량함수(함수명 : poisson)를 프로그램하시오. 이 함수의 인자는 정수형 x와 λ이다. e는 exponential을 의미하는 것으로 math.h 파일에 있는 exp() 함수를 사용하면 된다.

② λ가 3인 포아송분포에서 단위시간당 0회에서 5회까지 누적으로 발생할 확률을 포아송확률질량함수를 이용하여 계산하는 프로그램을 작성하시오.

CHAPTER 09
변수 영역

학습목표

- 변수의 종류와 영향 범위에 따른 활용 방법을 알아본다.
- 변수의 종류에 따라 처리되는 우선순위를 알아본다.

01 지역변수와 전역변수

C 언어에서는 변수의 영향 범위가 다양하다. **변수의 영역**Scope은 **변수를 프로그램의 어느 영역에서 사용할 수 있는지를 구분한 것**이다. 예를 들어 프로그램의 전 영역에 걸쳐서 사용할 수 있는 변수와 변수가 선언되는 함수 안에서만 사용할 수 있는 변수가 있다. 변수는 영향 범위에 따라 지역변수와 전역변수로 나뉜다.

1 지역변수

지역변수Local Variable는 실행되는 단위 블록 내에서만 유효하고 선언된 블록의 영역을 벗어나면 효력이 없다. [그림 9-1]은 지역변수의 유효 영역을 보여준다.

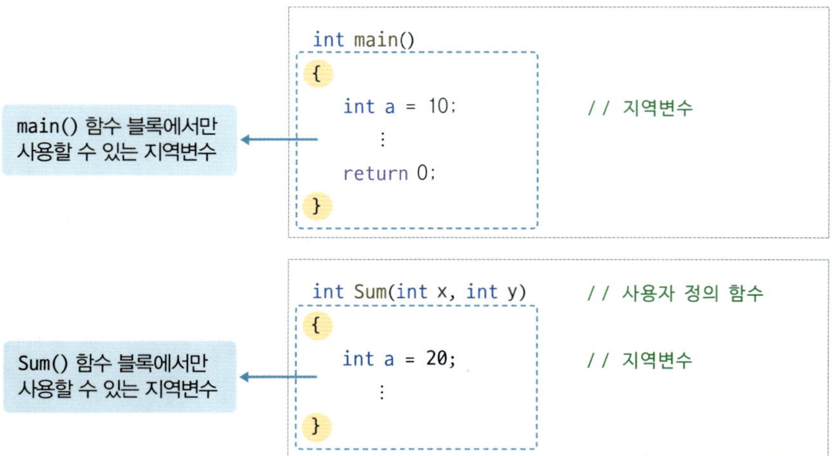

그림 9-1 지역변수의 유효 영역

[그림 9-1]과 같이 main() 함수에서 선언된 변수 a는 main() 함수 블록에서만 사용할 수 있고, 이 블록을 벗어난 영역에서는 사용할 수 없다. 지역변수는 지역변수가 선언된 블록에서만 유효하기 때문에 Sum() 함수의 변수 a도 Sum() 함수에서만 사용할 수 있는 지역변수다.

지역변수는 지역변수가 선언된 블록이 실행될 때 메모리에 할당되고 블록이 종료되면 메모리에서 자동으로 해제된다. 그러므로 [그림 9-1]에서 제시한 두 함수에서 사용하는 지역변수 a는 변수명은 같지만 별개의 변수다. [그림 9-1]에서 점선 상자로 나타낸 부분이 각 지역변수의 유효 영역이다.

한편 자동변수는 사용자가 초깃값을 지정하지 않으면 시스템에서 자동으로 임의의 값을 할당하는 변수다. [그림 9-2]는 [그림 9-1]의 main() 함수와 비슷하지만 변수 a 앞에 auto라는 키워드가 표시되어 있는 점이 다르다. 키워드 auto는 자료형 앞에 붙일 수 있는 변수의 기억 클래스로, 자동변수라는 의미다. 따라서 auto를 변수 a 앞에 붙이면 a는 자동 지역변수가 된다.

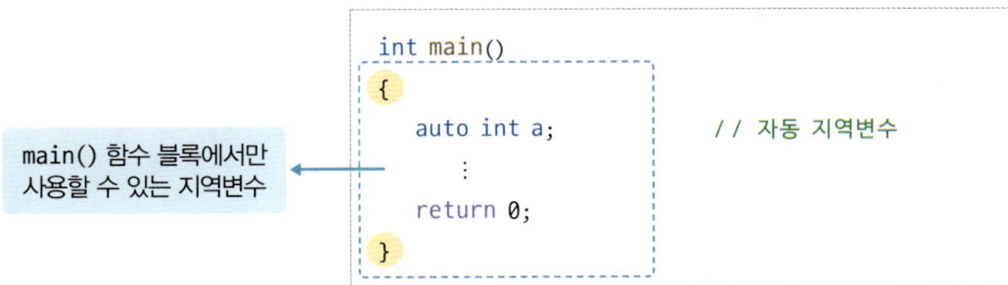

그림 9-2 자동 지역변수

지금까지 제시한 예제에서는 자동변수 키워드를 사용하지 않았다. 지역변수를 선언할 때 초깃값을 할당하지 않아도 임의의 값이 들어 있었다. 지역변수는 앞에 auto라는 키워드가 없더라도 시스템에서 자동변수로 받아들이기 때문이다. 그러나 이어서 다룰 전역변수는 키워드 auto를 반드시 사용해야 자동변수가 된다.

2 전역변수

전역변수Global Variable는 **모든 블록에서 사용할 수 있으며 다른 파일에서도 사용할 수 있는 변수**다. 전역변수는 함수의 블록 외부에서 선언해야 한다. 메모리에서 변수의 생명력은 프로그램이 시작되고 변수가 선언된 후부터 프로그램이 종료될 때까지 유지된다. 전역변수는 초깃값을 지정하지 않으면 0으로 자동 할당된다.

[그림 9-3]에서 전역변수로 선언된 변수 gVal은 main() 함수나 A() 함수를 비롯한 다른 파일에서도 사용할 수 있다.

함수 외부에서 선언된 변수가 전역변수다.

```
int gVal = 1;        // 전역변수
int main()
{
   gVal = 10;
    ⋮
      return 0;
}
```

전역변수는 어느 곳에서나 사용할 수 있다.

```
int A()             // 사용자 정의 함수
{
   int a = 20;      // 지역변수
   gVal = 20;
    ⋮
}
```

그림 9-3 전역변수

변수 `gVal`이 전역변수라는 것을 변수명만 보아도 알 수 있도록 변수명에 `g`라는 접두어를 사용했다. 이와 같이 변수명만 보고도 어떤 자료형인지 알 수 있도록 명명하는 것은 좋은 프로그래밍 습관이다. 참고로 이런 명명법 중에서 헝가리안 표기법을 많이 사용하는데, 이 방법을 사용하면 좀 더 이해하기 쉽게 변수명을 만들 수 있다.

한 파일에서 전역변수로 선언된 변수를 다른 파일에서 사용하려면 외부에서 전역변수로 선언하여 사용하고 있음을 알려주는 키워드인 `extern`을 사용해야 한다. `extern`의 작성 형식은 다음과 같다.

```
extern 자료형 변수명;
extern int gVal;
```

키워드 `extern`은 이미 다른 곳에서 전역변수로 선언된 변수를 사용할 때만 쓸 수 있다는 것에 주의해야 한다. 즉 전역변수로 선언되지 않은 변수를 새롭게 선언할 때는 사용하지 않는다. [그림 9-4]는 `extern`을 사용한 예로 서로 다른 파일에서 동일한 전역변수 `gVal`을 사용했다.

[그림 9-4]의 main.c 파일에서 `main()` 함수의 시작 전에 전역변수 `gVal`을 선언했다. 따라서 이 변수가 선언된 위치보다 아래에 있는 main.c 파일의 어느 곳에서나 변수 `gVal`을 사용할

수 있다. 또한 func.c 파일에서도 `extern`을 이용하여 `gVal`을 외부 변수로 선언했기 때문에 main.c 파일에서와 마찬가지로 변수 `gVal`을 사용할 수 있다. func.c 파일에서 변수 `gVal`의 값을 바꾸면 main.c 파일에서 사용하는 `gVal`의 값도 바뀐다.

함수 외부에서 선언된 변수가 전역변수다.

```c
// main.c 파일
int gVal = 1;     // 전역변수
int main()
{
   gVal = 10;
    ⋮
   return 0;
}
```

전역변수가 선언된 파일이 아니라 다른 곳이므로 외부 변수로 선언해야 한다.

```c
// func.c 파일
extern int gVal;
int A()            // 사용자 정의 함수
{
   int a = 20;    // 지역변수
   gVal = 20;
    ⋮
}
```

그림 9-4 extern의 사용 예

전역변수는 어느 파일에서나 접근할 수 있으므로 주의해서 사용해야 한다. 어떤 파일에서 값을 바꿔도 전체 파일에 영향을 미쳐서 오류가 발생할 가능성이 크기 때문에 전역변수는 잘 사용하지 않는 편이다.

전역변수를 다루는 [예제 9-1]에서는 먼저 main.c 파일을 작성하고 myheader.h와 func.c 파일을 추가로 작성한다. 이 3개의 파일이 같은 프로젝트 안에 있어야 실행 결과 화면을 볼 수 있다. 헤더파일과 파일 추가에 관한 내용은 8장의 [실습 8-1]을 참조하기 바란다.

예제 9-1 지역변수와 전역변수

main.c, myheader.h, func.c

```c
// main.c 파일
#include <stdio.h>
#include "myheader.h"

int gVal = 1;
int main(void)
{
	int value = 10;
	printf("지역변수 value 값은 %d이다.\n", value);
	printf("전역변수 gVal 값은 %d이다.\n", gVal);

	A();

	printf("함수 A() 실행 후\n");
	printf("지역변수 value 값은 %d이다.\n", value);
	printf("전역변수 gVal 값은 %d이다.\n", gVal);
	return 0;
}
```

```c
// myheader.h 파일
void A( );
```

```c
// func.c 파일
#include "myheader.h"

extern int gVal;
void A()
{
	int value = 20;
	gVal++;
}
```

실행 결과

```
지역변수 value 값은 10이다.
전역변수 gVal 값은 1이다.
함수 A() 실행 후
지역변수 value 값은 10이다.
전역변수 gVal 값은 2이다.
```

value는 지역변수다. main.c 파일과 func.c 파일에서 변수를 동일한 이름으로 선언했지만 둘은 서로 다른 변수다. 변수 gVal은 main.c 파일에서 전역변수로 선언하고 func.c 파일에서 외부 변수로 선언했기 때문에 두 파일에서 동일하게 사용할 수 있다. A() 함수에서 변수 gVal 값을 증가시켰기 때문에 main() 함수에서 A() 함수를 호출한 후 gVal 값이 1만큼 증가한다.

혼자 해 보기 9-1

다음 소스코드에서 틀린 부분을 수정하고 출력 결과를 예측하시오.

```
// main2.c 파일
#include <stdio.h>
#include "myheader2.h"
int gNumber = 20;

int main(void)
{
        int a = 10;
        int result;
        printf("전역변수 gNumber 값은 %d이다.\n", gNumber);
        result = Sum(a);
        printf("함수 Sum() 실행 결과 값은 %d이다\n", result);
        printf("전역변수 gNum 값은 %d이다.\n", gNumberl);
        return 0;
}

// myheader2.h 파일
int Sum(int a);

// func2.c 파일
#include "myheader2.h"

int Sum(int a)
{
        gNumber += a;
        return gNumber;
}
```

3 변수의 우선순위

전역변수와 지역변수가 동일한 이름으로 선언될 수 있다. 또한 다른 블록에서도 같은 이름의 지역변수를 만들 수 있다. 이럴 경우 서로 다른 위치에 메모리가 할당되지만 사용자가 변수명을 이용하여 프로그래밍한다면 변수의 우선순위에 따라서 사용되는 변수가 결정된다. 일반적으로 변수의 우선순위는 다음과 같다.

■ **변수의 우선순위 원칙**

- **지역변수 > 전역변수**
- 같은 지역변수라면, **하위 블록에서 선언한 지역변수 > 상위 블록에서 선언한 지역변수**

[그림 9-5]에서는 number라는 이름의 변수를 3개 선언했다(전역변수 1개, 지역변수 2개). 전역변수로 선언된 number는 파일의 모든 곳에서 사용될 수 있으나 main() 함수에는 동일한 이름의 지역변수가 있기 때문에 전역변수로 사용될 수 없다. 그러나 A() 함수에는 다른 지역변수가 없기 때문에 number는 전역변수다.

```
int number = 1;      // 전역변수
voin A();
void main()
{
   int number = 10;
   ⋮
   {
      int number = 20;
      ⋮
      printf("%d\n", number);
      ⋮
   }
   printf("%d", number);
   ⋮
   return 0;
}

void A()
{
   number++;
   ⋮
}
```

number는 함수 외부에서 선언된 전역변수다.

number는 main() 함수에서 사용할 수 있는 지역변수다. 전역변수와 이름은 같지만 우선순위는 지역변수가 더 높다.

number는 내부 블록 내에서만 사용할 수 있는 지역변수다.

다른 변수와 이름은 같지만 이 블록 내에서 선언된 변수를 나타낸다.

전역변수 number다.

그림 9-5 변수의 우선순위

main() 함수에서 첫 번째 number는 main() 함수 블록에서 사용될 수 있다. 그런데 또 다른 하위 블록에서 변수 number를 선언했다. 이 블록 안에 있는 number는 하위 블록에서 선언한 변수이며 main() 함수에서 최초에 선언한 number와 다르다. 이와 같이 동일한 이름의 지역변수라도 하위 블록에서 선언된 변수의 우선순위가 더 높다.

[그림 9-6]에서 볼 수 있듯이 블록에서 선언한 변수의 생명력은 블록에 한정되기 때문에 블록 밖의 변수 number는 블록 내의 number와 별개다.

```
int number = 10;
 ⋮
{
   int number = 20;
    ⋮
   printf("%d\n", number);
    ⋮
   }
printf("%d", number);
 ⋮
```

number는 내부 블록 내에서만 사용할 수 있는 지역변수다. 이 블록이 종료되는 시점에 메모리에서 제거된다.

그림 9-6 변수의 유효 영역과 생명력

예제 9-2 **변수의 유효 영역** 프로그램 9-2.c

```
#include <stdio.h>

void A();
int Number = 1;
int main(void)
{
    int Number = 10;
    printf("지역변수 Number 값은 %d이다.\n", Number);
    {
        int Number;
        Number = 20;
        printf("블록 안의 지역변수 Number 값은 %d이다.\n", Number);
    }

    printf("내부 블록 밖의 Number 값은 %d이다.\n", Number);
```

```c
    A();

    return 0;
}

void A()
{
    Number++;
    printf("전역변수 Number 값은 %d이다.\n", Number);
}
```

실행 결과

```
지역변수 Number 값은 10이다.
블록 안의 지역변수 Number 값은 20이다.
내부 블록 밖의 Number 값은 10이다.
전역변수 Number 값은 2이다.
```

[예제 9-2]는 지역변수와 전역변수의 유효 영역과 우선순위를 이해하기 위해서 변수명을 여러 곳에서 동일하게 작성한 프로그램이다. 실제 프로그래밍에서는 이런 방식으로 변수를 명명하여 사용하지 않는다. 또 이렇게 프로그래밍해서도 안 된다.

02 정적 변수

1 정적 변수란?

정적 변수 Static Variable는 **프로그램의 실행이 끝날 때까지 메모리에 계속 보존되는 변수**로 전역변수와 생명력이 동일하다. 그러나 변수가 사용될 수 있는 유효 영역은 선언되는 위치에 따라 다르다. 전역변수 위치에서 선언된 정적 변수, 즉 외부 정적 변수는 해당 파일 내부에서만 사용될 수 있고, 지역변수 위치에서 선언된 정적 변수, 즉 내부 정적 변수는 선언된 블록에서만 사용될 수 있다.

외부 정적 변수 ←

```
static int n = 10;
int main()
{
   static int count = 1;
     ⋮
   return 0;
}
```

내부 정적 변수 ←

→ 함수 외부에서 선언한 정적 전역변수로 외부 정적 변수라고도 한다. 변수의 생명력은 전역변수와 같고, 전역변수와 달리 변수가 선언된 파일에서만 사용할 수 있다.

→ 함수 내부에서 선언한 정적 지역변수로 내부 정적 변수라고도 한다. 변수의 생명력은 전역변수와 같고, 유효 영역은 지역변수와 마찬가지로 변수가 선언된 블록 내부다.

그림 9-7 정적 변수의 종류

2 외부 정적 변수

외부 정적 변수는 전역변수와 달리 정적 변수로 선언된 파일에서만 사용할 수 있고 다른 파일에서는 사용할 수 없다. 정적 변수를 선언하는 방법은 다음과 같다.

```
static 자료형 변수명;
static int count = 1;
```

정적 변수는 초깃값을 할당하지 않으면 0으로 자동 할당된다. 또한, 지역변수는 함수나 블록이 실행될 때마다 초깃값이 부여되지만 정적 변수는 컴파일할 때 초깃값이 한 번만 부여된다. 정적 변수는 한 번 생성되면 프로그램이 종료될 때까지 그 생명력이 유지되기 때문이다. 내부 정적 변수와 외부 정적 변수는 사용법이 유사하므로 내부 정적 변수로 사용 예를 살펴보겠다.

3 내부 정적 변수

내부 정적 변수는 함수의 내부에서 선언하여 사용한다. 변숫값이 소멸되지 않고 계속 보존되기 때문에 지역변수 영역에서 쓰면서 프로그램이 종료될 때까지 값을 보존하고 싶은 경우에 사용한다. 예를 들어 함수를 얼마나 호출했는지 기록하고 싶을 때 함수 내부에 내부 정적 변수를 선언하면 함수를 호출할 때마다 값을 증가시켜 함수가 호출된 횟수를 알아낼 수 있다.

예제 9-3 **함수의 호출 횟수 기록하기 프로그램** 프로그램 9-3.c

```c
#include <stdio.h>

void CallNumber();

int main(void)
{
    int i;
    for (i = 0; i < 5; i++)
        CallNumber();

    return 0;
}

void CallNumber()
{
    static int count = 1;
    int number = 1;

    printf("%d번째 호출되었습니다. \n", count++);
    printf("Number 값은 %d입니다. \n\n", number++);
}
```

실행 결과

```
1번째 호출되었습니다.
Number 값은 1입니다.

2번째 호출되었습니다.
Number 값은 1입니다.

3번째 호출되었습니다.
Number 값은 1입니다.

4번째 호출 되었습니다.
Number 값은 1입니다.

5번째 호출되었습니다.
Number 값은 1입니다.
```

변수 `static int count`는 다섯 번 호출되었으나 처음에 호출할 때 초깃값이 한 번 정해지면 다시 초기화되지 않는다. 정적 지역변수로 선언했기 때문에 `CallNumber()` 함수가 종료되어도 변수가 사라지지 않고 계속 남아 함수가 몇 번 호출되었는지 확인할 수 있다.

03 레지스터 변수

레지스터 변수Register Variable는 **연산 속도를 향상시키기 위해 CPU 내에 있는 일반 레지스터를 기억 장소로 사용한다.** 레지스터의 수는 CPU에 따라 다르지만 메모리에 한계가 있기 때문에 간단한 내용을 다룰 때 사용한다.

레지스터 변수는 CPU 내에 레지스터를 기억 장소로 배당하는 것 외에는 자동변수와 동일하다. 따라서 레지스터 변수 대신에 자동변수를 사용하는 것이 바람직하다. 레지스터 변수의 선언 방법은 다음과 같다.

```
register 자료형 변수명;
register int count = 1;
```

레지스터 변수는 다음과 같은 특징을 가지고 있다.

- 레지스터 변수의 자료형은 `int`, `char`, `short` 및 포인터형 (*) 만 사용할 수 있다.
- 레지스터 변수는 CPU의 레지스터에 저장되므로 일반 변수보다 처리 속도가 빠르다.
- 반복문의 반복 횟수를 결정하는 변수(첨자)를 레지스터 변수로 사용하는 경우가 많다.

TIP 포인터형 자료형은 10장에서 다룰 예정이다.

예제 9-4 레지스터 변수 사용하기 프로그램 9-4.c

```c
#include <stdio.h>

int main(void)
{
    register int count = 1;
    int result = 0;

    for (count = 1; count <= 5; count++)
        result += count;
```

```c

    printf("1부터 5까지 합은 %d다.\n", result);
    return 0;
}
```

실행 결과

```
1부터 5까지 합은 15다.
```

레지스터 변수는 일반 변수와 사용법이 동일하며 [예제 9-4]와 같이 반복문의 첨자로 사용하는 경우가 많다.

요약

01 지역변수

변수가 선언된 함수나 블록에서만 사용할 수 있는 변수다. 함수나 블록이 시작될 때 메모리에 생겼다가 함수나 블록이 종료되면 사라진다.

02 전역변수

함수 외부에서 선언된 변수다. 전역변수는 변수가 선언된 파일이나 다른 파일에서도 사용할 수 있으며 메모리의 생명력은 프로그램이 종료될 때까지다.

03 extern

전역변수가 선언된 파일 외의 다른 파일에서 그 전역변수를 사용하려면 키워드 `extern`으로 자료형과 변수명을 변수 사용 전에 기록해야 한다. `extern`으로 선언된 변수는 다른 곳에서 전역변수로 선언되었다는 것을 알려준다.

04 자동변수

자료형 앞에 키워드 `auto`를 사용한 것으로 일반적인 지역변수는 모두 자동변수다. 자동변수는 초깃값을 지정하지 않으면 컴파일러가 임의의 값을 지정한다.

05 변수의 우선순위

일반적으로 지역변수는 전역변수보다 우선순위가 높다. 같은 지역변수라면 하위 블록에서 선언된 지역변수가 상위 블록에 있는 지역변수보다 우선순위가 높다.

06 정적 변수

프로그램의 실행이 끝날 때까지 메모리에 계속 보존되는 변수로 생명력이 전역변수와 동일하다. 그러나 변수의 유효 영역은 선언되는 위치에 따라 다르다. 전역변수 위치에서 선언되면 그 파일 내부에서만 사용할 수 있고 다른 파일에서는 사용할 수 없다. 지역변수 위치에서 선언되면 선언된 블록 내에서만 사용할 수 있다.

07 레지스터 변수

빠르게 연산하기 위해 CPU 내에 있는 일반 레지스터를 기억 장소로 사용하는 변수다. 레지스터의 수는 CPU에 따라 다르지만 메모리에 한계가 있기 때문에 간단한 내용을 다룰 때 사용한다.

연습문제

01 전역변수와 외부 정적 변수의 공통점과 차이점은 무엇인가?

02 지역변수와 내부 정적 변수의 공통점과 차이점은 무엇인가?

03 다음 프로그램의 출력 결과를 예측하시오.

```c
#include <stdio.h>

int number = 1;
int main(void)
{
    int number = 10;
    printf("Number 값은 %d이다.\n", number);

    {
        int number = 30;
        printf("Number 값은 %d이다.\n", number);
    }

    {
        printf("Number 값은 %d이다.\n", number);

    }

    printf("Number 값은 %d이다.\n", number);

    return 0;
}
```

04 **다음 프로그램의 오류를 수정하시오.**

①

```
#include <stdio.h>

int main(void)
{
	int value = 10;
	gVal += value;
	printf("gVal 값은 %d이다.\n", gVal);

	return 0;
}
int gVal = 10;
```

②

```
#include <stdio.h>

static int Number = 1;
int main(void)
{
    int Number = 0;
    register = 1;

    for ( ; a < 6; a++)
        Number += a;
    printf("1에서 5까지의 합은 %d이다.\n", Number);

    return 0;
}
```

연습문제

05 키워드 extern은 어떤 경우에 사용하는지 설명하시오.

06 경우의 수를 계산하는 데 사용되는 순열Permutation과 조합Combination은 아래와 같이 계산한다. 여기서 n은 전체 개수이고 x는 비복원추출로 뽑히는 수이며, x는 n보다 같거나 작다.

$$\text{순열} = \frac{n!}{(n-x)!},\quad \text{조합} = \frac{n!}{x!(n-x)!}$$

순열과 조합을 계산하려면 8장의 factorial() 함수를 이용하면 되는데, n과 x를 사용자에게 입력받아 순열과 조합을 계산할 때 factorial() 함수가 몇 번 호출되는지를 알려주는 프로그램을 각각 작성하시오. 참고로 factorial() 함수의 코드는 다음과 같다.

```
int factorial(int n)
{
        if (n <= 1)
                return 1;
        else
                return (n * factorial(n - 1));
}
```

PART 03

C 언어 고급 문법

PART 03

C 언어 고급 문법

CHAPTER 10
포인터

학습목표

- 변수의 주소를 저장하는 포인터에 대해 알아본다.
- 함수의 인자를 값과 주소로 전달하는 방법을 알아본다.
- 포인터와 배열의 관계를 알아본다.
- 포인터와 문자열의 관계를 알아본다.

01 포인터의 기본

포인터는 C 언어의 가장 대표적인 특징 중 하나로, 일반 변수의 메모리 내 주소 번지를 가진 자료형이다. 포인터를 사용하면 변수명을 통하지 않고도 사용하고자 하는 대상에 직접 접근할 수 있어 프로그램이 간결하고 효율적으로 제어된다.

포인터 자료형으로 사용되는 연산자에는 주소 연산자와 간접 연산자가 있다. 주소 연산자 &는 일반 변수명에 사용하고 해당 변수의 메모리 주소를 가리킨다. 간접 연산자 *는 포인터 변수명에 사용하고 주소가 저장되어 있는 메모리 위치를 가리킨다.

1 포인터 선언

다음과 같이 포인터는 일반 변수와 다르게 선언한다.

```
자료형* 변수명;
int* ptr;
```

포인터를 선언할 때 * 연산자가 하나이면 1차원 포인터이다. 1차원 포인터는 일반 변수의 주소를 값으로 가진다.

```
int i = 3;
int* ptr = &i;
```

위의 예에서 일반 변수 i의 주소는 & 연산자를 이용하여 &i로 표현한다. 한편 변수 ptr은 1차원 포인터로 일반 변수의 주소를 값으로 가진다. 그리고 int*는 변수 ptr에 정수형으로 선언된 변수의 주소가 들어올 수 있음을 의미한다. 포인터 변수 ptr 자체의 크기는 4바이트로 char*로 선언되든 double*로 선언되든 관계없다. 다음의 포인터 변수 3개는 크기가 모두 4바이트다.

```
char* ptr1;
int* ptr2;
double* ptr3;
```

포인터 변수 선언에서 *는 선언하려는 자료형과 포인터 변수명 사이에만 위치하면 된다. 다음과 같이 어느 쪽에 가깝든 상관없다.

```
int* ptr1;
int *ptr2;
int * ptr3;
```

포인터 변수는 메모리의 위치를 가리킨다는 의미에서 포인터Pointer라고 부른다.

1차원 포인터는 일반 변수의 주소가 변숫값이므로 [그림 10-1]에서 int형으로 선언한 변수 a의 주소는 포인터 변수 ptr의 초깃값이다.

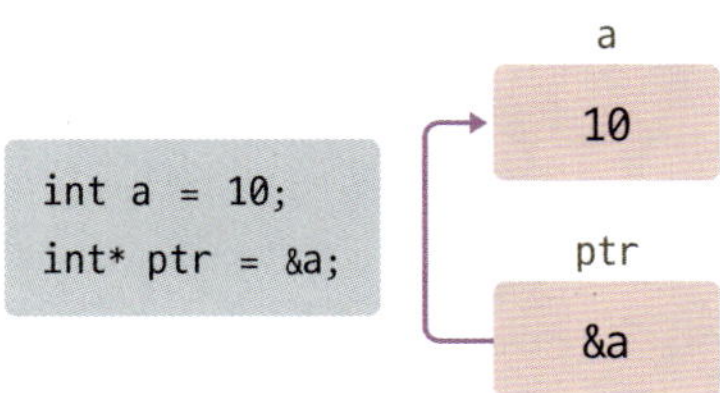

그림 10-1 포인터의 의미

2 포인터를 이용한 일반 변수로의 접근

[그림 10-1]처럼 int a = 10으로 변수 a에 변수명으로 직접 접근할 수도 있고, 포인터를 이용할 수도 있다.

- **포인터는 일반 변수의 주소와 같다**
  - ptr은 변수 a의 주소인 &a와 같다.
- **포인터를 통해 일반 변수의 값으로 접근한다**
  - 포인터로 선언한 변수에 * 연산자를 붙이면 포인터가 가리키는 주소에 저장된 값을 의미한다.
  - [그림 10-1]에서 *ptr 값은 10이다.

예제 10-1 **포인터의 기본** 프로그램 10-1.c

```c
#include <stdio.h>

int main(void)
{
	int i = 10;
	int* ptr = &i;

	printf("ptr의 주소 값 : %p\n", &ptr);
	printf("i의 주소 값 : %p\n", &i);
	printf("i의 주소 값 : %p\n\n", ptr);

	printf("i의 값 : %d\n", i);
	printf("i의 값 : %d\n", *ptr);

	return 0;
}
```

실행 결과

```
ptr의 주소 값 : 0012FF78
i의 주소 값 : 0012FF7C
i의 주소 값 : 0012FF7C
i의 값 : 10
i의 값 : 10
```

결과 화면에서 볼 수 있듯이 포인터 변수 ptr도 메모리에 생성되는 주소가 있다. 그리고 변수 i 값에 변수명 i로 접근해도 되지만 ptr을 통해서도 접근할 수 있다. printf()문에서 *포인터 변수명 형식으로써 포인터가 가리키는 곳의 값을 사용할 수 있다.

다음과 같이 포인터를 이용하여 포인터가 가리키는 곳의 값을 바꾸고 연산도 할 수 있다.

```c
int i = 3;
int* ptr = &i;
*ptr = i + 2; // 포인터를 통해 i 값을 바꾸었다.
```

예제 10-2 **포인터를 이용한 기본 연산** 프로그램 10-2.c

```c
#include <stdio.h>

int main(void)
{
	int i = 10;
	int* ptr = &i;

	*ptr = i + 20;
	printf("i 값 : %d \n", i);

	i = i + 20;
	printf("i 값 : %d \n", *ptr);

	return 0;
}
```

실행 결과

```
i 값 : 30
i 값 : 50
```

혼자 해 보기 10-1

다음 프로그램의 실행 결과를 예측하시오(단, a의 주소 번지를 1000번, p의 주소 번지를 1200번이라고 가정한다).

```c
#include <stdio.h>

int main(void)
{
	int a = 10;
	int* p = &a;

	printf("%p ", p);
	printf("%p ", &p);
	printf("%d ", *p);

	return 0;
}
```

3 포인터의 유용성

먼저 함수를 통해 두 수를 바꾸는 예제를 살펴보자.

예제 10-3 포인터를 이용하지 않고 두 수 바꾸기 프로그램 10-3.c

```
#include <stdio.h>

void Swap(int a, int b);
int main(void)
{
	int x = 10, y = 5;
	printf("Swap() 함수 실행 전\n");
	printf("x = %d, y = %d이다.\n\n", x, y);

	Swap(x, y);
	printf("Swap() 함수 실행 후\n");
	printf("x = %d, y = %d이다.\n", x, y);

	return 0;
}

void Swap(int a, int b)
{
	int temp;
	temp = a;
	a = b;
	b = temp;
}
```

실행 결과

```
Swap() 함수 실행 전
x = 10, y = 5이다.

Swap() 함수 실행 후
x = 10, y = 5이다.
```

결과 화면을 보면 두 수가 바뀌지 않고 원래 값 그대로 출력된다. 즉 사용자의 의도와 다른 결과 값이 나왔는데 어떻게 이런 일이 일어났는지 [그림 10-2]를 통해 알아보자.

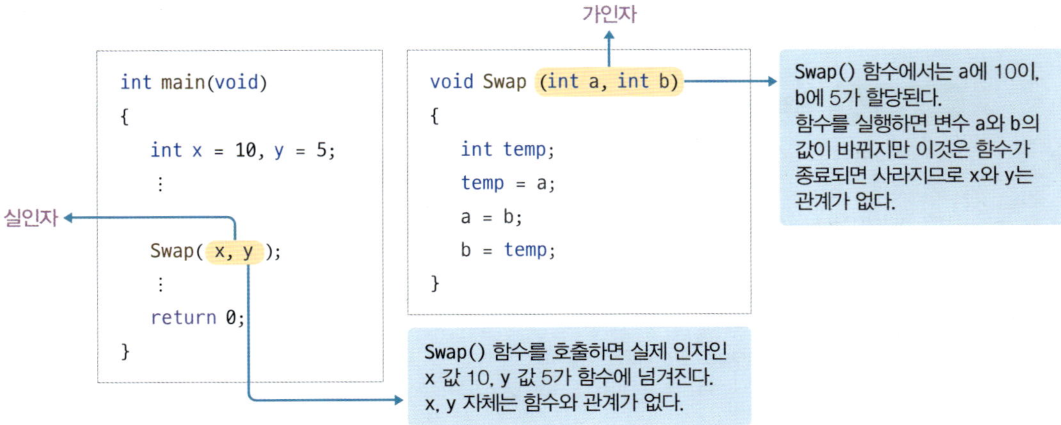

그림 10-2 포인터를 사용하지 않은 프로그램

[그림 10-2]와 같이 main() 함수에서 Swap() 함수를 호출할 때 인자로 전달된 변수 x, y는 x, y 자체가 아니라 값이다. x와 y 값을 바꾸려면 x와 y 자체가 전달되어야 한다. Swap() 함수를 호출할 당시에 변수 x, y는 main() 함수에서 선언한 지역변수이기 때문에 메모리에 살아 있다. 그러므로 [그림 10-3]과 같이 두 수를 바꾸기 위해 x와 y의 주소를 Swap() 함수에 넘겨주면 Swap() 함수에서 처리된 결과가 x와 y 값에 반영된다.

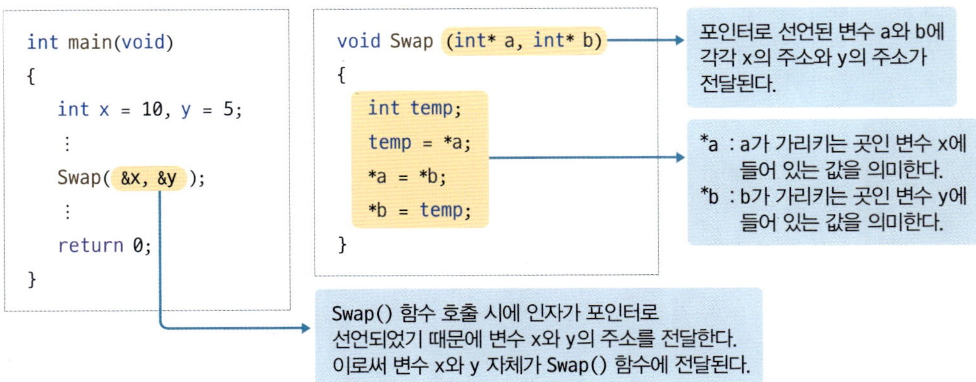

그림 10-3 포인터를 사용한 프로그램

[그림 10-3]과 같이 포인터를 함수의 인자로 사용하면 주소 값을 전달할 수 있으므로 변수 자체가 함수에 전달된다. 따라서 함수를 통해 두 수의 값을 바꿀 수 있다.

포인터를 사용하여 [예제 10-3]의 프로그램을 다시 작성해보자.

예제 10-4 포인터를 이용하여 두 수 바꾸기 프로그램 10-4.c

```
#include <stdio.h>

void Swap(int* a, int* b);
int main(void)
{
	int x = 10, y = 5;
	printf("Swap() 함수 실행 전\n");
	printf("x = %d, y = %d이다.\n\n", x, y);

	Swap(&x, &y);
	printf("Swap() 함수 실행 후\n");
	printf("x = %d, y = %d이다.\n", x, y);

	return 0;
}

void Swap(int* a, int* b)
{
	int temp;
	temp = *a;
	*a = *b;
	*b = temp;
}
```

실행 결과

```
Swap() 함수 실행 전
x = 10, y = 5이다.

Swap() 함수 실행 후
x = 5, y = 10이다.
```

의도한 대로 두 수의 값이 바뀌었다. 이처럼 포인터를 이용하면 여러 가지 프로그래밍 문제를 해결할 수 있고 프로그래밍하기도 편하다.

02 인자 전달 방법

인자(매개변수) 전달 방법은 함수에 사용될 데이터를 보내는 방법을 말한다. 인자 전달 방법은 데이터의 값을 복사해서 보내는 방법과 데이터의 주소를 전달하는 방법이 있다.

1 인자를 값으로 전달

인자를 값으로 전달Call by value하는 방법은 C 언어의 대표적인 인자 전달 방식으로, **함수가 호출되면 인자 값을 스택Stack이라는 기억 장소에 복사한다.** 값을 복사하기 때문에 호출된 함수에서 인자 값을 바꾸더라도 main() 함수는 전혀 영향을 받지 않으므로 두 함수는 독립적이고 안전하다. 지금까지 포인터를 사용하지 않고 작성했던 함수는 모두 이 방법을 이용한 것이다.

TIP 인자를 값으로 전달하는 방법을 다른 책에서는 값 호출 또는 값에 의한 매개변수 호출이라고 표현하기도 한다.

2 인자를 주소로 전달

인자를 주소로 전달Call by reference하는 방법은 값을 복사해서 전달하는 방법과 달리 **전달하려는 변수의 주소를 함수에 전달한다.** 함수에 변수 자체를 전달해야 할 때 이 방법을 사용하는데 C 언어에서는 포인터를 이용한다. 주소 연산자(&)를 이용하여 변수의 주소 값을 함수에 넘겨준다. 그 주소 값을 받는 함수에서는 간접 연산자(*)를 이용하여 주소 값이 가리키는 값을 읽거나 저장한다. 포인터의 유용성 부분에서 다루었던 Swap() 함수 예제가 여기에 해당한다. 인자를 주소로 전달하면 여러 가지로 유용하다.

TIP 인자를 주소로 전달하는 방법을 다른 책에서는 참조 호출 또는 주소에 의한 매개변수 호출이라고 표현하기도 한다.

```
void CountIncrement(int n)
{
    n++;
}
```

앞의 예에서 CountIncrement()는 입력받은 정수형 변수 n을 1만큼 증가시키려고 만든 함수다. 그러나 앞에서와 같이 인자를 값으로 전달하면 변수와 상관없이 값만 전달된다.

[예제 10-5]와 같이 CountIncrement() 함수를 주소를 전달하는 방법으로 바꾸면 변숫값을 증가시킬 수 있다.

예제 10-5 인자 전달 방법 프로그램 10-5.c

```c
#include <stdio.h>

void CountIncrement1(int n); // 값을 전달
void CountIncrement2(int* n); // 주소를 전달

int main(void)
{
    int a = 10;
    printf("a의 초깃값 : %d\n", a);

    CountIncrement1(a);
    printf("CountIncrement1 함수 실행 후 a의 값 : %d\n", a);

    CountIncrement2(&a);
    printf("CountIncrement2 함수 실행 후 a의 값 : %d\n", a);

    return 0;
}

void CountIncrement1(int n)
{
    n++;
}

void CountIncrement2(int* n)
{
    (*n)++;
}
```

실행 결과

```
a의 초깃값 : 10
CountIncrement1 함수 실행 후 a의 값 : 10
CountIncrement2 함수 실행 후 a의 값 : 11
```

인자로 주소를 전달한 경우에 a의 값이 증가함을 알 수 있다. 이때 (*n)++를 *n++로 작성하면 안 된다. *n++는 n의 값을 1만큼 증가시키는 것이 아니라 n++가 가리키는 곳의 값을 의미하기 때문이다.

03 포인터와 배열

1 포인터와 배열의 관계

배열명은 그 자체로 해당 데이터가 있는 시작 주소를 의미하는 포인터 상수다. 그러므로 배열 원소의 주소에 접근할 때 배열명으로 접근할 수 있고, 배열명을 초깃값으로 가진 포인터로도 접근할 수 있다. 다만 배열명은 배열의 주소를 담는 상수이므로 배열명의 값을 바꾸면 안 된다. 즉 배열명에 증감 연산자(++, --) 등을 이용하여 배열명의 값을 바꿀 수는 없다. 배열명이 a라면 `a = a + 1` 또는 `a = a - 1`과 같이 배열명으로 연산할 수 없다는 얘기다.

```
int a[4] = [ 10, 20, 30, 40 ];
a++;                // 오류!
a = a + 1;          // 오류!
```

하지만 포인터는 변수이므로 포인터에 증감 연산자 등을 이용하여 값을 바꿔도 된다. 즉 `int* p = a`라면 `p = p + 1` 같은 연산이 가능하다. 자세한 내용은 이제부터 차근차근 알아보자.

배열을 이용하여 포인터를 초기화하는 방법은 다음과 같이 두 가지가 있다.

```
[배열 첨자 이용]
int a[4] = [ 10, 20, 30, 40 ];
int* p;
p = &a[0];
```

```
[배열명 이용]


p = a;
```

배열명[ ]가 변수이기 때문에 앞서 배운 포인터 선언 방법을 적용하여 왼쪽 예와 같이 포인터를 선언할 수 있다. 한편 배열명은 그 배열의 첫 번째 원소가 저장된 주소를 의미하므로 오른쪽 예처럼 `p = a`로 초기화할 수 있다. 즉 `p = &a[0]`과 `p = a`는 동일한 번지를 가리킨다. [그림 10-4]는 이를 그림으로 표현한 것이다.

[그림 10-4]에서 배열 a가 메모리 1000번지부터 시작한다고 하자. 배열 첨자를 이용하여 초기화했다면 &a[0]으로 a[0]의 번지를 기억시켜서 p에는 1000이란 주소 번지가 저장된다.

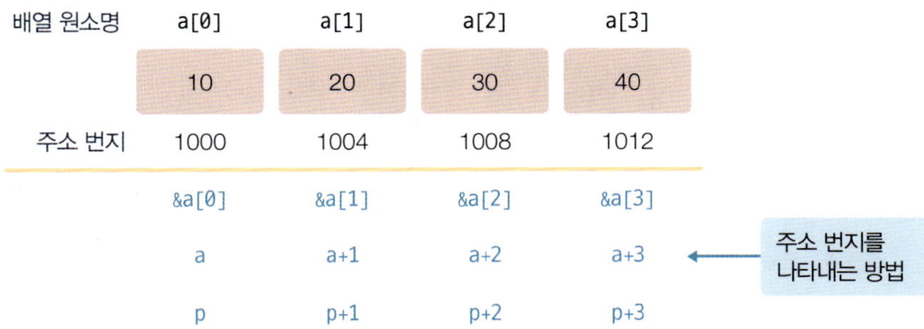

그림 10-4 배열과 포인터의 대응 관계

이처럼 프로그램에서 배열 a의 주소를 표현하는 방법에는 배열 첨자를 이용하는 방법, 배열명을 이용하는 방법, 포인터를 이용하는 방법이 있으며, 이를 [표 10-1]에 정리했다.

표 10-1 배열 a의 주소를 표현하는 방법

구분	첫 번째 주소	두 번째 주소	세 번째 주소	네 번째 주소
방법 1	&a[0]	&a[1]	&a[2]	&a[3]
방법 2	a	a+1	a+2	a+3
방법 3	p	p+1	p+2	p+3

배열명 a는 배열의 시작 주소를, a+1은 배열 a의 두 번째 주소를 나타낸다. 여기서 1은 산술적인 의미의 숫자 1이 아니라 그다음 주소를 의미한다. 포인터 변수 p도 같은 방법으로 배열의 주소를 표시할 수 있다.

한편 배열 값을 표현할 때도 배열에서 배웠던 방법 이외에 포인터 변수 p를 이용할 수 있다. 이를 [표 10-2]에 정리했다.

표 10-2 배열 a의 값를 표현하는 방법

구분	첫 번째 값	두 번째 값	세 번째 값	네 번째 값
방법 1	a[0]	a[1]	a[2]	a[3]
방법 2	*a	*(a+1)	*(a+2)	*(a+3)
방법 3	*p	*(p+1)	*(p+2)	*(p+3)
방법 4	p[0]	p[1]	p[2]	p[3]

간접 연산자 *는 주소에 들어 있는 값을 의미하므로 배열명 a는 배열의 시작 주소이고, *a는 배열의 시작 주소에 들어 있는 값이다. 따라서 *a와 a[0]은 같은 의미다. 포인터 변수에서도 *p는 포인터 변수 p가 가리키는 곳에 들어 있는 값을 의미하므로 a[0]과 같다.

포인터를 이용하여 값을 표현할 때 위의 경우를 주의해야 한다. *p+1은 포인터 변수 p가 가리키는 곳의 값인 a[0]에 1을 더한 값을 의미한다. [그림 10-4]에 제시한 예를 통해 설명하면 *p는 10이고 여기에 1을 더한 11인 것이다. 그러나 *(p+1)은 배열 a의 두 번째 원소 값을 의미하므로 20이다.

```
*p + 1 = *(p + 1)
*p + 1 = a[1]  + 1
```

그림 10-5 배열과 포인터의 증감 연산

예제 10-6 배열과 포인터의 관계 프로그램 10-6.c

```c
#include <stdio.h>

int main(void)
{
    int a[] = { 10, 20, 30, 40, 50 };
    int* p = a;
    int i;

    printf("배열명 a를 이용한 주소 표현\n");
    for (i = 0; i < 5; i++)
        printf("a[%d]의 주소 %p\n", i, a + i);

    printf("\n포인터 p를 이용한 배열 주소 표현\n");
```

```c
    for (i = 0; i < 5; i++)
        printf("a[%d]의 주소 %p\n", i, p + i);

    printf("\n포인터 p를 이용한 배열 값 표현\n");
    for (i = 0; i < 5; i++)
        printf("a[%d] = %d\n", i, *(p + i));

    return 0;
}
```

실행 결과

```
배열명 a를 이용한 주소 표현
a[0]의 주소 0012FF6C
a[1]의 주소 0012FF70
a[2]의 주소 0012FF74
a[3]의 주소 0012FF78
a[4]의 주소 0012FF7C

포인터 p를 이용한 배열 주소 표현
a[0]의 주소 0012FF6C
a[1]의 주소 0012FF70
a[2]의 주소 0012FF74
a[3]의 주소 0012FF78
a[4]의 주소 0012FF7C

포인터 p를 이용한 배열 값 표현
a[0] = 10
a[1] = 20
a[2] = 30
a[3] = 40
a[4] = 50
```

실행 결과를 보면 배열명을 이용하여 배열 a의 주소를 나타낸 것과 포인터 변수 p를 이용하여 a의 주소를 나타낸 것이 동일하다. 그리고 포인터 변수 p를 이용하여 배열의 값을 나타낼 수도 있다.

혼자 해 보기 10-2

다음 프로그램의 실행 결과를 예측하시오.

```c
#include <stdio.h>

int main(void)
{
    int a[] = { 5, 10, 15, 20, 25 };
    int* p = a;
    int i;

    for (i = 0; i < 5; i++)
        printf("*(p+%d) + %d = %d이다.\n", i, i, *(p + i) + i);

    return 0;
}
```

2 증감 연산자 적용

포인터와 배열명에서 증감 연산자가 의미하는 것은 다음과 같다.

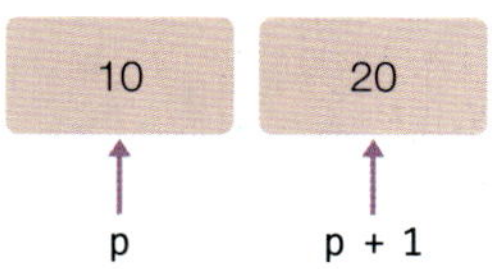


```c
p++ = p + 1;
*p++ = *(p++) = 20;
```

그림 10-6 p++ 연산과 *p++ 연산

```c
p++;  // 포인터 p가 가리키는 곳의 다음 주소를 의미한다.
*p++; // 포인터 p가 가리키는 곳의 다음 주소 안에 들어 있는 값을 의미한다.
```

포인터 변수는 변수이므로 증감 연산자를 사용할 수 있으나 배열명은 증감 연산자를 사용할 수 없다. 따라서 아래와 같이 변수명 a에 증감 연산자를 사용한 수식은 오류이다.

```
int a[] = { 5, 10, 15, 20, 25 };
a++;   // 오류!
```

배열명 a는 상수이므로 증감 연산자를 사용할 수 없다. 즉 배열명에 증감 연산자를 사용하는 것은 3++처럼 상수에 증감 연산자를 사용하는 것과 같다.

예제 10-7 포인터 변수와 증감 연산자 프로그램 10-7.c

```
#include <stdio.h>

int main(void)
{
    int a[] = { 11, 22, 33, 44, 55 };
    int* p = a;

    printf("*p의 값 = %d\n", *p);
    p++;

    printf("*(p+1)의 값 = %d\n", *p);
    p++;

    printf("*(p+2)의 값 = %d\n", *p);
    p--;

    printf("*(p+1)의 값 = %d\n", *p);

    return 0;
}
```

실행 결과

```
*p의 값 = 11
*(p+1)의 값 = 22
*(p+2)의 값 = 33
*(p+1)의 값 = 22
```

포인터에 증감 연산자를 사용했기 때문에 포인터의 위치가 증감 연산자에 따라 변한다. 따라서 증감 연산자의 사용에 따라 *p 값이 바뀐다.

배열을 함수의 인자로 전달하는 방법은 8장에서 살펴보았다. 다음은 배열의 합을 구하는 함수를 만든 예다.

```
int SumArray(int Array[], int Size); // 함수 선언
int main(void)
{
    int a[] = { 10, 5, 15, 25, 7 };
    int Sum;
    ⋮
        Sum = SumArray(a, 5); // 함수 호출
    ⋮
        return 0;
}

int SumArray(int Array[], int Size) // 함수 정의
{
    int result = 0, i;
    for (i = 0; i < Size; i++)
        result += Array[i];
    return result;
}
```

배열의 합을 구하는 함수에서 첫 번째 인자로 배열을 사용했는데, 이 경우 배열 a의 값이 전달된다는 것이 단점이다. 즉 배열 전체의 값이 전달되기 때문에 메모리의 이동량이 많아진다. 이럴 때 포인터를 이용하면 주소로 전달할 수 있어 주소를 표시하는 4바이트 크기의 포인터 변수만 메모리로 이동한다.

```
int SumArray(int* pA, int Size); // 함수 선언

int main(void)
{
    int a[] = { 10, 5, 15, 25, 7 };
    int Sum;
```

```
    ⋮
        Sum = SumArray(a, 5); // 함수 호출
    ⋮
        return 0;
}

int SumArray(int* pA, int Size) // 함수 정의
{
    int result = 0, i;
    for (i = 0; i < Size; i++)
        result += pA[i];
    return result;
}
```

SumArray() 함수를 선언하고 정의할 때 첫 번째 인자로 포인터가 들어간 것 외에는 변동 사항이 없다.

예제 10-8 포인터를 이용하여 배열을 함수 인자로 전달하기 프로그램 10-8.c

```
#include <stdio.h>

int SumArray(int* pA, int Size);
int main(void)
{
    int a[] = { 10, 5, 15, 25, 7 };
    int Sum;
    Sum = SumArray(a, 5); // 함수 호출
    printf("배열의 합 : %d \n", Sum);

    return 0;
}

int SumArray(int* pA, int Size)
{
    int result = 0, i;

    for (i = 0; i < Size; i++)
        result += pA[i];
    // result += *(pA + i);
```

```
    // result += *pA++;

    return result;
}
```

실행 결과

```
배열의 합 : 62
```

함수의 호출 부분은 배열 자체를 인자로 전달했을 때와 동일하다. `for`문으로 배열의 합을 구할 때 계산식을 표현하는 방법은 세 가지로, `pA[i]`, `*(pA + i)`, `*pA++`는 같은 의미다. `*`보다 `++` 연산자의 우선순위가 빠르기 때문에 `*pA++`는 배열의 원소 값을 나타낼 수 있다.

만약 [예제 10-8]의 `for`문을 아래와 같이 작성하면 원하는 결과가 나오지 않는다.

```
for (i = 0; i < Size; i++)
    result += (*pA)++;
```

`*pA++`와 `(*pA)++`는 의미가 다르다. `(*pA)++`는 `pA`가 가리키는 곳의 값을 연산 후에 1만큼 증가시킨다는 의미다.

혼자 해 보기 10-3

[예제 10-8]에서 함수의 정의 부분을 다음과 같이 수정한 후 실행해보시오.

```
int SumArray(int* pA, int Size)
{
    int result = 0, i;
    for (i = 0; i < Size; i++)
        result += (*pA)++;
    return result;
}
```

04 포인터와 문자열

1 포인터를 이용한 문자열 표현

문자열도 배열과 마찬가지로 포인터를 통해 편리하게 사용할 수 있다. 선언 방법과 사용 예는 다음과 같다.

```
char* 포인터명 = "문자열";
char* p = "MOON";
```

[그림 10-7]과 같이 문자열도 배열처럼 사용한다. 포인터(p)는 문자열의 첫 번째 문자인 M의 주소를 가리키고 그다음부터는 배열과 동일하다. 마지막에는 문자열의 마지막을 나타내는 널(Null) 표시인 \0이 들어간다.

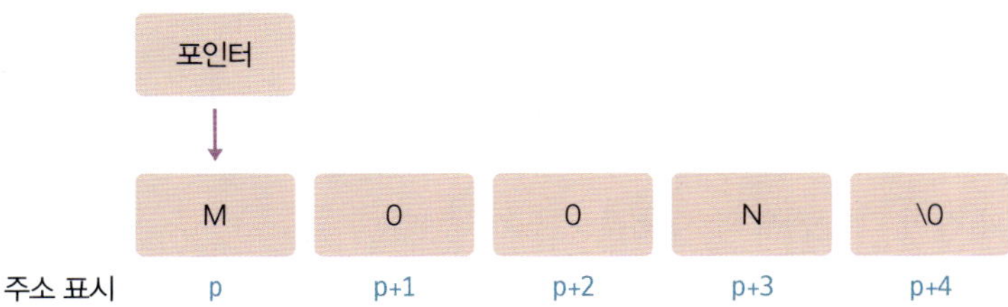

그림 10-7 포인터를 이용한 문자열 표현

예제 10-9 **포인터를 이용하여 문자열 출력하기** 프로그램 10-9.c

```
#include <stdio.h>

int main(void)
{
    char* pC = "C programming";
    printf("문자열을 변환 기호를 이용해서 출력\n");
    printf("%s\n", pC);
```

```
    printf("반복문을 이용해 한 글자씩 출력\n");
    while (*pC)
        printf("%c", *pC++);
    printf("\n");

    return 0;
}
```

실행 결과

```
문자열을 변환 기호를 이용해서 출력
C programming
반복문을 이용해 한 글자씩 출력
C programming
```

문자를 반복해서 문자열을 출력하는 경우, *pC++는 문자 1개를 출력한 후 다음 위치로 이동하기 때문에 다음 문자를 출력할 수 있다. 문자열을 동시에 여러 개 만들어야 하는 경우에는 배열 포인터를 이용하면 유용하게 처리할 수 있다.

```
char* pStr[3] = { "english", "math", "korean" };
```

위 경우는 포인터 배열을 나타낸 예로 배열 원소인 pStr[0], pStr[1], pStr[2] 모두 문자열 포인터이고 [그림 10-8]과 같이 각 문자열의 시작 주소를 가리킨다.

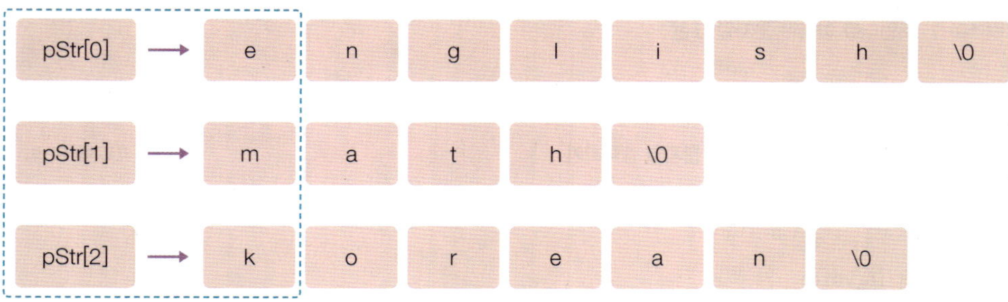

그림 10-8 각 문자열의 시작 주소

```
char* pStr[] = { "english", "math", "korean" };
```

위와 같이 배열의 크기를 초기에 지정하지 않아도 된다. 포인터 배열을 이용하면 불필요한 메모리의 낭비를 막을 수 있기 때문이다.

```
char Str[][8] = { "english", "math", "korean" };
```

2차원 배열을 이용하여 문자열을 동시에 선언하면 문자가 가장 많은 문자열이 기준이 되기 때문에 [그림 10-9]와 같이 메모리의 낭비가 발생한다.

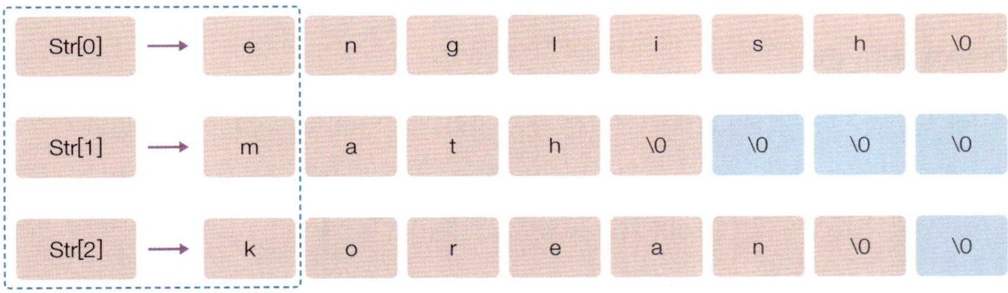

그림 10-9 2차원 배열로 문자열을 초기화할 때의 메모리 낭비

예제 10-10 포인터 배열을 이용하여 문자열 출력하기 프로그램 프로그램 10-10.c

```
#include <stdio.h>

int main(void)
{
    char* pStr[] = { "english", "math", "korean" };
    char subject[][8] = { "english", "math", "korean" };
    int i;
    printf("포인터 배열을 이용해서 문자열을 출력합니다.\n");
    for (i = 0; i < 3; i++)
        printf("pStr[%d] = %s\n", i, pStr[i]);

    printf("2차원 배열을 이용해서 문자열을 출력합니다.\n");
    for (i = 0; i < 3; i++)
       printf("subject[%d] = %s\n", i, subject[i]);

```

```
    return 0;
}
```

실행 결과

```
포인터 배열을 이용해서 문자열을 출력합니다.
pStr[0] = english
pStr[1] = math
pStr[2] = korean
2차원 배열을 이용해서 문자열을 출력합니다.
subject[0] = english
subject[1] = math
subject[2] = korean
```

2 문자 처리 함수

문자를 변환하거나 원하는 값으로 바꾸는 등 문자와 관련된 기능을 수행하는 일련의 함수가 문자 처리 함수다. 예를 들어 문자 처리 함수는 소문자를 입력하면 대문자로 바꾸거나 대문자를 입력하면 소문자로 바꾸는 기능을 수행한다. [예제 10-11]에서는 소문자를 대문자로 바꾸는 프로그램을 작성한다.

예제 10-11 소문자를 대문자로 바꾸기 프로그램 10-11.c

```
#include <stdio.h>

int main(void)
{
    char* pC = "c language";

    while (*pC)
    {
        printf("%c", *pC - 32);
        pC++;
    }

    printf("\n");
    return 0;
}
```

실행 결과

```
C LANGUAGE
```

소문자의 아스키코드에서 32를 빼면 대문자의 아스키코드가 된다. 이것을 이용하면 소문자를 대문자로 바꾸는 프로그램을 [예제 10-11]과 같이 작성할 수 있다. 그러나 입력한 문자가 대문자라면 32를 빼지 말고 그대로 출력해야 한다. 이런 경우에는 입력받은 문자가 대문자인지 소문자인지 아스키코드를 이용하여 먼저 판단한다.

이와 같이 다양한 방법으로 문자를 처리할 수 있는데, 시스템에서 문자를 처리하는 함수들을 헤더파일인 ctype.h 파일에 만들어놓았다. 주로 사용하는 함수는 [표 10-3]과 같다.

표 10-3 문자를 처리하는 함수

함수 원형	기능
toupper(char)	무조건 영문 대문자로 변환한다.
tolower(char)	무조건 영문 소문자로 변환한다.
_toupper(char)	영문 소문자를 대문자로 변환한다.
_tolower(char)	영문 대문자를 소문자로 변환한다.

toupper(char) 함수는 입력받은 문자를 무조건 대문자로 바꾸고, tolower(char) 함수는 입력받은 문자를 무조건 소문자로 바꾼다. 이와 달리 _toupper(char) 함수는 소문자를 입력받았을 때만 대문자로 반환하고, _tolower(char)는 대문자를 입력받았을 때만 소문자로 반환한다.

예제 10-12 문자 처리 함수 이용하기 프로그램 10-12.c

```
#include <stdio.h>
#include <ctype.h>

int main(void)
{
    char* pC = "c language";

    while (*pC)
    {
```

```c
        printf("%c", toupper(*pC++));
    }

    printf("\n");
    return 0;
}
```

실행 결과

```
C LANGUAGE
```

3 문자열 처리 함수

지금까지 문자 하나를 입력받아서 문자 처리 함수를 거쳐 변환된 문자를 출력하는 함수를 살펴보았다. 이처럼 문자열도 여러 가지 처리를 통해 다양하게 활용할 수 있는데, 문자열을 처리하는 함수가 바로 문자열 처리 함수다.

[예제 10-13]에서는 문자열 처리 함수를 이용하지 않고 문자열의 크기(길이)를 알아보는 프로그램을 작성한다.

예제 10-13 문자열의 크기 알아내기 프로그램 10-13.c

```c
#include <stdio.h>

int strleng(char* ch);

int main(void)
{
        int len;
        char str[] = "c language and data structure";

        len = strleng(str);
        printf("문자열의 크기는 %d다.\n", len);
        return 0;
}

int strleng(char* ch)
{
```

```
        int index;
        for (index = 0; *(ch + index) != '\0'; index++);

        return index;
}
```

실행 결과

```
문자열의 크기는 29다.
```

strleng()은 문자열을 입력받아 \0이 나오기 전까지 문자의 개수를 세는 함수이며, 반환 값으로 계산한 문자열의 크기를 반환한다.

[예제 10-13]과 같이 함수를 프로그래밍하지 않고 시스템에 있는 문자열 처리 함수를 이용할 수도 있다. [표 10-4]에 간단한 문자열 처리 함수를 정리했는데 이 함수들은 헤더파일인 string.h 파일에 있다.

표 10-4 문자열을 처리하는 함수

함수 원형	기능
size_t strlen(const char*)	문자열의 크기를 알아낸다.
int strcmp(const char* s1, const char* s2)	문자열을 비교한다.
char* strcpy(char* s1, const char* s2)	문자열을 복사한다.
char* strcat(char* s1, constchar* s2)	문자열을 연결한다.

3.1 strlen( ) 함수

■ **사용 예**

```
char* pA = "String";
int len = strlen(pA);                // len에 6이 저장된다.
```

strlen() 함수는 문자열을 입력받아 \0을 제외한 문자열의 크기를 반환한다. 사용 예에서 문자열 pA는 \0을 제외하고 여섯 글자이기 때문에 6을 반환했다.

3.2 strcmp( ) 함수

■ 사용 예

```
char* pA = "ab";
char* pB = "ab";
char* pC = "ac";
int result1 = strcmp(pA, pB);  // result1에 0이 저장된다.
int result2 = strcmp(pA, pC);  // result2에 -1이 저장된다.
int result3 = strcmp(pC, pA);  // result3에 1이 저장된다.
```

strcmp() 함수는 문자열 2개를 입력받아 두 문자열을 비교한다. 두 문자열의 문자 하나하나를 아스키코드를 기준으로 비교하는데, 두 문자열이 같으면 0을 반환하고 첫 번째 문자열의 문자가 두 번째 문자열의 문자보다 아스키코드가 작으면(s1 < s2) −1을, 반대이면 1을 반환한다.

3.3 strcpy( ) 함수

■ 사용 예

```
char str[40];
char* pB = "Good";
char* pC;
pC = strcpy(str, pB);        // str과 pC에 "Good"이 저장된다.
```

strcpy() 함수는 문자열 2개를 입력받아 첫 번째 문자열에 두 번째 문자열을 복사한다. 두 번째 문자열은 변화가 없고 첫 번째 문자열만 두 번째 문자열과 동일하게 변하므로 첫 번째 문자열이 두 번째 문자열보다 크기(길이)가 크거나 같아야 한다. 첫 번째 문자열을 가리키는 포인터를 반환한다.

3.4 strcat( ) 함수

■ 사용 예

```
char str1[40] = "C programming";
char str2[20] = " is easy";
char* pC;
pC = strcat(str1, str2);    // pC에 "C programming is easy"가 저장된다.
```

strcat() 함수는 문자열 2개를 입력받아 첫 번째 문자열에 두 번째 문자열을 연결한다. 두 번째 문자열은 변화가 없고 첫 번째 문자열에 두 번째 문자열이 연결되므로 첫 번째 문자열의 크기가 두 문자열을 합한 크기보다 크거나 같아야 한다. 첫 번째 문자열을 가리키는 포인터를 반환한다.

예제 10-14 문자열 처리 함수 사용하기 프로그램 10-14.c

```
#include <stdio.h>
#include <string.h>
#define _CRT_SECURE_NO_WARNINGS

int main(void)
{
    char cmp1[40] = "C programming";
    char cmp2[] = "Java programming";
    char cmp3[] = "C programming";
    char str[] = " is easy";

    int length, i;
    length = strlen(cmp1);

    for (i = 0; i < length; i++)
        printf("%c", cmp1[i]);

    printf("\n");
    printf("cmp1과 cmp2는 서로 %s\n",
        strcmp(cmp1, cmp2) ? "같지 않다." : "같다.");
    printf("cmp1과 cmp3은 서로 %s\n",
        strcmp(cmp1, cmp3) ? "같지 않다." : "같다.");
    printf("cmp1에 cmp2를 복사하면\"%s\"이 출력된다.\n", strcpy(cmp1, cmp2));
    printf("cmp1에 str을 연결하면\"%s\"가 출력된다.\n", strcat(cmp1, str));
    return 0;
}
```

실행 결과

```
C programming
cmp1과 cmp2는 서로 같지 않다.
cmp1과 cmp3은 서로 같다.
cmp1에 cmp2를 복사하면 "Java programming"이 출력된다.
cmp1에 str을 연결하면 "Java Programming is easy"가 출력된다.
```

요약

01 포인터

포인터는 C 언어의 가장 대표적인 특징 중 하나로, 일반 변수의 메모리 내 주소 번지를 저장한다. 포인터를 사용하면 변수명을 통하지 않고도 사용하고자 하는 대상에 직접 접근할 수 있어 프로그램이 간결해지고 효율적인 제어가 가능하다.

02 포인터 선언

포인터는 일반 변수와 달리 * 연산자를 사용하여 아래와 같이 선언한다. * 연산자가 하나인 것을 1차원 포인터라 하고, 1차원 포인터는 일반 변수의 주소를 값으로 가진다.

```
int i = 3;
int* ptr = &i;
```

03 포인터와 함수

함수에서 필요한 변수의 주소 값을 주소 연산자(&)를 이용하여 함수에 넘겨주고, 그 주소 값을 받는 함수에서는 간접 연산자(*)를 이용하여 주소 값에 저장된 값을 읽거나 저장한다.

04 인수 전달 방법

함수에 사용될 데이터를 보내는 방법을 말한다. 데이터의 값을 복사하여 인자를 값으로 전달하는 방법과 데이터의 주소를 전달하는 방법이 있다.

05 포인터와 배열

배열명은 그 자체로 해당 데이터가 있는 시작 주소를 의미하는 포인터 상수다. 배열명은 첫 번째 원소의 주소를 나타내므로 1차원 포인터의 초깃값으로 1차원 배열명을 쓸 수 있다.

06 포인터와 문자열

문자열도 배열과 마찬가지로 포인터를 사용하면 편리하다. 시스템 라이브러리로 제공되는 문자 처리 함수와 문자열 처리 함수를 이용하면 문자열을 여러 가지로 유용하게 변경하거나 그 외 필요한 처리를 할 수 있다.

01 다음 프로그램의 오류를 수정하시오.

①

```c
#include <stdio.h>

int main(void)
{
    int a[] = { 1, 2, 3, 4, 5 };
    int* pA = &a;
    int i;

    for (i = 0; i < 5; i++)
        printf("a[%d] = %d\n", i, pA);

    return 0;
}
```

②

```c
#include <stdio.h>

int main(void)
{
    char* pAry[][5] = { "On", "Off", "Stay" };
    int i;

    for (i = 0; i < 3; a++)
        printf("%s \n", pAry + i);

    return 0;
}
```

02 값에 의해서 함수를 호출하는 방식보다 주소로 함수를 호출하는 방식이 가지는 장점을 적어 보시오.

03 배열 값을 인자로 받아서 내림차순으로 정렬하는 함수를 만드시오. 함수명은 `Sorting()`이고 1차원 포인터와 배열의 크기를 인자로 받는다. 내림차순 정렬의 예는 다음과 같다.

```
[정렬 전 배열]
10, 20, 3, 7, 4, 30, 11, 21, 8
```

```
[내림차순 정렬 후 배열]
30, 21, 20, 11, 10, 8, 7, 4, 3
```

04 `int`형 1차원 배열(`a[5]`, `b[5]`)의 값을 바꾸는 `SwapArray()` 함수를 만드시오. 함수의 반환형은 `void`이며 1차원 포인터 2개와 배열의 크기 1개(총 3개)를 인자로 받는다.

05 문자열 한 줄을 입력받아 각 단어를 구성하는 문자를 대문자로 바꾸고 역순으로 출력하는 프로그램을 작성하시오. 문자를 역순으로 출력하는 부분은 문자열을 인자로 받는 함수인 `ReverseCharacter()`로 구현하시오.

06 이름과 나이 그리고 직업을 각각 문자열로 입력받아서, 하나의 문자열로 저장한 후에 문자열을 출력하는 프로그램을 작성하시오. 각각의 문자열 사이는 '/'로 구분한다.

07 1차원 정수형 배열을 입력으로 받아 최대값을 출력하는 Max() 함수를 작성하되 인자를 포인터를 이용하여 프로그램하시오.

08 1차원 정수형 배열을 입력으로 받아 최소값을 출력하는 Min() 함수를 작성하되 인자를 포인터를 이용하여 프로그램하시오.

09 1차원 정수형 배열을 입력으로 받아 평균(실수형)을 출력하는 Average() 함수를 작성하되 인자를 포인터를 이용하여 프로그램하시오.

10 1차원 정수형 배열을 입력으로 받아 표준편차(실수형)를 출력하는 StanD() 함수를 작성하되 인자를 포인터를 이용하여 프로그램하시오. 이때 앞의 연습문제 Average() 함수를 사용하시오.
단, s 〉 0이며 표준편차 s는 아래의 식으로 구할 수 있다. $\overline{x}$는 배열 요소 x의 평균값이다.

$$s = \pm\sqrt{\frac{\Sigma(x-\bar{x})^2}{n-1}}$$

연습문제

11 정수형 배열 `b[ ] = { 20, 34, 12, 24, 54, 91, 9, 40, 81, 10 }`의 최대값, 최소값, 평균, 표준편차를 앞의 연습문제에서 만들었던 함수들을 사용하여 계산하고 화면에 출력하는 프로그램을 작성하시오.

CHAPTER 11
구조체와 열거형

학습목표

- 구조체와 열거형을 이용하여 사용자 정의 자료형을 만드는 방법을 알아본다.
- 구조체를 재정의하여 효율적으로 프로그래밍하는 방법을 알아본다.
- 함수의 인자로 구조체와 구조체 포인터를 이용하는 방법을 알아본다.

01 구조체의 정의와 변수 선언

동일한 자료형을 배열로 묶어 사용하는 것처럼, 다양한 자료형을 동일한 이름으로 묶어 사용하고 싶을 때도 있다. 예를 들어 책에 대한 정보를 저장한다면 제목과 저자, 출판사, 쪽수, 가격 등이 들어갈 것이다. 그런데 제목과 저자, 출판사에는 문자열이 필요하고 쪽수와 가격에는 정수형 변수가 필요하다. 이러한 여러 자료형을 하나의 변수로 묶은 것이 구조체다.

1 구조체의 정의

구조체는 서로 다른 자료형을 하나의 자료로 구조화한 자료형으로 키워드 struct를 사용하여 정의한다. [그림 11-1]은 책에 대한 정보를 구조체로 나타낸 것이다.

구조체 키워드 구조체명

```
struct book {
    char title[40];
    char author[40];
    char press[40];
    int page;
    int price;
};
```

문자형 멤버

정수형 멤버

반드시 기록해야 한다.

그림 11-1 구조체의 정의

[그림 11-1]에서 book은 구조체명으로 식별자 작성 규칙에 따라 작성한다. struct 안의 각 구성 요소는 멤버라 부르며 중괄호({}) 안에 정의한다. 그리고 마지막 중괄호(}) 다음에 반드시 세미콜론(;)을 넣어야 한다.

사용자가 정의한 struct book이라는 자료형을 사용하려면 int a;과 마찬가지로 struct book mybook;으로 선언하면 된다. int a에서 a가 정수형으로 선언된 변수 또는 객체가 되어

a에 정수형 값을 저장하고 사용하듯이, mybook이라는 객체에 구조체에서 정의한 멤버 변수를 사용할 수 있다. [그림 11-1]에서 title, author, press, page, price가 구조체 book의 멤버 변수다. 즉 struct book은 문자형 멤버 3개와 정수형 멤버 2개를 포함한 구조체다.

2 구조체 변수의 선언

구조체를 사용하려면 구조체의 변수를 선언해야 한다. 학생 정보를 기록하는 구조체를 통해 구조체의 변수를 선언하는 방법을 알아보자.

■ **students 구조체의 정의**

```
struct students {
   char name[20];
   char address[30];
   char tel[15];
   int grade;
   int age;
};
```

■ **students 구조체의 선언**

```
int main()
{
   struct students st1;
   struct students st2;
    ⋮
   return 0;
}
```

학생 정보를 기록하는 구조체는 구조체명이 students이고 멤버 변수 5개를 포함한다. 하지만 구조체 정의만으로는 구조체를 사용할 수 없고 이 구조체를 갖는 변수를 선언해야 한다. 위의 예에서 선언한 구조체 변수는 [그림 11-2]와 같은 메모리 구조를 가진다.

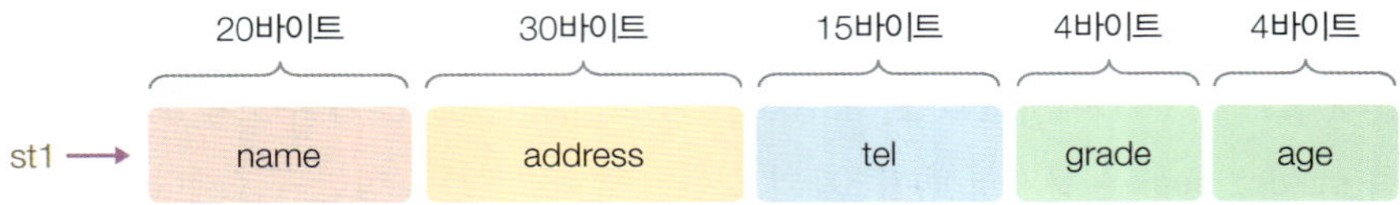

그림 11-2 구조체 변수의 메모리 구조

[그림 11-2]에서 보이듯이 구조체 변수 st1의 메모리는 students의 멤버로 구성되고, 크기는 구조체 멤버 변수들의 메모리 크기를 모두 더한 값과 같다. 따라서 sizeof(st1)을 하면 73이 나온다.

예제 11-1 **구조체의 메모리 크기 확인하기** 프로그램 11-1.c

```
#include <stdio.h>

struct list {
      char name;
      char gender;
      int age;
};

int main(void)
{
      struct list st1 = { 'T', 'M', 25 };

      printf("구조체 list의 크기는 %d이다.\n", sizeof(struct list));
      printf("구조체 객체 st1의 크기는 %d이다.\n", sizeof(st1));

      return 0;
}
```

실행 결과

```
구조체 list의 크기는 8이다.
구조체 객체 st1의 크기는 8이다.
```

구조체를 정의하면서 변수를 선언하는 방법은 다음과 같이 두 가지가 있다.

■ **students 구조체의 정의와 선언 1**

```
struct students {
   char name[20];
   char address[30];
   char tel[15];
   int grade;
   int age;
} st1, st2;
```

첫 번째 방법은 위와 같이 정의와 동시에 선언하는 것이다.

■ **students 구조체의 정의와 선언 2**

```
struct {
   char name[20];
   char address[30];
   char tel[15];
   int grade;
   int age;
} st1;
```

두 번째 방법처럼 구조체명을 기록하지 않을 경우에는 변수를 선언할 때마다 구조체의 정의 부분을 다시 작성해야 한다. 즉 st2라는 구조체 변수를 만드는 경우 다음과 같이 구조체를 다시 정의한다.

```
struct {
   char name[20];
   char address[30];
   char tel[15];
   int grade;
   int age;
} st2;
```

02 구조체의 접근과 사용

구조체도 일반 변수와 마찬가지로 선언과 초기화를 해야 한다. 구조체는 다음과 같은 두 가지 방법으로 초기화할 수 있다.

■ students 구조체의 선언과 초기화 1

```
struct students {
   char name[20];
   char address[30];
   int age
};
struct students st1 = { "Moon", "Seoul", 28 }; // 구조체 초기화
```

■ students 구조체의 선언과 초기화 2

```
struct students {
   char name[20];
   char address[30];
   int age
} st1 = { "Moon", "Seoul", 28 }; // 구조체 초기화
```

구조체의 멤버 변수에 접근하려면 도트(.) 연산자를 사용해야 한다. 이 도트 연산자를 구조체 멤버 연산자라고 하는데, 구조체 안의 멤버 변수들을 일반 변수처럼 접근하고 사용할 수 있게 해준다. 구조체 멤버 변수의 형식과 예는 다음과 같다.

■ 구조체 멤버 변수의 형식과 사용 예

```
구조체_변수명.멤버명
st1.name
st1.address
st1.age
```

예제 11-2 **도트 연산자를 이용하여 구조체 접근하기** 프로그램 11-2.c

```c
#include <stdio.h>

struct list {
	char name;
	char gender;
	int age;
};

int main(void)
{
	struct list st1, st2;
	st1.name = 'T';
	st1.gender = 'M';
	st1.age = 25;

	st2.name = 'S';
	st2.gender = 'F';
	st2.age = 28;

	printf("이름 성별 나이\n");
	printf("----------------------\n");
	printf(" %c %c %d\n", st1.name, st1.gender, st1.age);
	printf(" %c %c %d\n", st2.name, st2.gender, st2.age);

	return 0;
}
```

실행 결과

```
이름 성별 나이
----------------------
 T    M    25
 S    F    28
```

struct list의 구조체 변수로 st1과 st2가 선언되었다. 그리고 st1과 st2의 멤버 변수들을 도트 연산자로 접근하여 사용했다.

구조체로 선언한 객체도 할당 연산자를 이용하여 값을 저장할 수 있다. 작성 방법과 그 의미는 다음과 같다.

[작성 방법]

```
st2 = st1;
```

[의미]

```
st2.name = st1.name;
st2.gender = st1.gender;
st2.age = st1.age;
```

[예제 11-3]에서는 할당 연산자를 이용하여 st1 멤버의 값을 st2 멤버에 저장해보자.

예제 11-3 구조체에서 할당 연산자 사용하기 프로그램 11-3.c

```
#include <stdio.h>

struct list {
	char name;
	char gender;
	int age;
};

int main(void)
{
	struct list st1 = { 'T', 'M', 25 };
	struct list st2, st3 = { 'P', 'F', 30 };

	st2 = st1;
	st3.name = st1.name;
	st3.gender = st1.gender;

	printf(" 이름 성별 나이\n");
	printf("----------------------\n");
	printf("st1 %c %c %d\n", st1.name, st1.gender, st1.age);
	printf("st2 %c %c %d\n", st2.name, st2.gender, st2.age);
	printf("st3 %c %c %d\n", st3.name, st3.gender, st3.age);

	return 0;
}
```

실행 결과

```
    이름 성별 나이
-----------------------
st1   T   M   25
st2   T   M   25
st3   T   M   30
```

할당 연산자를 이용하여 st1 멤버의 값을 st2에 저장했다. 또한 도트 연산자로 구조체에 접근하여 st1의 이름과 성별을 st3의 이름과 성별에 저장했음을 확인할 수 있다.

혼자 해 보기 11-1

다음 프로그램에서 틀린 부분을 찾아 수정하시오.

```c
#include <stdio.h>

struct list {
     char name;
     char gender;
     int age;
};

int main(void)
{
     list st1 = { 'T', 'M', 25 };

     printf("st1 객체는 이름이 %c, 성별이 %c, 나이가 %d이다.\n",
              name, gender, age);

     return 0;
}
```

03 구조체의 재정의

typedef는 자료형을 재정의하는 키워드다. 이름이 긴 자료형을 재정의하면 좀 더 편리하게 변수를 선언할 수 있다. typedef를 이용하여 구조체의 자료형을 재정의하는 방법은 다음과 같다.

■ **구조체의 정의**

```
struct students {
   char name[20];
   char address[30];
   int age;
};
```

■ **자료형의 재정의**

```
typedef struct students student;
```

■ **구조체 객체의 선언**

```
student st1 = { "Moon", "Seoul", 25 };
```

예제 11-4 구조체 재정의로 구조체 사용하기 프로그램 11-4.c

```
#include <stdio.h>

struct students {
     char name[20];
     char address[30];
     int age;
};

```

```c
typedef struct students student;

int main(void)
{
    student st1 = { "Moon", "Seoul", 25 };
    struct students st2 = { "John", "London", 30 };

    printf("학생 1은 성이 %s이고 %s에 살며 %d살이다.\n", st1.name,
        st1.address, st1.age);
    printf("학생 2는 성이 %s이고 %s에 살며 %d살이다.\n",
        st2.name, st2.address, st2.age);

    return 0;
}
```

실행 결과

```
학생 1은 성이 Moon이고 Seoul에 살며 25살이다.
학생 2는 성이 John이고 London에 살며 30살이다.
```

typedef를 이용하여 새롭게 재정의한 st1처럼 student 구조체를 선언할 수도 있고, st2처럼 재정의하지 않은 struct students로도 선언할 수 있다.

typedef를 이용하여 다음과 같이 구조체 자료형을 재정의할 수도 있다.

■ **자료형의 재정의**

```c
typedef struct {
    char name[20];
    char address[30];
    int age;
} student;
```

이 방법으로 자료형을 재정의하면 구조체 객체를 선언할 때 항상 다음과 같이 선언해야 한다.

■ **구조체 객체의 선언**

```c
student st1 = { "Moon", "Seoul", 25 };
```

혼자 해 보기 11-2

다음 프로그램에서 틀린 부분을 찾아 수정하시오.

```c
#include <stdio.h>

struct list {
    char name;
    char gender;
    int age;
};

typedef struct list list;

typedef struct {
    char name[20];
    char address[30];
    int age;
} student;

int main(void)
{
    list lst1 = { 'T', 'M', 25 };
    struct student st2 = { "Moon", "Seoul", 30 };

    printf("st1 객체는 이름이 %c, 성별이 %c, 나이가 %d이다.\n",
        lst1.name, lst1.gender, lst1.age);
    printf("st1 객체는 이름이 %s, 주소가 %s이며, 나이가 %d이다.\n",
        st1.name, st1.address, st1.age);

    return 0;
}
```

구조체를 이용하여 3차원 좌표를 표시하면 다음과 같이 정의할 수 있다.

```c
struct ThreeDime {
   double x;
   double y;
   double z;
};
```

3차원상에서 한 점과 원점의 거리, 두 점 간의 거리를 구하는 데 필요한 수식은 다음과 같다.

■ **점 A1(x1, y1, z1)과 원점의 거리**

$$D = ROOT(x1^2 + y1^2 + z1^2)$$

■ **점 A1(x1, y1, z1)과 점 A2(x2, y2, z2)의 거리**

$$D = ROOT((x1-x2)^2 + (y1-y2)^2 + (z1-z2)^2)$$

ROOT() 같은 기능을 수행하는 함수는 sqrt()인데, 이 함수는 헤더파일인 math.h 파일에 정의되어 있다. 따라서 math.h 파일을 먼저 선언해야 한다. [예제 11-5]에서는 구조체를 이용하여 3차원 점들의 거리를 계산하는 프로그램을 작성해보자.

예제 11-5 구조체를 이용하여 3차원 계산하기 프로그램 11-5.c

```
#define _CRT_SECURE_NO_WARNINGS
#include <stdio.h>
#include <math.h>
struct ThreeDime {
    double x;
    double y;
    double z;
};
typedef struct ThreeDime ThreeDime;
int main(void)
{
    double D1, D2;
    ThreeDime A1, A2;

    printf("3차원 점 A1의 x, y, z 좌표를 입력하시오.\n");
    scanf("%lf %lf %lf", &A1.x, &A1.y, &A1.z);

    printf("\n3차원 점 A2의 x, y, z 좌표를 입력하시오.\n");
    scanf("%lf %lf %lf", &A2.x, &A2.y, &A2.z);

    // D1 : 점 A1과 원점의 거리
```

```c
    D1 = sqrt(A1.x * A1.x + A1.y * A1.y + A1.z * A1.z);

    // D2 : 점 A1과 점 A2의 거리
    D2 = sqrt((A1.x - A2.x) * (A1.x  - A2.x)
        + (A1.y - A2.y) * (A1.y - A2.y) + (A1.z - A2.z) * (A1.z - A2.z));

    printf("\n점 A1과 원점의 거리는 %.2lf이다.\n\n", D1);
    printf("점 A1과 점 A2의 거리는 %.2lf이다.\n", D2);

    return 0;
}
```

실행 결과

```
3차원 점 A1의 x, y, z 좌표를 입력하시오.
4
1
5

3차원 점 A2의 x, y, z 좌표를 입력하시오.
3
8
2
점 A1과 원점의 거리는 6.48이다.

점 A1과 점 A2의 거리는 7.68이다.
```

TIP x, y, z 좌표를 각각 입력한 후에 Enter를 눌러야 제대로 실행된다.

3차원 좌표로 표현하여 문제를 해결하는 방법은 수학이나 공학에서 자주 사용하는데, 구조체를 이용하여 데이터를 처리하면 유용하다.

04 구조체의 사용

1 포인터를 이용한 구조체 사용

일반 변수 형태로 정의한 구조체의 멤버 변수에 접근하기 위해 도트(.) 연산자를 사용한다. 그리고 구조체 포인터를 이용하여 포인터 변수 형태로 정의한 구조체의 멤버 변수는 화살표(->) 연산자를 이용하여 접근한다. 구조체 포인터를 사용하는 방법은 다음과 같다.

■ 구조체 포인터의 선언과 초기화

```
struct ThreeDime {
   double x;
   double y;
   double z;
};
typedef struct ThreeDime ThreeDime;
ThreeDime A1 = { 3, 1, 8 };
ThreeDime* pA1 = &A1; // 포인터 선언과 초기화
```

■ 구조체 포인터를 이용한 구조체 멤버 접근 형식과 사용 예

```
구조체_포인터->멤버명
pA1->x;
pA1->y;
pA1->z;
```

예제 11-6 구조체 포인터를 이용하여 구조체 멤버 접근하기 프로그램 11-6.c

```
#include <stdio.h>

struct ThreeDime {
      double x;
      double y;
      double z;
```

```
};

typedef struct ThreeDime ThreeDime;

int main(void)
{

    ThreeDime A1 = { 3, 1, 8 };

    ThreeDime* pA1 = &A1;

    printf("3차원 점 A1의 x : %.2lf, y : %.2lf, z : %.2lf이다.\n",
        pA1->x, pA1->y, pA1->z);

    return 0;
}
```

실행 결과

```
3차원 점 A1의 x : 3.00, y : 1.00, z : 8.00이다.
```

2 함수의 인자로 구조체 사용

구조체를 함수의 인자로도 사용할 수 있다. [예제 11-5]에서 다루었던 3차원의 좌표 간 거리를 계산하는 프로그램을 함수로 작성해보자.

2.1 구조체를 인자로 받는 함수

■ **3차원상의 한 점과 원점의 거리를 구하는 함수**

```
double Distance1(struct ThreeDime a)
{
   double d;
   d = sqrt(a.x * a.x + a.y * a.y + a.z * a.z);
   return d;
}
```

- **3차원상의 두 점 간 거리를 구하는 함수**

```
double Distance2(struct ThreeDime a, struct ThreeDime b)
{
    double d;
    d = sqrt((a.x - b.x) * (a.x - b.x) + (a.y - b.y) * (a.y  - b.y)+ (a.z - b.z) *
        (a.z - b.z));
    return d;
}
```

- **3차원상의 한 점을 원점에 대칭시킨 점을 구하는 함수**

```
struct ThreeDime SymOri(struct ThreeDime a)
{
   a.x = -a.x;
   a.y = -a.y;
   a.z = -a.z;
   return a;
}
```

이처럼 구조체를 인자로 받는 함수를 이용하여 [예제 11-5]를 다시 프로그래밍해보자.

예제 11-7 구조체를 인자로 받는 함수 프로그램 11-7.c

```
#include <stdio.h>
#include <math.h>
#define _CRT_SECURE_NO_WARNINGS
struct ThreeDime {
    double x;
    double y;
    double z;
};

typedef struct ThreeDime ThreeDime;

double Distance1(ThreeDime a)
{
    double d;
   d = sqrt(a.x * a.x + a.y * a.y + a.z * a.z);
```

```
    return d;
}

double Distance2(ThreeDime a, ThreeDime b)
{
   double d;
    d = sqrt((a.x - b.x) * (a.x - b.x) + (a.y - b.y) * (a.y  - b.y)
        + (a.z - b.z) * (a.z - b.z));
    return d;
}

ThreeDime SymOri(ThreeDime a)
{
    a.x = -a.x;
    a.y = -a.y;
    a.z = -a.z;
    return a;
}

int main(void)
{
    double D1, D2;
    ThreeDime A1, A2, A3;

    printf("3차원 점 A1의 x, y, z 좌표를 입력하시오.\n");
    scanf("%lf %lf %lf", &A1.x, &A1.y, &A1.z);

    printf("\n3차원 점 A2의 x, y, z 좌표를 입력하시오.\n");
    scanf("%lf %lf %lf", &A2.x, &A2.y, &A2.z);

    // D1 : 점 A1과 원점의 거리
    D1 = Distance1(A1);

    // D2 : 점 A1과 점 A2의 거리
    D2 = Distance2(A1, A2);

    // 점 A1을 원점에 대칭시킨 점
    A3 = SymOri(A1);

    printf("\n점 A1과 원점의 거리는 %.2lf이다.\n", D1);
```

```
    printf("점 A1과 점 A2의 거리는 %.2lf이다.\n", D2);
    printf("점 A1을 원점에 대칭시킨 점의 x : %.2lf, y : %.2lf, z : % .2lf이다.\n", A3.x,
    A3.y, A3.z);

        return 0;
}
```

실행 결과

```
3차원 점 A1의 x, y, z 좌표를 입력하시오.
4
1
5

3차원 점 A2의 x, y, z 좌표를 입력하시오.
3
8
2

점 A1과 원점의 거리는 6.48이다.
점 A1과 점 A2의 거리는 7.68이다.
점 A1을 원점에 대칭시킨 점의 x : -4.00, y : -1.00 z : -5.00이다.
```

배열 자체를 함수의 인자로 사용하면 함수를 호출할 때 배열 크기만큼 메모리의 이동이 발생한다고 10장에서 설명했다. 따라서 메모리의 이동을 최소화하고 프로그램 실행 시의 지연 시간을 줄이기 위해 포인터를 함수의 인자로 사용했다. 이와 마찬가지로 구조체를 함수의 인자로 사용할 때도 구조체 자체를 인자로 사용하는 것보다 포인터를 이용하는 것이 더 효과적이다.

2.2 구조체 포인터를 인자로 받는 함수

■ **3차원상의 한 점과 원점의 거리를 구하는 함수**

```
double Distance1(struct ThreeDime* a)
{
   double d;
   d = sqrt(a->x * a->x + a->y * a->y + a->z * a->z);
```

```
    return d;
}
```

■ 3차원상의 두 점 간 거리를 구하는 함수

```
double Distance2(struct ThreeDime* a, struct ThreeDime* b)
{
    double d;
    d = sqrt((a->x - b->x) * (a->x - b->x)
        + ((a->y - b->y) * (a->y - b->y)
        + ((a->z - b->z) * (a->z - b->z));
    return d;
}
```

■ 3차원상의 한 점을 원점에 대칭시킨 점을 구하는 함수

```
struct ThreeDime SymOri(struct ThreeDime* a)
{
   a->x = -a->x;
   a->y = -a->y;
   a->z = -a->z;
   return *a;
}
```

예제 11-8 구조체 포인터를 인자로 받는 함수 프로그램 11-8.c

```
#include <stdio.h>
#include <math.h>
#define _CRT_SECURE_NO_WARNINGS
struct ThreeDime {
    double x;
    double y;
    double z;
};

typedef struct ThreeDime ThreeDime;

double Distance1(ThreeDime* a)
```

```
{
    double d;
    d = sqrt(a->x * a->x + a->y * a->y + a->z * a->z);
    return d;
}

double Distance2(struct ThreeDime* a, struct ThreeDime* b)
{
   double d;
    d = sqrt((a->x - b->x) * (a->x  - b->x) + (a->y - b->y) * (a->y  - b->y)
        + (a->z - b->z) * (a->z - b->z));
    return d;
}

ThreeDime SymOri(ThreeDime* a)
{
    a->x = -a->x;
    a->y = -a->y;
    a->z = -a->z;
    return *a;
}

int main(void)
{
    double D1, D2;
    ThreeDime A1, A2, A3;

    printf("3차원 점 A1의 x, y, z 좌표를 입력하시오.\n");
    scanf("%lf %lf %lf", &A1.x, &A1.y, &A1.z);

    printf("\n3차원 점 A2의 x, y, z 좌표를 입력하시오.\n");
    scanf("%lf %lf %lf", &A2.x, &A2.y, &A2.z);

    // D1 : 점 A1과 원점의 거리
    D1 = Distance1(&A1);

    // D2 : 점 A1과 점 A2의 거리
    D2 = Distance2(&A1, &A2);

    // 점 A1을 원점에 대칭시킨 점
```

```
    A3 = SymOri(&A1);

    printf("\n점 A1과 원점의 거리는 %.2lf이다.\n", D1);
    printf("점 A1과 점 A2의 거리는 %.2lf이다.\n", D2);
    printf("점 A1을 원점에 대칭시킨 점의 x : %.2lf, y : %.2lf, z : % .2lf이다.\n", A3.x,
    A3.y, A3.z);

        return 0;
}
```

실행 결과

```
3차원 점 A1의 x, y, z 좌표를 입력하시오.
4
1
5

3차원 점 A2의 x, y, z 좌표를 입력하시오.
3
8
2

점 A1과 원점의 거리는 6.48이다.
점 A1과 점 A2의 거리는 7.68이다.
점 A1을 원점에 대칭시킨 점의 x : -4.00, y : -1.00, z : -5.00이다.
```

실행 결과는 [예제 11-7]과 동일하다. 함수 SymOri()에서 반환 값을 *a라고 했는데, 이것은 포인터 a가 가리키는 값이므로 구조체 객체를 의미한다.

05 열거형

열거형enum은 **순서가 있고 새로운 값(상수)을 가질 수 있는 사용자 정의 자료형**이다. 열거형 변수를 선언한 후 사용하는데, 다음과 같이 정의하고 선언한다.

■ 열거형의 정의와 사용 예

```
enum 열거형_태그 { 열거형_상수_1, 열거형_상수_2 };
enum color { yellow, red, blue, green, magenta };
```

■ 열거형의 선언 예

```
enum color col = red;
enum color { yellow, red, blue, green, magenta } col;
```

열거형 상수 리스트에 포함된 변수에는 0번부터 1씩 증가하면서 상숫값이 차례대로 붙는다. 선언의 두 번째 예에서 `yellow`는 0이 되고 `red`는 1, `magenta`는 4가 된다. 물론 상수 리스트에 특정한 상숫값을 붙이고 싶으면 값을 할당하면 된다. `blue`에 5를 지정하고 싶으면 열거형을 아래와 같이 선언한다. 이 경우에 `green`은 6이 된다.

```
enum color { yellow, red, blue = 5, green, magenta };
```

숫자로 지정하고 싶을 때는 숫자를 직접 사용하는 것보다 열거형을 사용하면 프로그램을 이해하기 쉽다. 다음 예를 통해 이를 살펴보자.

```
int color;
 ⋮
if (color == 0) { // 0번은 yellow를 의미한다.
}
else if (color == 1) { // 1번은 red를 의미한다.

}
else if (color == 2) { // 2번은 blue를 의미한다.

}
else if (color == 3) { // 3번은 green을 의미한다.

}
 ⋮
```

위와 같이 정수형 변수인 color 값에 따라서 색을 표시하도록 프로그래밍할 수 있다. 하지만 프로그래머 입장에서는 번호에 해당하는 색을 알아야 프로그램을 제대로 작성할 수 있고 이해하기도 쉽다. 따라서 이런 경우는 color를 열거형으로 선언하는 것이 좋다.

위의 예를 열거형으로 바꾸면 다음과 같다.

```
if (color == yellow) {

}
else if (color == red) {

}
else if (color == blue) {

}
else if (color == green) {

}
```

이처럼 열거형을 이용하면 프로그램을 이해하기가 한결 쉬워진다.

예제 11-9 열거형 사용하기

프로그램 11-9.c

```c
#define _CRT_SECURE_NO_WARNINGS
#include <stdio.h>

int main(void)
{
	enum { yellow, red, blue, green } color;
	printf("원하는 색을 입력하세요.\n");
	printf("0번 : 노란색, 1번 : 빨간색\n");
	printf("2번 : 파란색, 3번 : 초록색\n");
	scanf("%d", &color);

	if (color == yellow) printf("노란색입니다.\n");
	else if (color == red) printf("빨간색입니다.\n");
	else if (color == blue) printf("파란색입니다.\n");
	else if (color == green) printf("초록색입니다.\n");

	return 0;
}
```

실행 결과

```
원하는 색을 입력하세요.
0번 : 노란색, 1번 : 빨간색
2번 : 파란색, 3번 : 초록색
2
파란색입니다.
```

요약

01 구조체

서로 다른 자료형을 하나의 자료로 구조화한 것으로, 사용자가 필요한 다양한 자료형을 한 번에 묶을 수 있는 사용자 정의형이다.

02 구조체의 정의와 선언

```
[students 구조체의 정의]
struct students {
   char name[20];
   char address[30];
   char tel[15];
};
```

```
[students 구조체의 선언]
int main()
{
   struct students st1;
   ⋮
      return 0;
}
```

03 구조체의 재정의

이름이 긴 자료형을 재정의하여 자료형 변수를 좀 더 편리하게 선언할 수 있다. typedef를 이용하여 재정의하고 문장 끝에 반드시 세미콜론(;)을 넣는다.

```
typedef struct students student; // 구조체 재정의
int main()
{
   student st1; // 재정의한 구조체 변수 객체 선언
   ⋮
   return 0;
}
```

04 구조체의 멤버 변수 접근

구조체 변수명으로 멤버 변수에 접근하려면 도트(.) 연산자를 이용하면 된다.

```
구조체_변수명.멤버명
st1.name
st1.address
st1.age
```

05 구조체 포인터와 함수

함수의 인자를 전달할 때 값을 전달하면 메모리의 이동이 크기 때문에 포인터를 이용하여 주소를 전달하는 것이 효과적이다. 구조체 포인터로 멤버 변수에 접근하려면 화살표(->) 연산자를 이용한다.

```
구조체_포인터->멤버명
pA1->x;
pA1->y;
pA1->z;
```

06 열거형

순서가 있고 새로운 값(상수)을 가질 수 있는 사용자 정의 자료형이다. 숫자로 지정하고 싶을 때 숫자를 직접 사용하는 것보다 열거형을 사용하면 프로그램을 이해하기 쉽다. 열거형으로 선언된 변수는 사용자를 위해 글자로 표시되는 것이지 그 자체는 정수형 상수다.

```
enum 열거형_태그 { 열거형_상수_1, 열거형_상수_2 };
enum color { yellow, red, blue, green, magenta };
```

연습문제

01 다음 프로그램의 오류를 찾아 수정하시오.

①

```
#include <stdio.h>

struct cad {
      int x;
      int y;
}
int main(void)
{
      cad num = { 3.0, 4.3 };;
      printf("num의 x좌표 : y좌표 : ", num.x, num.y);

      return 0;
}
```

②

```
#include <stdio.h>

enum subject { math, korean, english };

int main(void)
{
      enum math = a;
      a = 2;
      printf("영어는 %d번째 과목이다.\n", a + 1);

      return 0;
}
```

02 복소수를 나타내는 구조체 complex를 만드시오. 멤버 변수는 2개로 모두 double형이고, 이름은 실수를 나타내는 real과 허수를 나타내는 image로 작성한다.

03 02번 문제에서 만든 구조체 complex를 포인터 인자로 받아 켤레복소수를 반환하는 paircomplex() 함수를 만드시오.

04 02번 문제의 복소수 구조체와 03번 문제의 paircomplex() 함수를 이용하여 복소수와 켤레복소수를 곱하는 multiplycomplex() 함수를 만드시오. 이때 multiplycomplex() 함수의 인자로 복소수 구조체 포인터를 사용한다.

05 3차원 좌표를 double형으로 저장하는 구조체 point를 만들고, 세 개의 점을 입력받아 원점에서 가장 먼 거리에 있는 점을 찾고, 그 점의 원점 대칭점을 구하는 프로그램을 작성하시오. 이때 점에서 원점과의 거리 함수와 원점 대칭점을 구해주는 함수는 11장 예제의 Distance1()과 SymOri() 함수를 사용한다.

06 멤버 변수로 제목, 지은이, 출판사라는 문자형 변수 3개, 쪽수와 가격이라는 정수형 변수 2개를 가진 구조체 Books을 정의하고, 다음의 책 정보를 담을 수 있는 구조체 배열을 프로그램하시오.

Title	Authors	Press	Page	Price
TRUTH	JOHN	CENTURY	300	20,000
LOVE	PAUL	GOODS	200	15,000
JOY	JAMES	COOKIE	250	18,000

07 06번 문제의 Books 구조체를 이용해서 사용자가 책 제목을 입력하면 책 정보를 제공해주는 프로그램을 작성하시오. 이때 사용자는 책 제목을 대문자 또는 소문자로 입력해도 검색이 되며, 보유하고 있지 않은 책 제목을 입력하면 보유하고 있지 않다고 알려주도록 한다.

CHAPTER 12

파일 처리와 매크로

학습목표

- C 언어로 파일을 직접 다루는 방법을 알아본다.
- 파일 입출력 함수의 종류와 각각의 사용법을 알아본다.
- 파일의 특정한 위치로 접근하여 파일을 입출력하는 방법을 알아본다.
- 매크로를 이용하여 특정 상숫값과 함수를 처리하는 방법을 알아본다.

01 파일 입출력

지금까지는 키보드와 모니터를 사용하여 데이터를 입출력했다. 이 장에서는 파일에 데이터를 입출력하는 방법을 알아볼 것이다. C 언어는 파일 입출력 함수를 표준 라이브러리 함수로 제공한다. 여기서 말하는 파일은 프로그램을 통해 만든 것으로, 응용 소프트웨어를 통해 파일을 처리하는 것과 같이 실제로 컴퓨터 내에서 파일을 만들고 수정해볼 것이다.

C 언어에서 파일 입출력은 일정한 순서만 따르면 쉽게 할 수 있다. 기본적으로 파일에 데이터를 입출력하려면 파일을 열고(open), 처리하고(write/read), 닫으면(close) 된다. 이것을 순서대로 표현하면 [그림 12-1]과 같으며 파일 관련 함수는 헤더파일인 stdio.h 파일에 들어있다.

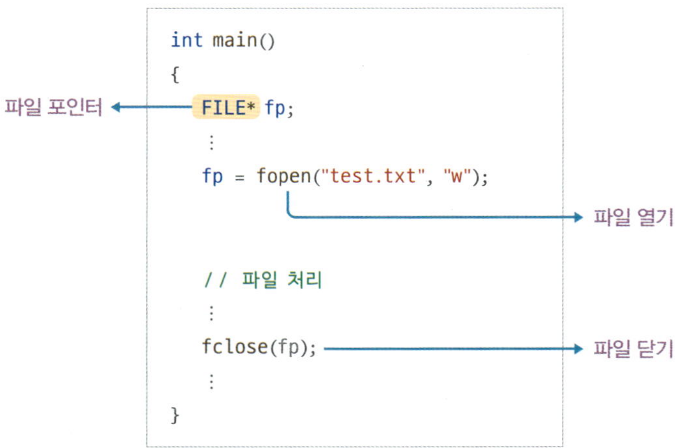

그림 12-1 파일 처리 순서

1 파일 포인터

FILE은 파일 관련 작업을 위해 시스템 라이브러리에 만들어진 구조체다. 이 구조체는 파일명과 파일의 크기, 파일의 끝 등 파일 관련 정보를 포함하며 파일 포인터(FILE*)로 작업을 처리한다.

2 파일 열기

파일에 데이터를 입출력하려면 반드시 파일을 열어야 한다. 이때 fopen() 함수를 이용하는데 fopen() 함수는 인자 2개를 받는다. fopen() 함수의 사용 형식과 예를 살펴보자.

■ fopen() 함수의 형식

```
fopen(const char* filename, const char* mode);
            ❶                      ❷
```

- **인자 ❶** : 파일명으로, 경로를 포함한다. 단, 파일이 소스코드와 동일한 폴더에 있으면 경로를 표시하지 않고 파일명만 기록하면 된다.
- **인자 ❷** : 파일 모드를 나타내며 쓰기, 읽기 등을 결정한다.
- **반환형** : FILE 포인터

■ 사용 예

```
FILE* fp;
fp = fopen("input.txt", "r");
```

사용 예에서 input.txt는 열어야 하는 파일명이고 r은 파일을 읽기 전용 모드로 연다는 의미다. [표 12-1]에 사용할 수 있는 파일 모드와 읽기/쓰기를 위해 파일을 열었을 때 FILE 포인터가 가리키는 위치를 정리했다. 이에 대한 자세한 내용은 학습을 진행하면서 차근차근 알아보자.

FILE 포인터는 파일의 시작이나 마지막 부분을 가리키는데, 추가로 쓰는 경우를 제외하고는 파일의 시작 위치를 가리킨다. FILE 포인터가 가리키는 위치를 조정하는 방법은 해당 장의 후반부에서 살펴보겠다.

파일이 제대로 열리면 fp에 파일을 가리키는 주소 값이 저장되고 파일이 제대로 열리지 않으면 NULL이 저장된다. NULL은 아무 값도 가지고 있지 않다는 의미로 숫자 0과는 다르다. 숫자 0은 값이 있으며 그 값이 0이라는 의미다.

표 12-1 파일 모드의 종류

모드		설명	읽기/쓰기 위치
텍스트 파일	"r"	읽기 용도로 파일을 열고 파일이 없으면 NULL을 반환한다.	파일 시작 위치
	"w"	쓰기 용도로 파일을 열고 파일이 없으면 새 파일을 생성한다. 기존 파일이 있으면 그 내용을 다 지우고 새롭게 기록한다.	파일 시작 위치
	"a"	추가로 쓰는 용도로 파일을 열고 파일이 없으면 새 파일을 생성한다. 기존 파일이 있으면 그 파일의 끝에 데이터를 추가한다.	파일 끝 위치
	"r+"	기존 파일의 읽기와 쓰기가 모두 가능하다.	파일 시작 위치
	"w+"	무조건 새 파일을 생성하고 읽기와 쓰기가 모두 가능하다.	파일 시작 위치
	"a+"	기존 파일의 끝에서부터 읽기와 쓰기가 모두 가능하다.	파일 끝 위치
이진 파일	"rb"	이진 파일을 읽기 용도로 열고 "r"과 같은 기능을 수행한다.	파일 시작 위치
	"wb"	이진 파일을 쓰기 용도로 열고 "w"와 같은 기능을 수행한다.	파일 시작 위치
	"ab"	이진 파일을 추가로 쓰기 위한 용도로 열고 "a"와 같은 기능을 수행한다.	파일 끝 위치

[표 12-1]에서 파일 모드로는 텍스트 파일과 이진 파일이 있는데, 파일 형식으로 파일의 종류를 크게 나누면 이렇게 두 가지로 분류할 수 있다. 텍스트 파일은 파일의 내용을 읽거나 기록할 때 1바이트 단위로 처리하고, 아스키코드 값을 통해 화면에 문자로 나타낸다. 따라서 메모장 같은 텍스트 편집기를 이용하여 파일을 열어보면 사람이 알 수 있는 문자로 기록되어 있다.

반면에 이진 파일은 파일의 내용을 읽거나 기록할 때 텍스트 파일처럼 1바이트 단위로 처리하지 않고 가변적으로 처리한다. 처리하는 단위는 응용 프로그램에서 이진 파일을 처리하는 단위를 따른다. 예를 들어 32비트 운영체제에서 실행 파일인 .exe 파일은 4바이트 단위로 처리된다. 텍스트 편집기는 1바이트 단위로 데이터를 읽어들이기 때문에 .exe 파일을 열어보면 도무지 알 수 없는 내용이 기록되어 있다. 이진 파일은 이진 파일을 실행하는 응용 프로그램에 따라 파일을 처리하는 단위가 다르고, 자료형을 유지하면서 파일에 정보를 입력 및 출력할 수 있다. 따라서 파일의 종류에 따라 파일 모드를 구분해서 사용한다.

3 파일 닫기

파일을 열고 작업을 마쳤으면 반드시 파일을 닫아야 한다. 만약 파일을 닫지 않고 종료하면 출력 파일의 일부분이 손상되어 저장이 안 될 수도 있다. 파일을 닫을 때는 fclose() 함수를 사용한다.

```
FILE* fp;
    ⋮
fclose(fp);
```

fclose() 함수는 닫으려는 파일의 FILE 포인터를 인자로 사용한다. 파일을 성공적으로 닫으면 0을, 그렇지 않으면 EOF(Error Of File)를 반환한다. 또한 파일을 닫으면 파일 입출력에 사용했던 메모리 공간이 비워진다.

4 파일 입출력 함수

fopen() 함수로 파일을 열었다면 파일 입출력 함수로 파일에 데이터를 입출력할 수 있다. [표 12-2]는 fopen()과 fclose()를 포함하여 C 언어에서 제공하는 파일 관련 함수를 정리한 것이다. 앞으로 사용 형식과 예제를 통해 하나씩 살펴볼 것이다.

표 12-2 파일 열기와 닫기 및 입출력 함수

구분		함수명	사용 예
열기와 닫기	열기	fopen()	fp = fopen("data.txt", "r");
	닫기	fclose()	fclose(fp);
입출력	문자 입출력	fgetc(), fputc()	ch = fgetc(fp);
	행 입출력	fgets(), fputs()	fgets(str, 80, fp);
	블록 입출력	fread(), fwrite()	fread(&a, sizeof(a), 1, fp);
	형식화된 입출력	fscanf(), fprintf()	fscanf(fp, "%d", &a);

02 파일 입출력 함수

1 문자 입출력

파일에서 데이터를 문자 하나 단위로 FILE 포인터가 가리키는 위치에서부터 읽거나 쓰려면 fgetc()와 fputc() 함수를 사용한다. fgetc() 함수는 파일에서 문자 하나를 읽어오고, fputc() 함수는 파일에 문자 하나를 기록한다. 함수의 형식과 사용 예는 다음과 같다.

■ **fgetc() 함수의 형식**

```
char fgetc(FILE* stream);
           ❶
```

- **인자 ❶** : FILE 포인터
- **반환형** : 파일에서 읽어온 문자가 저장되는 문자형

■ **사용 예**

```
FILE* fp;
char ch;
ch = fgetc(fp);
```

■ **fputc() 함수의 형식**

```
fputc(int c, FILE* stream);
        ❶       ❷
```

- **인자 ❶** : 파일에 기록할 문자
- **인자 ❷** : FILE 포인터

■ **사용 예**

```
FILE* fp;
char ch = 'a';
fputc(ch, fp);
```

예제 12-1 문자를 파일에 출력하기 프로그램 12-1.c

```
#define _CRT_SECURE_NO_WARNINGS
#include <stdio.h>
#include <stdlib.h>

int main(void)
{
    FILE* fp;
    char ch;

    if ((fp = fopen("basic.txt", "w")) == NULL)
    {
        printf("파일이 열리지 않습니다.\n");
        exit(1);
    }

    printf("문자 하나를 입력하세요.\n");
    ch = getchar();

    while (ch != 'q')
    {
        fputc(ch, fp);
        ch = getchar();
    }

    printf("파일 입력이 종료되었습니다.\n");
    return 0;
}
```

실행 결과

```
문자 하나를 입력하세요.
a
v
```

```
b
q
파일 입력이 종료되었습니다.
```

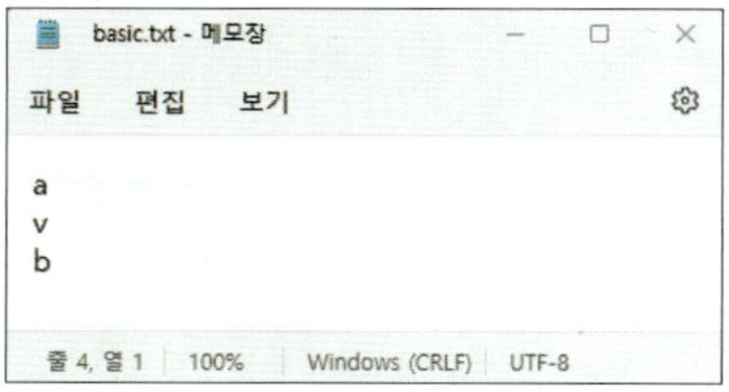

그림 12-2 basic.txt 파일에 입력된 내용

fopen() 함수가 찾는 파일이 없거나 하드디스크의 용량이 부족해서 파일을 열거나 생성할 수 없으면 NULL 값을 반환한다. if((fp = fopen("basic.txt", "w")) == NULL)은 이런 특징을 이용하여 파일이 제대로 열렸는지 확인하기 위해 만든 구문이다. exit() 함수는 프로그램을 종료할 때 사용한다. 인자가 0일 때는 정상적인 종료를 의미하고, 인자가 0이 아닌 값일 때는 비정상적으로 종료되었다고 운영체제에 알린다.

fopen() 함수의 파일 모드가 w인 경우, 작업 디렉터리에 이름이 같은 파일이 이미 존재하면([예제 12-1]에서는 basic.txt) 기존 파일의 내용은 다 지워지고 동일한 파일명으로 새로운 파일이 열린다. 기존 파일에 추가로 데이터를 입력하려면 파일 모드를 w 대신 a로 해야 한다. 파일 모드 a의 FILE 포인터는 파일의 마지막을 가리키기 때문에 기존 데이터에 추가로 입력할 수 있다. 만약 파일 모드를 a로 열었을 때 해당하는 파일이 없다면 그 파일명으로 새로운 파일을 생성한다.

[예제 12-1]에서는 q가 입력되기 전까지 문자를 계속 입력받도록 프로그래밍했다. 여기서 q는 quit의 약자로 그 외 다른 의미는 없으니 종료 조건으로 다른 문자를 넣어도 된다. [예제 12-1]을 실행한 결과 [그림 12-2]와 같이 basic.txt 파일이 만들어졌고, 해당 파일을 윈도우에서 열어보면 파일 내용이 프로그램의 실행 결과대로 작성되었음을 알 수 있다.

2 행 입출력

파일에서 행 단위로 데이터를 읽거나 쓰려면 fgets()와 fputs() 함수를 사용한다. fgets() 함수는 파일에서 한 행을 읽어와 문자열 배열에 저장하고, fputs() 함수는 문자열 배열의 내용을 파일에 한 행으로 기록한다. 한 행의 기준은 키보드의 Enter 또는 \n을 만나기 전까지다. fgets(), fputs() 함수도 앞의 fgetc(), fputc()함수와 마찬가지로 텍스트 파일에 사용되는 함수로 파일의 모든 내용을 문자로 받아들인다. 즉 읽고 쓰는 내용의 자료형이 모두 char형이다.

■ **fgets() 함수의 형식**

```
char* fgets(char* str, int count, FILE* stream);
            ❶          ❷          ❸
```

- **인자 ❶** : 파일에서 읽어올 문자열이 저장된 배열을 가리키는 포인터
- **인자 ❷** : 읽어올 문자열의 크기(읽어올 문자 수)
- **인자 ❸** : FILE 포인터

■ **사용 예**

```
FILE* fp;
⋮
char line[50];
fgets(line, 50, fp);
```

사용 예에서 fgets(line, 50, fp)는 파일의 한 행에서 문자 50개를 읽어서 문자 배열 line에 저장한다는 의미다. 만약 파일의 한 행이 50바이트보다 작으면 그 크기만큼만 읽어온다.

■ **fputs() 함수의 형식**

```
int fputs(char* str, FILE* stream);
          ❶          ❷
```

- **인자 ❶** : 파일에 저장할 문자 배열을 가리키는 포인터
- **인자 ❷** : FILE 포인터

■ **사용 예**

```
FILE* fp;
⋮
```

```
char line[50] = "title";
fputs(line, fp);
```

[예제 12-2]를 실행하기 전에 프로젝트 디렉터리에 lineInput.txt 파일이 존재해야 에러 메시지가 출력되지 않는다. 메모장에 'C programming is easy !!!'를 입력한 후 프로젝트 디렉터리에 lineInput.txt로 저장하고 [예제 12-2]를 작성해보자.

예제 12-2 **행을 파일에 출력하기** 프로그램 12-2.c, lineInput.txt

```
#define _CRT_SECURE_NO_WARNINGS
#include <stdio.h>
#include <stdlib.h>
#define LINE 30

int main(void)
{
    FILE* fp1, * fp2;
    char line[LINE];

    fp1 = fopen("lineInput.txt", "r");

    if (fp1 == NULL)
    {
        printf("파일을 열 수 없습니다.\n");
        exit(1);
    }

    fp2 = fopen("linetarget.txt", "w");

    while (fgets(line, LINE, fp1) != NULL)
        fputs(line, fp2);

    fclose(fp1);
    fclose(fp2);

   return 0;
}
```

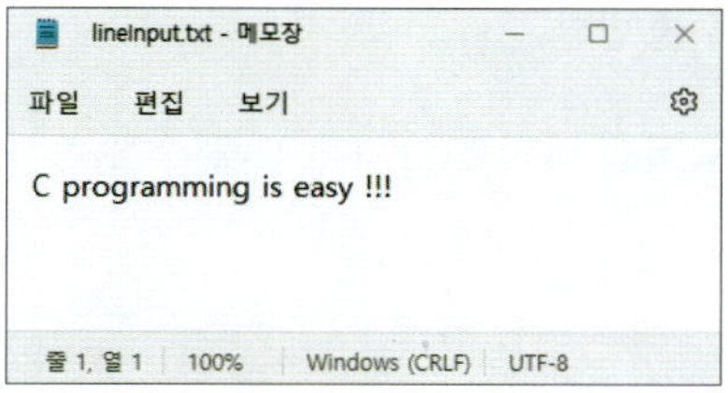

그림 12-3 읽어야 하는 파일

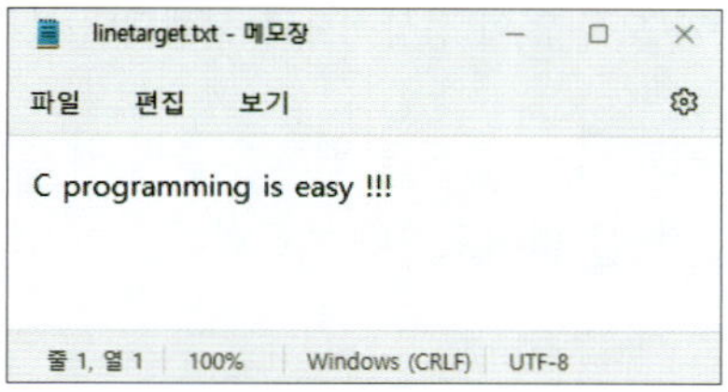

그림 12-4 기록된 파일

lineInput.txt 파일에 있는 내용을 그대로 읽어서 배열에 저장하고, 이렇게 저장된 내용을 linetarget.txt 파일에 기록했다. `fgets(line, LINE, fp1)`은 파일에서 읽어올 데이터가 없으면 `NULL`을 반환한다. [예제 12-2]를 실행하면 [그림 12-4]와 같이 linetarget.txt 파일이 만들어진다.

❸ 블록 입출력

지금까지 배운 텍스트 모드로 데이터를 입출력하려면 문자형을 제외한 다른 자료형은 내부 표현 방식인 텍스트로 변환하는 과정이 필요하다. 변환 작업이 많으면 처리 속도에도 영향을 주고, 문자형 이외에는 알 수 없는 글자로 바뀐다. 그러나 이진 모드로 데이터를 읽고 쓰면 텍스트로 변환하는 과정이 필요 없기 때문에 처리 속도가 빠르다. 이진 모드로 사용하는 대표적인 함수로 `fread()`와 `fwrite()`가 있다. 이진 모드로 데이터를 입출력하려면 `fopen()` 함수를 사용할 때 파일을 이진 모드로 열어야 한다. 이 부분은 뒤에서 예제를 통해 알아보자.

`fread()`와 `fwrite()` 함수의 형식과 사용 예는 다음과 같다.

▪ fread()와 fwrite() 함수의 형식

```
size_t fread(void* ptr, size_t size, size_t count, FILE * stream);
                   ❶              ❷                ❸                ❹
```

- **인자 ❶** : 파일에서 읽어올(또는 파일에 기록할) 자료를 가리키는 포인터
- **인자 ❷** : 읽어올(또는 기록할) 자료형의 바이트 크기
- **인자 ❸** : 읽어올(또는 기록할) 블록의 수(반복 횟수)
- **인자 ❹** : FILE 포인터

- **반환 값**: 함수가 오류 없이 정상적으로 실행되면 블록 수를 반환

fread()와 fwrite()함수는 블록 단위로 입출력한다. 자료형의 바이트 크기에 블록 수를 곱한 만큼 파일에서 데이터를 읽어오거나 기록한다.

■ **사용 예**

```
fread(&a, sizeof(int), 4, fp);
fwrite(&b, sizeof(b), 1, fp);
```

위의 첫 번째 예는 파일에 있는 내용을 메모리 a에 int형 크기 4배만큼의 데이터를 읽는다. 두 번째 예는 메모리 b에 변수 b의 크기만큼 데이터를 기록한다.

예제 12-3 **fwrite() 함수 사용하기** 프로그램 12-3.c

```
#define _CRT_SECURE_NO_WARNINGS
#include <stdio.h>
#include <stdlib.h>

int main(void)
{
    FILE* fp;
    int n = 4000;
    if ((fp = fopen("basic.txt", "wb")) == NULL)
    {
        printf("파일을 열 수 없습니다.\n");
        exit(1);
    }

    fwrite(&n, sizeof(int), 1, fp);

    fclose(fp);
    return 0;
}
```

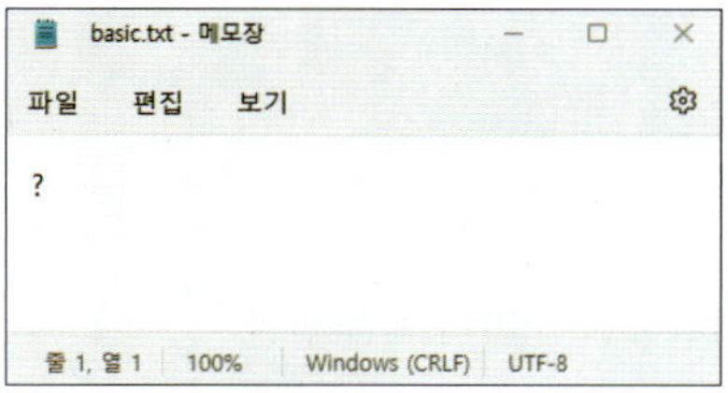

그림 12-5 기록된 파일

fwrite() 함수는 자료형을 그대로 유지하면서 데이터를 저장한다. 따라서 문자형이 아니면 텍스트 문서 편집기로 열었을 때 원래 기록한 내용을 제대로 볼 수 없다. [예제 12-3]에서 기록한 내용은 4000인데 [그림 12-5]처럼 엉뚱한 내용이 파일에 입력된 것을 확인할 수 있다.

fread()와 fwrite() 함수는 함수 내부에서 지정한 크기(**자료형의 바이트 크기 × 블록 수**)만큼 줄 바꿈과 관계없이 데이터를 입출력한다. 이것이 앞에서 다룬 fgets()나 fputs() 함수와 다른 점이다. fread()와 fwrite() 함수는 13장의 영상처리 예제에서 더 실습해볼 것이다.

혼자 해 보기 12-1

[예제 12-3]에서 만든 basic.txt 파일을 이진 모드로 연 후 **fread()** 함수를 사용하여 읽어들인 값을 도스 창에 출력하는 프로그램을 작성하시오.

4 형식화된 입출력

변환 기호에 맞추어 파일에 입출력하는 함수로는 fprintf()와 fscanf()가 있다. 사용법은 표준 입출력 함수인 printf(), scanf()와 유사하다. 차이점은 printf(), scanf() 함수는 도스 창에 데이터를 입출력하지만 fprintf(), fscanf() 함수는 파일에 데이터를 기록하거나 읽어서 프로그램의 변수에 저장한다는 것이다.

■ **fprintf() 함수의 형식**

```
fprintf(FILE* 포인터, 변환 기호, 변수_목록);
             ❶          ❷          ❸
```

- **인자 ❶** : FILE 포인터
- **인자 ❷** : printf() 함수에서 사용한 변환 기호
- **인자 ❸** : 파일에 저장할 내용을 담고 있는 변수들
- **반환 값** : 함수가 정상적으로 실행되면 파일에 저장한 데이터 크기(바이트)를 반환

기록할 대상인 FILE 포인터가 추가된 것이 printf() 함수와 다른 점이다.

■ **사용 예**

```
fprintf(fp, "%s %s %d\n", name, address, age);
```

fprintf() 함수는 FILE 포인터를 제외하면 printf() 함수와 사용 형식이 동일하다. 위의 예에서는 name, address, age에 저장된 데이터가 두 번째 인자에서 지정한 변환 기호에 따라 파일에 기록된다.

■ **fscanf() 함수의 형식**

```
fscanf(FILE* 포인터, 변환 기호, 변수_목록);
       ❶             ❷         ❸
```

- **인자 ❶** : FILE 포인터
- **인자 ❷** : scanf() 함수에서 사용한 변환 기호
- **인자 ❸** : 파일에서 읽어온 자료가 저장될 변수 또는 변수의 주소
- **반환 값** : 함수가 정상적으로 실행되면 파일에서 읽어들인 항목 수를 반환

■ **사용 예**

```
fscanf(fp, "%s %s %d\n", name, address, &age);
```

fscanf() 함수 역시 FILE 포인터를 제외하면 scanf() 함수와 사용 형식이 동일하다. 위의 예에서는 파일에서 읽어온 내용이 두 번째 인자에서 지정한 변환 기호에 따라 name, address, &age에 저장된다. 그러므로 이 함수를 사용하려면 읽어오려는 자료가 어떤 자료형인지 알아야 한다.

자료형을 잘못 작성하면 원하는 정보를 얻지 못한다. 예를 들어 문자를 읽어와야 하는데 정수형 변환 기호를 사용하면 사용자가 원하는 문자로 읽어오지 못하고 숫자로 읽어온다.

예제 12-4 fprintf()와 fscanf() 함수 사용하기 프로그램 12-4.c

```
#define _CRT_SECURE_NO_WARNINGS
#include <stdio.h>
#include <stdlib.h>
struct students {
    char name[40];
    char address[40];
    int age;
};

typedef struct students student;

int main(void)
{
    FILE* fp1;

    student st1 = { "홍길동", "서울", 30 }, st2;

    if ((fp1 = fopen("basic.txt", "w")) == NULL)
    {
        printf("파일을 열 수 없습니다.\n");
        exit(1);
    }

    fprintf(fp1, "%s %s %d\n", st1.name, st1.address, st1.age);
    fclose(fp1);

    if ((fp1 = fopen("basic.txt", "r")) == NULL)
    {
        printf("파일을 열 수 없습니다.\n");
        exit(1);
    }

    fscanf(fp1, "%s %s %d\n", st2.name, st2.address, &st2.age);
    printf("이름 : %s, 거주지 : %s, 나이 : %d\n\n", st2.name,
        st2.address, st2.age);
```

```c

    fclose(fp1);
    return 0;
}
```

실행 결과

```
이름 : 홍길동, 거주지 : 서울, 나이 : 30
```

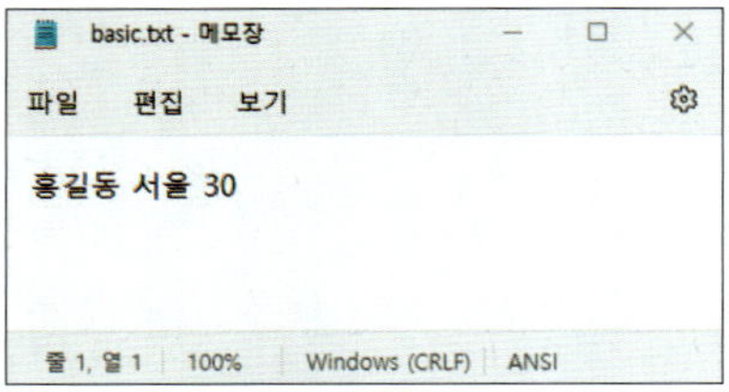

그림 12-6 기록된 파일

[예제 12-4]는 basic.txt 파일을 만든 후 `fprintf()` 함수로 구조체에 있는 내용을 파일에 기록하고 닫는다. 그런 다음 파일을 다시 열어서 `fscanf()` 함수로 파일에 들어 있는 내용을 읽어와 도스 창에 출력한다.

혼자 해 보기 12-2

다음과 같이 2명의 정보가 입력된 텍스트 파일을 만들어 프로젝트 폴더에 저장한다. 이 파일에서 2명의 정보를 읽어와 도스 창에 출력하는 프로그램을 [예제 12-4]를 참조하여 작성하시오.

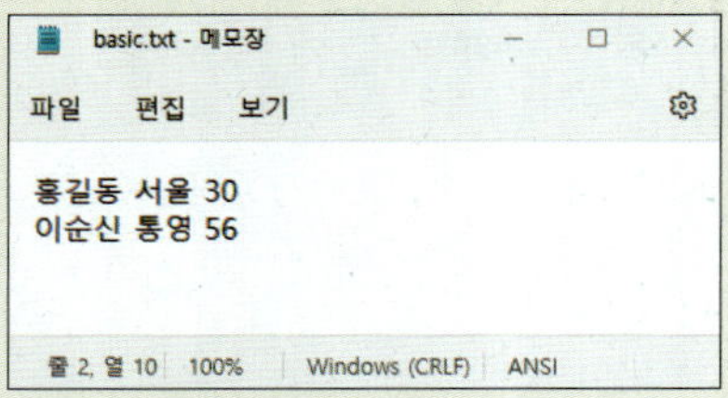

그림 12-7 정보가 입력된 파일

①힌트 `fscanf()` 함수를 두 번 사용한다.

03 파일 임의 접근

지금까지 학습한 파일 관련 함수는 파일의 처음이나 끝부터 데이터를 입출력했는데 이런 방식을 **순차 접근**Sequential Access이라고 한다. 이와 다르게 파일의 중간 부분, 즉 임의의 위치에서부터 처리해야 하는 경우도 발생하는데 이런 방식을 **임의 접근**Random Access이라고 한다. 이 방식은 파일 내부 위치를 바이트 단위로 나타내는 파일 위치 지시자를 이용하여 파일에 접근한다.

파일 위치 지시자는 헤더파일인 stdio.h 파일에 정의되어 있고, 종류는 [표 12-3]과 같다.

표 12-3 파일 위치 지시자

상수	값	의미
SEEK_SET	0	파일의 처음
SEEK_CUR	1	파일에서 현재 위치
SEEK_END	2	파일의 끝

파일에 임의 접근하는 함수는 `fseek()`, `fsetpos()`, `fgetpos()` 등으로 함수명을 보면 어떤 역할을 하는지 알 수 있다. `'seek'`은 '찾는다'는 의미로 파일에서 특정 위치를 찾을 때 `fseek()` 함수를 사용하며, `'setpos'`는 'position을 set 한다'는 의미로 파일에서 특정 위치를 정할 때(setting) `fsetpos()` 함수를 사용한다. 그리고 `'getpos'`는 'position을 얻어온다'는 의미로, `FILE` 포인터가 가리키는 위치를 얻기 위해 `fgetpos()` 함수를 사용한다. 각각의 함수에 대해 자세히 알아보자.

1 fseek() 함수

```
int* fseek(FILE* fp, long offset, int origin)
              ❶          ❷           ❸
```

- **인자 ❶** : FILE 포인터
- **인자 ❷** : origin 위치부터 새로운 위치까지 상대적으로 떨어진 거리(단위는 바이트)
- **인자 ❸** : 파일 위치 지시자
- **반환 값** : 성공할 경우 0, 오류가 발생하면 0 이외의 값을 반환

fseek() 함수는 파일 위치 지시자가 원래 있었던 지점(origin)에서 사용자가 원하는 간격만큼(offset byte) 파일 위치 지시자를 이동한다. 이 함수는 이진 모드 파일에서만 위치를 제대로 찾아갈 수 있다.

fseek() 함수는 다음과 같이 활용할 수 있다.

- fseek(fp, 100L, SEEK_SET) : 파일 위치 지시자가 가리키는 위치를 파일의 처음 위치에서 100바이트 이동하라는 의미다.
- fseek(fp, 100L, SEEK_CUR) : 파일 위치 지시자가 가리키는 위치를 파일의 현재 위치에서 100바이트 이동하라는 의미다.
- fseek(fp, -100L, SEEK_END) : 파일 위치 지시자가 가리키는 위치를 파일의 끝에서 100바이트 앞으로 이동하라는 의미다.

예제 12-5 fseek() 함수 사용하기 프로그램 12-5.c

```c
#define _CRT_SECURE_NO_WARNINGS
#include <stdio.h>
#include <string.h>
#include <stdlib.h>
int main(void)
{
    FILE* fp;
    char str[11];

    if ((fp = fopen("data.txt", "wb")) == NULL)
    {
        printf("파일을 열 수 없습니다.\n");
        exit(1);
    }

    fprintf(fp, "abcdefghij");
```

```
    fclose(fp);

    if ((fp = fopen("data.txt", "rb")) == NULL)
    {
        printf("파일을 열 수 없습니다.\n");
        exit(1);
    }

    fgets(str, 11, fp);
    printf("str 문장 출력 : %s\n\n", str);

    fseek(fp, 4L, SEEK_SET);
    fgets(str, 3, fp);
    printf("5번째부터 2글자 출력 : %s\n", str);

    fseek(fp, -3L, SEEK_CUR);
    fgets(str, 3, fp);
    printf("현 위치의 3글자 앞에서부터 2글자 출력 : %s\n", str);

    fseek(fp, -9L, SEEK_END);
    fgets(str, 5, fp);
    printf("맨 뒤에서 9글자 앞에서부터 4글자 출력 : %s\n", str);
    fclose(fp);

    return 0;
}
```

실행 결과

```
str 문장 출력 : abcdefghij
5번째부터 2글자 출력 : ef
현 위치의 3글자 앞에서부터 2글자 출력 : de
맨 뒤에서 9글자 앞에서부터 4글자 출력 : bcde
```

[예제 12-5]에서는 먼저 data.txt 파일을 이진 쓰기 모드로 열고 `fprintf()` 함수로 파일에 abcdefghij를 기록한 후 파일을 닫는다. 그런 다음 다시 이진 모드로 파일을 열고 `fgets()` 함수로 파일의 내용을 배열 `str`로 읽어와 도스 창에 출력한다. `fseek(fp, 4L, SEEK_SET)`과 `fgets(str, 3, fp)`에 의해 `FILE` 포인터가 파일의 처음에서 네 바이트 앞으로 이동하여 문자

열의 크기가 3인, 즉 'NULL'을 포함하여 두 개 문자를 읽는다. fgets() 함수는 \0을 자동으로 추가하기 때문에 ef 두 글자만 출력된다.

2 fgetpos() 함수

```
fgetpos(FILE* fp, fpos_t* pos);
        ❶        ❷
```

- **인자 ❶ :** FILE 포인터
- **인자 ❷ :** 현재 파일 위치 지시자가 가리키는 위치를 저장하는 포인터
- **반환 값 :** 성공할 경우 0, 오류가 발생하면 0 이외의 값을 반환

fgetpos() 함수는 파일 내에서 파일 위치 지시자가 가리키는 현재 위치를 포인터 pos에 저장한다. fpos_t는 파일 위치를 나타내는 자료형으로 long형을 재정의(typedef long fpos_t)한 것이다.

3 fsetpos() 함수

```
fsetpos(FILE * fp, const fpos_t * pos);
        ❶          ❷
```

- **인자 ❶ :** FILE 포인터
- **인자 ❷ :** 이동하고자 하는 파일 위치 지시자의 새로운 위치
- **반환 값 :** 성공할 경우 0, 오류가 발생하면 0 이외의 값을 반환

fsetpos() 함수를 사용하려면 반드시 fgetpos() 함수를 통해 pos 값을 가지고 있어야 한다.

[예제 12-6]을 실습하기 위해 줄 번호를 뺀 예제 소스코드를 작성하여 프로그램이 실행될 폴더에 example.c로 저장한다. [예제 12-6]에서는 이 파일을 이진 모드로 열어 파일 위치 지시자를 확인하고, 그 위치를 바꿔가면서 파일 내용을 도스 창에 출력한다.

예제 12-6 fgetpos()와 fsetpos() 함수 사용하기

프로그램 12-6.c, example.c

```
#define _CRT_SECURE_NO_WARNINGS
#include <stdio.h>
#include <string.h>
#include <stdlib.h>
int main(void)
{
    FILE* fp;
    fpos_t pos; // fpos_t : 파일 위치 자료형으로 long형을 재정의한 것
    char str[20];
    if ((fp = fopen("example.c", "rb")) == NULL)
    {
        printf("파일이 열리지 않습니다.\n");
        exit(1);
    }
    fgetpos(fp, &pos);
    printf("pos = %ld\n", (long)pos);

    fread(str, sizeof(char), 20, fp);

    fgetpos(fp, &pos);

    printf("pos = %ld, str = %s\n", (long)pos, str);

    pos = 300;

    if (fsetpos(fp, &pos) != 0)
        printf("fsetpos 에러 발생\n");

    fread(str, sizeof(char), 20, fp);
    fgetpos(fp, &pos);

    printf("pos = %ld, str = %.30s\n", (long)pos, str);

    fclose(fp);
    return 0;
}
```

실행 결과

```
pos = 0
pos = 20 str = #define _CRT_SECIRE_
pos = 320 str = "pos = %ld\n",
```

TIP 예제에서는 문자열이 아닌 바이트 단위로 읽어 문자열로 보여주기 때문에 시스템에 따라 문자열이 깨져 보일 수 있다.

fgetpos() 함수로 파일 위치 지시자의 위치를 읽고 그 결과 값을 pos에 저장한 후 결과 화면에 출력했다. fread() 함수로 20바이트만큼 문자를 읽어 str에 저장하고, fgetpos() 함수로 파일 위치 지시자의 위치를 다시 pos에 저장한다. FILE 포인터의 위치를 fsetpos() 함수로 바꾸기 위해 pos = 300으로 pos에 300을 할당한다.

26행의 if (fsetpos(fp, &pos) != 0)은 fsetpos() 함수가 정상적으로 실행되면 0을 반환하는 것을 이용하여 동작을 확인한다. 그다음 fread() 함수로 20바이트만큼 str에 읽어오고 fgetpos() 함수로 파일 위치 지시자 값을 얻어와 도스 창에 파일 위치 지시자와 읽어온 문자열을 출력한다.

04 매크로

1 매크로 상수

매크로Macro는 **프로그래밍할 때 반복적으로 나타나는 상수나 함수를 명령 하나로 새롭게 정의할 수 있도록 해준다.** C 언어에서 매크로는 #define 지시자로 문장이 시작되며 형식과 사용 예는 다음과 같다.

■ 매크로 상수 형식

```
#define 매크로명 대체할_값
```

이때 대체할 값으로는 리스트명, 수, 문자열 등이 올 수 있다.

■ 사용 예

```
#define PI 3.141592
#define MSG "Hello!!"
```

매크로를 정의하는 문장은 전처리 지시자 '#'를 사용하므로 마지막에 세미콜론(;)을 넣지 않는다.

예제 12-7 **매크로 사용하기** 프로그램 12-7.c

```
#define _CRT_SECURE_NO_WARNINGS
#include <stdio.h>
#define PI 3.14
int main(void)
{
	int R;
	float cir;

	printf("원의 반지름을 입력하세요 : ");
	scanf("%d", &R);
```

```
    
    cir = PI * (2 * R);
    printf("원의 둘레는 %.2f입니다.\n", cir);
    
    return 0;
}
```

실행 결과

```
원의 반지름을 입력하세요 : 4
원의 둘레는 25.12입니다.
```

2 매크로 함수

매크로는 상수뿐만 아니라 함수로도 사용할 수 있다. 그 형식과 예를 살펴보자.

■ **매크로 함수 형식**

```
#define 매크로 함수명(인자_1, 인자_2, ……) 함수_정의
```

■ **사용 예**

```
#define MAX(A,B) ((A) > (B) ? (A) : (B))
#define SQUARE(X) ((X) * (X))
```

매크로 함수명 다음에 바로 괄호를 입력한다. 매크로 함수명과 괄호 사이에 공백이 있으면 매개변수를 가진 매크로 함수가 아닌 단순 매크로 상수로 인식하기 때문에 잘못된 결과가 나온다.

예제 12-8 **매크로 함수 사용하기** 프로그램 12-8.c

```
#define _CRT_SECURE_NO_WARNINGS
#include <stdio.h>
#define PI 3.14
#define AREA(X) (PI * (X) * (X))

int main(void)
```

```
{
	float R;

	printf("원의 반지름을 입력하세요 : ");
	scanf("%f", &R);

	printf("원의 면적은 %.2f입니다.\n", AREA(R));

	return 0;
}
```

실행 결과

```
원의 반지름을 입력하세요 : 4
원의 면적은 50.24입니다.
```

이처럼 간단하고 반복적인 내용은 매크로 함수로 처리하면 쉽고 간편하게 프로그램을 작성할 수 있다.

요약

01 파일 입출력

키보드와 모니터 대신 파일에 데이터 입출력 작업을 수행한다. 파일에 데이터를 입출력하려면 파일을 열고, 처리하고, 닫아야 한다. 파일 관련 함수는 헤더파일인 stdio.h 파일에 들어 있다.

02 파일 열기와 닫기

파일에서 입출력 작업을 하려면 fopen() 함수로 파일을 열고 fclose() 함수로 파일을 닫아야 한다.

구분	함수명	사용 예
열기	fopen()	fp = fopen("data.txt", "r");
닫기	fclose()	fclose(fp);

03 파일 입출력 함수

다음과 같은 입출력 함수를 통해 파일에서 데이터를 읽거나 쓸 수 있다.

구분	함수명	사용 예
문자 입출력	fgetc(), fputc()	ch = fgetc(fp);
행 입출력	fgets(), fputs()	fgets(str, 80, fp);
블록 입출력	fread(), fwrite()	fread(&a, sizeof(a), 1, fp);
형식화된 입출력	fscanf(), fprintf()	fscanf(fp, "%d", &a);

04 파일 임의 접근

파일의 접근 위치를 임의로 설정하여 읽어오는 방식으로, 파일 위치 지시자를 이용하여 임의의 위치로 접근할 수 있다. 임의 접근 함수에는 fseek(), fgetpos(), fsetpos()가 있다.

05 매크로

반복적으로 나타나는 명령을 하나의 새로운 명령으로 정의할 때 사용한다. C 언어에서 매크로는 #define 지시자를 이용하여 나타낸다. 매크로는 상수로 사용할 수도 있고 인자를 넣어서 함수로 사용할 수도 있다.

01 다음 프로그램의 오류를 수정하시오.

①

```
#define _CRT_SECURE_NO_WARNINGS
#include <stdio.h>
#include <stdlib.h>

int main(void)
{
    FILE* fp;
    int n = 4000;
    if ((fp = fopen(basic.txt, "wb")) == NULL)
    {
        printf("파일을 열 수 없습니다.\n");
        exit(1);
    }
    fwrite(n, sizeof(n), 1, fp);
    fclose(fp);
    return 0;
}
```

②

```
#include <stdio.h>
#define PI 3.14
#define AREA (PI * X * X)

int main(void)
{
     float R;
     printf("원의 반지름을 입력하세요 : ");
     scanf("%f", &R);
     printf("원의 면적은 %.2f입니다.\n", AREA);

     return 0:
}

```

연습문제

02 다음과 같은 정보가 담긴 Bookinfo.txt라는 텍스트 파일이 있다고 가정해보자. 이 파일에 저장되어 있는 정보를 읽어와 구조체 book을 만들어 저장하는 프로그램을 작성하시오.

```
C언어 C출판사 20000
Java J출판사 25000
VB V출판사 30000
Perl P출판사 23000
```

03 02번 문제의 책 정보에서 가장 비싼 책이 무엇이며, 그 책의 가격이 얼마인지를 알아내는 프로그램을 작성하시오.

04 02번 문제의 Bookinfo.txt 파일에 '알고리즘 A출판사 15000'과 '자료구조 B출판사 2000'을 추가하는 프로그램을 작성하시오.

05 02번 문제의 Bookinfo.txt 파일을 프로그램에서 읽어와 도스 창에 그대로 보여주는, 일명 텍스트 뷰어 프로그램을 작성하시오.

06 정수 1부터 100까지 누적해서 더해 나가는 basic.txt 파일을 `fprintf()` 함수를 이용해서 아래와 같이 보여주는 프로그램을 작성하시오. 단, * basic.txt 파일에서 첫 번째 정수는 1부터, 두 번째 정수는 어디까지, 세 번째 정수는 더한 값을 나타낸다.

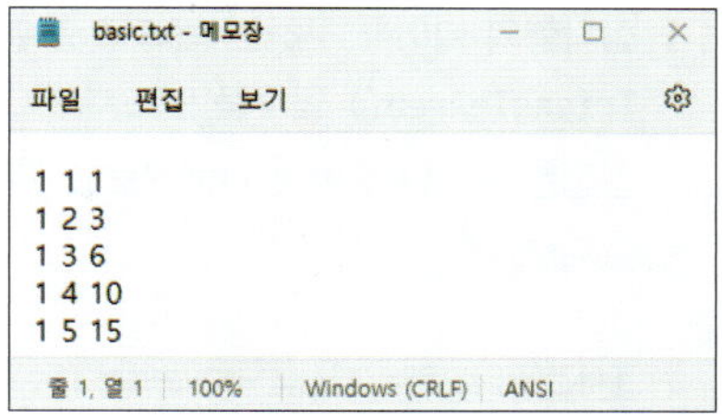

07 `fscanf()` 함수를 이용해서 06번 문제의 basic.txt 파일을 읽어, 1부터 순차적으로 더해 합이 300 미만이 되려면 몇까지 더해야 하는지 구하고, 그 합을 출력하는 프로그램을 작성하시오.

08 3개의 수를 입력받은 뒤 가장 큰 수를 알려주는 매크로 함수 `MAX`를 만들고 프로그램하시오.

09 실수를 입력받아 절댓값을 구하는 매크로 함수를 만들어 이를 출력하는 프로그램을 작성하시오.

10 실수를 입력받아 정수로 바꾸되, 반올림을 해서 정수로 바꾸는 매크로 함수인 `CHINT` 함수를 만들고 프로그램하시오.

11 삼각형의 넓이를 구하는 매크로 함수와 인자 2개(밑변과 높이)를 입력받아 삼각형의 넓이를 구하는 TriangleArea() 함수를 만드시오. 그리고 다음 코드를 이용하여 매크로 함수와 일반 함수를 각각 일정한 횟수만큼 반복 시행해보고, 간단한 내용을 함수로 구현할 때는 어떤 함수의 속도가 빠른지 비교해보시오.

[시간을 비교하는 시스템 라이브러리 함수와 그 사용 예]

```
#define _CRT_SECURE_NO_WARNINGS
#include <stdio.h>
#include <sys/timeb.h>

int main()
{
    FILE* fpInTime;
    int i = 0;
   struct _timeb tv1;  // 시작 값 저장
    struct _timeb tv2; // 함수 시행 후 값 저장

    fpInTime = fopen("함수 시간 비교.txt", "w");
    _ftime(&tv1);

    for (i = 0; i < 횟수; i++)
    {
        // 임의의 횟수로 비교한다.
        // 함수 시행
    }

    _ftime(&tv2);
    fprintf(fpInTime, "함수 시간 : %5d.%5d",
        tv2.time - tv1.time, tv2.millitm - tv1.millitm);
    fclose(fpInTime);

    return 0;
}
```

CHAPTER 13

실전 예제

학습목표

- 데이터 정렬 방법을 알아보고 각 정렬 방법의 처리 속도를 비교한다.
- C 언어를 이용하여 영상을 처리하는 프로그램을 작성한다.
- 난수를 이용하여 도형의 면적을 구하는 프로그램을 작성한다.
- 난수를 이용하여 표적의 명중률을 계산하는 프로그램을 작성한다.

01 데이터 정렬 프로그램

데이터 정렬은 데이터 값을 순서대로 재배치하는 것으로 여러 곳에서 이용된다. 데이터를 빠르게 정렬하는 다양한 방법이 연구 및 소개되고 있는데, 여기서는 가장 기본적인 방법을 사용하여 데이터를 정렬하는 프로그램을 작성해본다.

1 선택 정렬

선택 정렬에서 리스트는 가상의 벽에 의해 정렬된 리스트와 정렬되지 않은 리스트로 나뉜다. 선택 정렬이 이루어지는 과정은 다음과 같다.

1.1 선택 정렬 과정

❶ 정렬되지 않은 리스트에서 가장 작은 원소를 찾는다.

❷ 과정 ❶에서 찾은 원소의 자리를 정렬되지 않은 리스트의 첫 번째 원소와 바꾼다.

❸ 정렬되지 않은 리스트에서 가장 작은 값을 벽 앞의 정렬된 리스트로 넘긴다.

❹ 가상의 벽을 현재 위치에서 한 칸 뒤로 옮겨 검색 범위를 좁힌다.

[그림 13-1]은 정수 6개를 선택 정렬하는 예인데, 정렬된 리스트와 정렬되지 않은 리스트 사이에서 선택 정렬이 이뤄지는 과정과 가상의 벽이 각 단계에서 어떻게 이동하는지를 보여준다. ❷, ❸ 과정은 위치를 따져보면 같기 때문에 실제 소스코드에서는 하나로 구현된다.

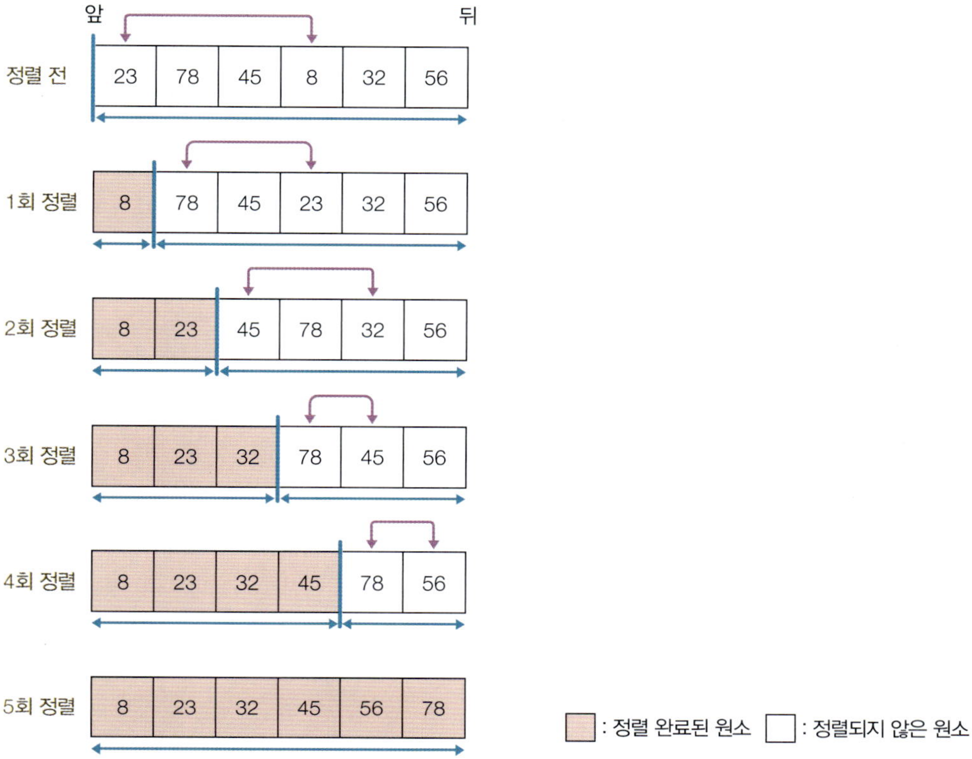

그림 13-1 선택 정렬 과정

선택 정렬이 진행될수록 정렬된 원소 수는 증가하고 정렬되지 않은 원소 수는 감소한다. 원소가 정렬되지 않은 리스트에서 정렬된 리스트로 이동할 때마다 정렬 패스 한 번이 완료된다. 정렬해야 하는 데이터가 n개라면 정렬 패스를 n-1번 반복해야 한다.

TIP 여기서 정렬 패스는 정렬 과정(알고리즘)이 실행되는 것을 의미한다.

이 알고리즘을 구현하려면 반복문 2개가 필요하다. 외부 반복문은 각 패스를 반복하고 내부 반복문은 정렬되지 않은 리스트에서 가장 작은 원소를 찾는다.

1.2 선택 정렬 함수 소스

```
void Select_Sort(int* a, int count)
{
    int i, j;
```

```
    int min_value, min_index;

    for (i = 0; i < count - 1; i++)      // 패스 반복
    {
        min_index = i;                   // 정렬되지 않은 리스트의 첫 번째 값 기억
        min_value = a[i];

        for (j = i + 1; j < count; j++) // 과정 ❶ : 최소 원소 찾기
        {
            if (min_value > a[j])
            {
                min_index = j;
                min_value = a[j];
            }
        }

        a[min_index] = a[i];             // 과정 ❷, ❸
        a[i] = min_value;
    }
}
```

예제 13-1 **선택 정렬**

프로그램 13-1.c

```
#include <stdio.h>

void Select_Sort(int* a, int count);

int main(void)
{
    int data[] = { 4, 2, 20, 8, 1, 33, 35, 9, 6, 26 };
    int i;

    printf("정렬 전 데이터\n");

    for (i = 0; i < 10; i++)
        printf("[%d] ", data[i]);

    Select_Sort(data, 10);
    puts("\n");
```

```c

    printf("정렬 후 데이터\n");

    for (i = 0; i < 10; i++)
        printf("[%d] ", data[i]);

    puts("\n");
    return 0;
}

void Select_Sort(int* a, int count)
{
    int i, j;
    int min_value, min_index;

    for (i = 0; i < count - 1; i++)
    {
        min_index = i;
        min_value = a[i];

        for (j = i + 1; j < count; j++)
        {
            if (min_value > a[j])
            {
                min_index = j;
                min_value = a[j];
            }
        }
        a[min_index] = a[i];
        a[i] = min_value;
    }
}
```

실행 결과

```
정렬 전 데이터
[4] [2] [20] [8] [1] [33] [35] [9] [6] [26]
정렬 후 데이터
[1] [2] [4] [6] [8] [9] [20] [26] [33] [35]
```

2 버블 정렬

버블 정렬에서도 리스트는 정렬된 리스트와 정렬되지 않은 리스트로 나뉜다. 버블 정렬은 원래 가장 큰 원소를 리스트의 뒤로 이동한다. 하지만 작은 원소를 앞으로 이동해도 최종 정렬 결과가 같고, 정렬 알고리즘이 동일한 방법으로 동작하면 비교하기 쉬우므로 작은 원소를 앞으로 이동하는 방법으로 버블 정렬을 알아보자.

2.1 버블 정렬 과정

❶ 정렬되지 않은 리스트의 뒤에서부터 앞으로 값을 하나하나 비교하면서 현재 값보다 작은 값이 나타나면 자리를 바꾼다. 현재 값이 더 크거나 같으면 앞의 값이 현재 값이 된다.

❷ 과정 ❶을 반복하면 가장 작은 값이 정렬되지 않은 리스트의 맨 앞에 온다.

❸ 과정 ❷의 값을 벽 앞 정렬된 리스트로 넘긴다.

❹ 가상의 벽을 현재 위치에서 한 칸 뒤로 옮겨 정렬되지 않은 리스트의 범위를 좁힌다.

[그림 13-2]는 버블 정렬 과정을 보여준다.

그림 13-2 버블 정렬 과정

첫 번째 패스를 보면 56에서 시작하여 56과 32를 비교한다. 56은 32보다 크기 때문에 교환하지 않고 그 앞 원소인 32와 8을 비교한다. 8과 45를 비교할 때까지 교환이 이루어지지 않는다. 8은 45보다 작기 때문에 이 두 원소를 서로 교환하고, 그 앞의 원소인 78과 8을 비교하여 교환한다. 마지막으로 8과 23을 비교하여 교환한다. 일련의 교환 과정을 거쳐 8이 첫 번째 위치에 놓이고 벽은 한 칸 뒤로 이동한다.

원소가 비정렬 리스트에서 정렬 리스트로 이동할 때마다 정렬 패스 한 번이 완료된다. 따라서 n개의 데이터를 정렬하려면 정렬 패스를 n-1번 반복해야 한다.

버블 정렬은 반복문을 2개 사용한다. 외부 반복문은 각 패스를 반복하고 내부 반복문은 가장 작은 원소를 찾아 정렬되지 않은 리스트의 맨 앞으로 보낸다.

2.2 버블 정렬 함수 소스

```
void Bubble_Sort(int* a, int count)
{
    int i, j;
    int temp;

    for (i = 0; i < count - 1; i++)       // 패스 반복
    {
        for (j = 1; j < count - i; j++)  // 최솟값 찾기
        {
            if (a[j - 1] > a[j])
            {
                temp = a[j - 1];
                a[j - 1] = a[j];
                a[j] = temp;
            }
        }
    }
}
```

예제 13-2 **버블 정렬** 프로그램 13-2.c

```c
#include <stdio.h>

void Bubble_Sort(int* a, int count);

int main(void)
{
    int data[] = { 4, 2, 20, 8, 1, 33, 35, 9, 6, 26 };
    int i;

    printf("정렬 전 데이터\n");

    for (i = 0; i < 10; i++)
        printf("[%d] ", data[i]);

    Bubble_Sort(data, 10);
    puts("\n");

    printf("정렬 후 데이터\n");

    for (i = 0; i < 10; i++)
        printf("[%d] ", data[i]);

    puts("\n");

    return 0;
}

void Bubble_Sort(int* a, int count)
{
    int i, j;
    int temp;

    for (i = 0; i < count - 1; i++)
    {
        for (j = 1; j < count - i; j++)
        {
            if (a[j - 1] > a[j])
            {
                temp = a[j - 1];
```

```
                    a[j - 1] = a[j];
                    a[j] = temp;
                }
            }
        }
}
```

실행 결과

```
정렬 전 데이터
[4] [2] [20] [8] [1] [33] [35] [9] [6] [26]
정렬 후 데이터
[1] [2] [4] [6] [8] [9] [20] [26] [33] [35]
```

3 삽입 정렬

삽입 정렬은 가장 일반적인 알고리즘 중 하나로 카드놀이에서 가끔 사용된다. 카드 플레이어가 선택하는 각 카드는 자기 손에 들려 있는 카드의 적당한 장소에 삽입되어 특별한 순서가 유지된다. 삽입 정렬에서도 리스트는 정렬된 리스트와 정렬되지 않은 리스트로 나뉜다.

3.1 삽입 정렬 과정

❶ 가상의 벽 바로 뒤의 값을 벽 바로 앞의 값과 비교한다(정렬되지 않은 리스트의 첫 번째 값과 정렬된 리스트의 마지막 값을 비교한다).

❷ 가상의 벽 뒤의 값이 크면 가상의 벽을 한 칸 뒤로 옮기고 과정 ❶을 수행한다.

❸ 가상의 벽 뒤의 값이 작으면 그 값을 정렬된 리스트의 값과 뒤에서부터 비교해간다.

❹ 이동해야 하는 값보다 작은 값을 발견하면 그 값 뒤에 가상의 벽 바로 뒤의 값을 옮긴다.

❺ 가상의 벽을 현재 위치에서 한 칸 뒤로 옮겨 정렬되지 않은 리스트의 범위를 좁힌다.

[그림 13-3]은 삽입 정렬 과정을 보여준다.

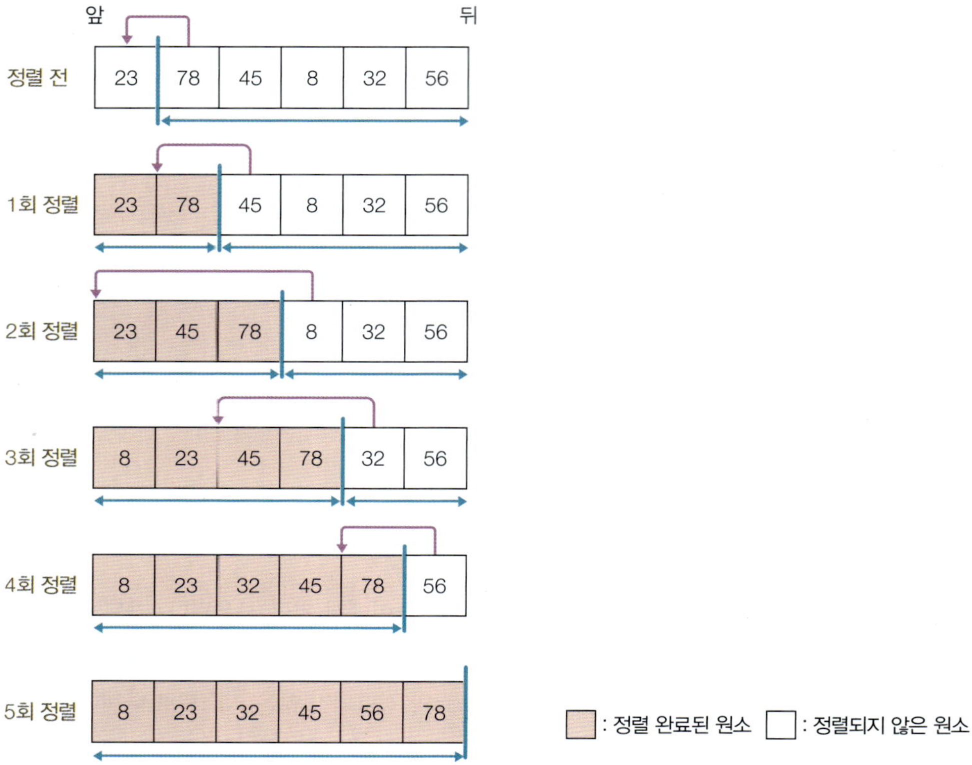

그림 13-3 삽입 정렬 과정

원소가 비정렬 리스트에서 정렬 리스트로 이동할 때마다 정렬 패스 한 번이 완료된다. 따라서 n개의 데이터를 정렬하려면 정렬 패스를 n-1번 반복해야 한다.

삽입 정렬은 선택 정렬 및 버블 정렬에서 보여준 패턴과 비슷하다. 외부 반복문은 각 패스를 반복하고 내부 반복문은 해당 원소의 삽입 위치를 찾는다.

3.2 삽입 정렬 함수 소스

```
void Insert_Sort(int* a, int count)
{
   int i, j;
   int temp;

   for (i = 1; i < count; i++) // 전체 루프 반복
```

```
    {
        temp = a[i];
        j = i;

        while ((a[j - 1] > temp) && (j > 0)) // 원소 삽입 위치 찾기
        {
            a[j] = a[j - 1];
            j = j - 1;
        }

        a[j] = temp;
    }
}
```

예제 13-3 **삽입 정렬** 프로그램 13-3.c

```
#include <stdio.h>

void Insert_Sort(int* a, int count);

int main(void)
{
    int data[] = { 4, 2, 20, 8, 1, 33, 35, 9, 6, 26 };
    int i;

    printf("정렬 전 데이터\n");

    for (i = 0; i < 10; i++)
        printf("[%d] ", data[i]);

    Insert_Sort(data, 10);
    puts("\n");

    printf("정렬 후 데이터\n");

    for (i = 0; i < 10; i++)
        printf("[%d] ", data[i]);

    puts("\n");
```

```

    return 0;
}

void Insert_Sort(int* a, int count)
{
    int i, j;
    int temp;

    for (i = 1; i < count; i++)
    {
        temp = a[i];
        j = i;

        while ((a[j - 1] > temp) && (j > 0))
        {
            a[j] = a[j - 1];
            j = j - 1;
        }
        a[j] = temp;
    }
}
```

실행 결과

```
정렬 전 데이터
[4] [2] [20] [8] [1] [33] [35] [9] [6] [26]
정렬 후 데이터
[1] [2] [4] [6] [8] [9] [20] [26] [33] [35]
```

4 셸 정렬

셸 정렬은 1959년에 만들어진 알고리즘으로 삽입 정렬을 개선한 방법이다. 삽입 정렬은 인접한 요소를 비교하여 해당 원소가 들어갈 위치를 찾으므로, n개의 배열을 내림차순으로 정렬할 경우 가장 작은 값이 맨 뒤에 있다면 n번 비교하고 이동해야 한다. 셸 정렬은 이러한 문제를 해결하기 위해 h만큼의 간격으로 삽입 정렬을 실행한다. 즉 h 간격만큼 떨어진 요소들을 모아서 삽입 정렬을 수행한다.

4.1 셸 정렬 과정

❶ h 간격을 설정한다.

❷ h 간격만큼 떨어진 원소를 모은 부분집합에서 삽입 정렬을 각각 수행한다.

❸ h 간격을 재설정하고 과정 ❷를 반복한다.

[그림 13-4]를 통해 셸 정렬 과정을 자세히 알아보자.

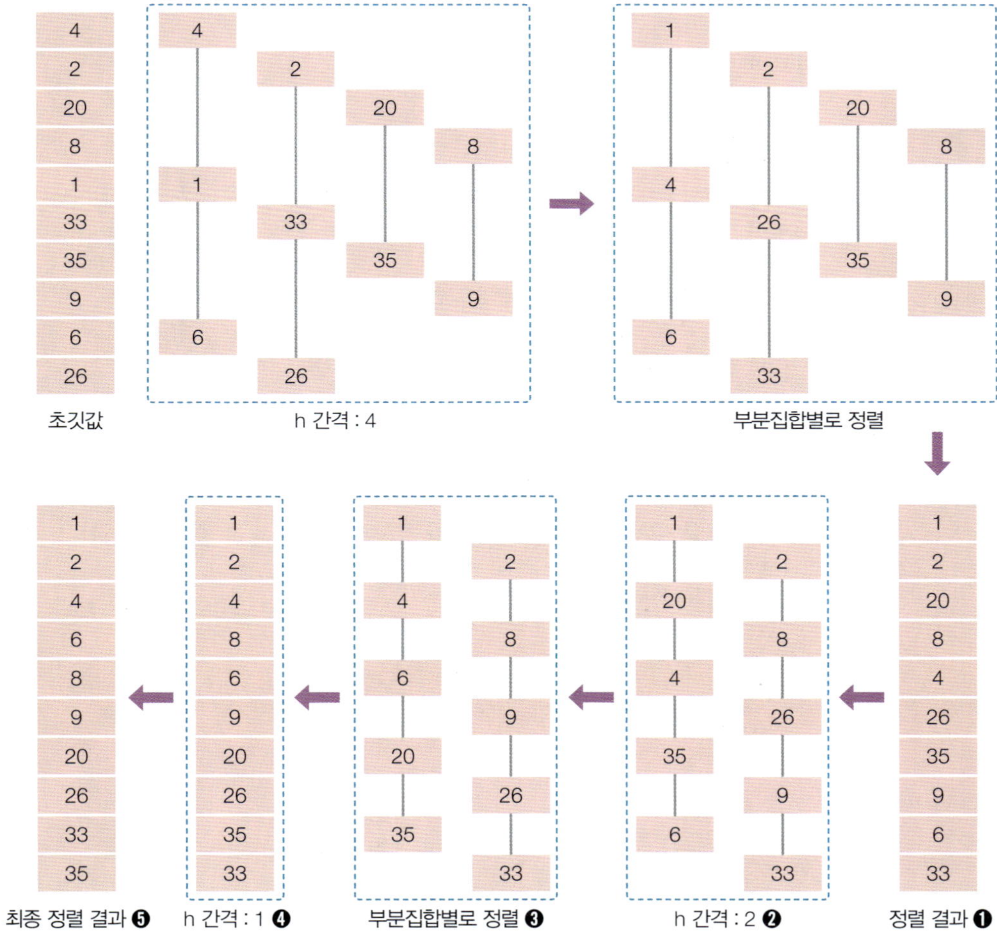

그림 13-4 셸 정렬 과정

[그림 13-4]의 앞부분은 h 간격을 4로 했을 때 셸 정렬이 수행되는 과정을 보여준다. 4만큼

떨어져 있는 값들을 모아 각각 삽입 정렬을 했다. 그다음 h 간격을 h/2로 갱신하고 다시 삽입 정렬을 하는데, 이 과정을 h가 1이 될 때까지 반복한다. 셸 정렬은 h의 초깃값에 따라 정렬 속도가 달라진다. 이에 관해 많은 연구가 이뤄졌는데 $h_n = 3 \times h_{n-1} + 1$인 경우에 효율이 높다고 하며, 정렬하고자 하는 데이터의 개수에 따라서 h의 초깃값으로 1, 4, 13, 40, 121, 364, … 등을 많이 사용한다.

4.2 셸 정렬 함수 소스

```
void Shell_Sort(int* a, int count)
{
    int i, j, irc, h;
    int temp;

    for (h = count / 2; h > 0; h /= 2) // 변수 h의 변화
    {
        for (i = 0; i < h; i++) // 각 부분집합 반복
        {
            for (j = i + h; j < count; j += h) // 삽입 정렬
            {
                temp = a[j];
                inc = j;

                while (inc > h - 1 && a[inc - h] > temp)
                {
                    a[inc] = a[inc - h];
                    inc = inc - h;
                }

                a[inc] = temp;
            }
        }
    }
}
```

예제 13-4 셸 정렬

프로그램 13-4.c

```
#include <stdio.h>

void Shell_Sort(int* a, int count);

int main(void)
{
    int data[] = { 4, 2, 20, 8, 1, 33, 35, 9, 6, 26 };
    int i;

    printf("정렬 전 데이터\n");

    for (i = 0; i < 10; i++)
        printf("[%d] ", data[i]);

    Shell_Sort(data, 10);
    puts("\n");

    printf("정렬 후 데이터\n");

    for (i = 0; i < 10; i++)
        printf("[%d] ", data[i]);

    puts("\n");

    return 0;
}

void Shell_Sort(int* a, int count)
{
    int i, j, inc, h;
    int temp;

    for (h = count / 2; h > 0; h /= 2)
    {
        for (i = 0; i < h; i++)
        {
            for (j = i + h; j < count; j += h)
            {
                temp = a[j];
```

```
                    inc = j;

                    while (inc > h - 1 && a[inc - h] > temp)
                    {
                        a[inc] = a[inc - h];
                        inc = inc - h;
                    }
                    a[inc] = temp;
                }
            }
        }
}
```

실행 결과

```
정렬 전 데이터
[4] [2] [20] [8] [1] [33] [35] [9] [6] [26]
정렬 후 데이터
[1] [2] [4] [6] [8] [9] [20] [26] [33] [35]
```

5 퀵 정렬

퀵 정렬은 1960년에 제안된 방법으로 빠른 속도와 간단한 구현 방법으로 여러 분야에서 많이 사용하는 정렬 알고리즘이다.

5.1 퀵 정렬 과정

[그림 13-5]를 통해 퀵 정렬 과정을 살펴보자.

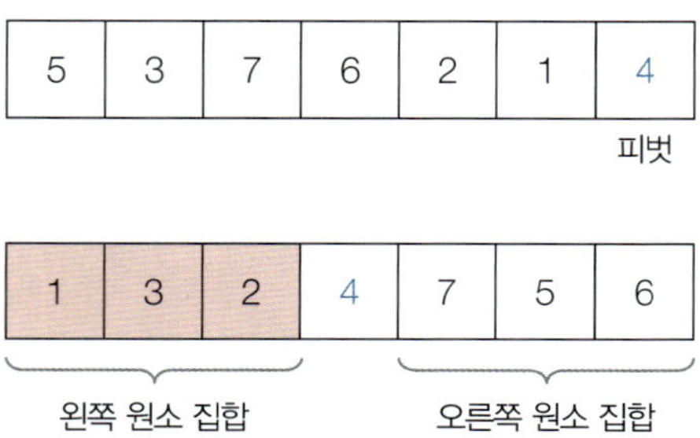

(a) 기준 원소 피벗을 고른다.

(b) 피벗을 기준으로 피벗보다 작은 값은 왼쪽으로, 큰 값은 오른쪽으로 이동시킨다.

1	2	3	4	5	6	7

(c) 피벗은 가만히 두고 왼쪽과 오른쪽 원소 집합을 독립적으로 다시 퀵 정렬을 한다(정렬 완료).

그림 13-5 퀵 정렬 과정

먼저 [그림 13-5]의 (a)와 같이 정렬하려는 원소 중 임의로 1개(피벗)를 고른다. 여기서는 4를 피벗으로 선택했다. 그다음 양쪽 끝에서부터 피벗과 원소들을 비교하여 작은 값은 왼쪽 원소 집합으로, 큰 값은 오른쪽 원소 집합으로 이동시킨다. 만약 집합의 원소 개수가 짝수라면 왼쪽이나 오른쪽 상관없이 한쪽이 원소 1개를 더 가진다. 그 결과 (b)와 같이 4보다 작은 1, 3, 2는 왼쪽에, 7, 5, 6은 오른쪽에 재배치되고 이 과정에서 4의 자리가 확정된다. 다음으로 왼쪽과 오른쪽 원소 집합 각각은 독립적으로 퀵 정렬을 통해 원소들의 자리를 확정해간다(재귀반복). 이 흐름을 바탕으로 소스코드를 보면서 정렬 과정을 이해하기 바란다.

5.2 퀵 정렬 함수 소스

```
void Quick_Sort(int* a, int count)
{
    int i, j;
    int v, temp;
    if (count > 1)
    {
        v = a[count - 1];

        i = -1; //앞쪽
        j = count - 1; //뒤쪽

        for ( ; ; )
        {
            while (a[++i] < v);
            while (a[--j] > v);

            if (i >= j) break;
            temp = a[i];
            a[i] = a[j];
            a[j] = temp;
        }

        temp = a[i];
```

```c
        a[i] = a[count - 1];
        data[count - 1] = temp;
        Quick_Sort(a, i);
        Quick_Sort(a + i + 1, count - i - 1);

    }
}
```

예제 13-5 **퀵 정렬** 프로그램 13-5.c

```c
#include <stdio.h>

void Quick_Sort(int* a, int count);

int main(void)
{
    int data[] = { 4, 2, 20, 8, 1, 33, 35, 9, 6, 26 };
    int i;

    printf("정렬 전 데이터\n");
    for (i = 0; i < 10; i++)
        printf("[%d] ", data[i]);

    Quick_Sort(data, 10);
    puts("\n");

    printf("정렬 후 데이터\n");
    for (i = 0; i < 10; i++)
        printf("[%d] ", data[i]);

    puts("\n");

    return 0;
}

void Quick_Sort(int* a, int count)
{
    int i, j;
    int v, temp;

```

```
    if (count > 1)
    {
        v = a[count - 1];
        i = -1;
        j = count - 1;

        for ( ; ; )
        {
            while (a[++i] < v);
            while (a[--j] > v);
            if (i >= j) break;
            temp = a[i];
            a[i] = a[j];
            a[j] = temp;
        }

        temp = a[i];
        a[i] = a[count - 1];
        a[count - 1] = temp;
        Quick_Sort(a, i);
        Quick_Sort(a + i + 1, count - i - 1);
    }
}
```

실행 결과

```
정렬 전 데이터
[4] [2] [20] [8] [1] [33] [35] [9] [6] [26]
정렬 후 데이터
[1] [2] [4] [6] [8] [9] [20] [26] [33] [35]
```

6 정렬 알고리즘의 성능 비교

지금까지 선택, 버블, 삽입, 셸, 퀵 정렬을 살펴보았다. 일반적으로 퀵 정렬과 셸 정렬의 속도가 빠른데 실제로도 그런지 직접 프로그램을 만들어 확인해보자. [예제 13-6]은 난수 발생 함수를 이용하여 MAX_NUM개의 난수 데이터 배열을 만들고, 오름차순으로 정렬하는 데 걸리는 시간을 화면에 출력하는 프로그램이다. 앞의 예제들을 활용하여 프로그램을 작성해보자.

TIP 난수Random Number는 무작위로 생성한 수다. n개의 수를 생성한다면 각각의 수가 발생될 확률은 1/n로 동일하다.

예제 13-6 **정렬 알고리즘 성능 비교하기** 프로그램 13-6.c

```
#include <stdio.h>m
#include <stdlib.h>
#include <time.h>

#define MAX_NUM 10000 // 10,000개의 데이터 발생

// 정렬 함수들 원형
void Select_Sort(int* a, int count);
void Bubble_Sort(int* a, int count);
void Insert_Sort(int* a, int count);
void Shell_Sort(int* a, int count);
void Quick_Sort(int* a, int count);

// 난수 발생 함수
void Rand_Data(int* a);
int Random(int start, int end);

// 속도 비교 함수
void Check_Speed(int num, char* str, int* a, int count);

int main(void)
{
    int data[MAX_NUM];
    int i;

    char* str[] = { "Select", "Bubble", "Insert", "Shell", "Quick" };

    Rand_Data(data);

    for (i = 0; i < 5; i++)
        Check_Speed(i, str[i], data, MAX_NUM);

    return 0;
}

void array_swap(int* a, int i, int j)
{
    int temp, k;
    temp = a[j];
```

```
    for (k = j - 1; k >= i; k--)
    {
        a[k + 1] = a[k];
        a[i] = temp;
    }
}

int move_index(int* a, int i, int j)
{
    int k = j;
    while (k > i)
    {
        if (a[k - 1] <= a[j])
            return k;
        k--;
    }

    return i;
}

void Select_Sort(int* a, int count)
{
    int i, j;
    int min_value, min_index;

    for (i = 0; i < count - 1; i++)
    {
        min_index = i;
        min_value = a[i];

        for (j = i + 1; j < count; j++)
        {
            if (min_value > a[j])
            {
                min_index = j;
                min_value = a[j];
            }
        }

        a[min_index] = a[i];
```

```c
        a[i] = min_value;
    }
}

void Bubble_Sort(int* a, int count)
{
    int i, j;
    int temp;

    for (i = 0; i < count - 1; i++)
    {
        for (j = 1; j < count - i; j++)
        {
            if (a[j - 1] > a[j])
            {
                temp = a[j - 1];
                a[j - 1] = a[j];
                a[j] = temp;
            }
        }
    }
}

void Insert_Sort(int* a, int count)
{
    int i, j;
    int temp;

    for (i = 1; i < count; i++)
    {
        temp = a[i];
        j = i;
        while ((a[j - 1] > temp) && (j > 0))
        {
            a[j] = a[j - 1];
            j = j - 1;
        }

        a[j] = temp;
    }
```

```
}

void Shell_Sort(int* a, int count)
{
    int i, j, inc, h;
    int temp;

    for (h = count / 2; h > 0; h /= 2)
    {
        for (i = 0; i < h; i++)
        {
            for (j = i + h; j < count; j += h)
            {
                temp = a[j];
                inc = j;

                while (inc > h - 1 && a[inc - h] > temp)
                {
                    a[inc] = a[inc - h];
                    inc = inc - h;
                }

                a[inc] = temp;
            }
        }
    }
}

void Quick_Sort(int* a, int count)
{
    int i, j;
    int v, temp;

    if (count > 1)
    {
        v = a[count - 1];
        i = -1;
        j = count - 1;

        for ( ; ; )
```

```
        {
            while (a[++i] < v);
            while (a[--j] > v);
            if (i >= j) break;
            temp = a[i];
            a[i] = a[j];
            a[j] = temp;
        }
        temp = a[i];
        a[i] = a[count - 1];
        a[count - 1] = temp;
        Quick_Sort(a, i);
        Quick_Sort(a + i + 1, count - i - 1);
    }
}

void Rand_Data(int* a)
{
    int i;
    srand((unsigned)time(NULL)); // 난수 발생 초기화
    for (i = 0; i < MAX_NUM; i++)
    {
        a[i] = Random(1, MAX_NUM);
        // 1~9999 사이의 난수 발생
    }
}

int Random(int start, int end)
{
    int rnd = 0;
    rnd = rand() % (end - start) + start;
    return rnd;
}

void Check_Speed(int num, char* str, int* a, int count)
{
    clock_t start, end;
    int temp[MAX_NUM];
    int i;

```

```
    for (i = 0; i < MAX_NUM; i++)
        temp[i] = a[i];
    start = clock();

    switch (num)
    {
    case 0:
        Select_Sort(temp, count);
        break;
    case 1:
        Bubble_Sort(temp, count);
        break;
    case 2:
        Insert_Sort(temp, count);
        break;
    case 3:
        Shell_Sort(temp, count);
        break;
    case 4:
        Quick_Sort(temp, count);
        break;
    }

    end = clock(); // 종료 시간 확인
    printf("%10s의 수행 시간은 %5ld입니다.\n", str, end - start);
}
```

실행 결과

```
Select의 수행 시간은 156입니다.
Bubble의 수행 시간은 531입니다.
Insert의 수행 시간은 125입니다.
Shell의 수행 시간은 16입니다.
Quick의 수행 시간은 0입니다.
```

프로그램을 실행할 때마다 발생하는 난수의 패턴이 다르기 때문에 정렬 알고리즘의 속도가 조금씩 다르게 출력된다. 그러나 정렬 속도는 일반적으로 퀵, 셸, 삽입, 선택, 버블 순이다.

02 간단한 영상처리 프로그램

이 절에서는 흑백 영상 파일을 프로그램에서 읽어와 간단한 처리를 한 후 다시 파일로 저장해 본다. 지금까지 배운 C 프로그래밍 지식을 이용하면 좀 더 다양한 영상처리 프로그램을 만들 수 있으나 여기서는 몇 가지만 실습해보겠다. 그 외 다양한 영상처리에 관한 프로그램은 직접 생각하면서 만들어보기 바란다.

영상처리 프로그램 예제의 흐름은 다음과 같다.

❶ 파일로 저장되어 있는 흑백 영상을 프로그램에서 읽어 메모리에 저장한다.

❷ 메모리에 저장된 흑백 영상에 몇 가지 영상처리(반전 영상, 이진 영상, 윤곽선 영상)를 하고 그 결과를 파일르 저장한다.

❸ 영상처리한 결과 영상을 포토샵과 같은 응용 프로그램에서 읽어 결과를 확인한다.

다음은 앞으로 배울 영상처리 기법을 적용한 화면이다.

그림 13-6 영상처리된 화면

1 영상 파일 입출력

영상처리에 많이 사용되는 흑백 영상을 프로그램에 읽어오자. 이 책에서 제공하는 예제 소스의 'Chapter_13/lena256.raw'를 포토샵으로 열면 [그림 13-7]과 같은 영상을 확인할 수 있다. .raw 파일은 영상의 화소(픽셀)pixel 값만 데이터로 저장한다. 영상 파일에는 .raw뿐만 아니라 .jpg, .bmp, .gif 등 고유의 특징을 지닌 다양한 확장자가 있다.

그림 13-7 lena256.raw 영상

[그림 13-7]의 lena256.raw는 영상의 크기, 즉 화소 수가 256×256개다. 각 화소는 0~255의 값을 가질 수 있고 한 화소당 크기는 1바이트다. 화소 값이 0이면 검은색이고 255이면 흰색이다. 그 사이의 값은 회색을 나타내는데 값이 클수록 밝은 색이다. 화소 값이 0을 포함한 양수 0~255이므로 `unsigned char` 자료형을 사용한다. 자세한 내용은 다음 소스코드를 보면서 알아보자.

■ lena256.raw 영상을 프로그램에 읽어오는 소스

```
#define SIZE 256 * 256                // 크기 정의
typedef unsigned char BYTE;
FILE* fpIn;
fpIn = fopen("lena256.raw", "rb");    // 영상 파일 열기
BYTE* pBufIn = (BYTE*)malloc(SIZE);   // 동적 메모리 할당
fread(pBufIn, 1, SIZE, fpIn);
```

`define`을 이용하여 영상의 크기를 정의하고, `typedef`를 이용하여 `unsigned char` 자료형을 간단하게 `BYTE`로 재정의한다. 그다음 `fopen()` 함수를 이용하여 lena256.raw 파일의 데이터를 읽어오기 위해 연다. 영상 파일이 텍스트로 저장된 것이 아니라 이진(binary) 형태로 저장되었기 때문에 `fopen()` 함수의 두 번째 인자로 `rb`를 사용한 것에 주의한다.

하나 더 알기 동적 메모리 할당

동적 메모리 할당은 프로그램 실행 중에 메모리가 할당되는 것을 말하고, 정적 메모리 할당은 앞서 배운 배열을 말하는 것으로 컴파일할 때 메모리가 할당된다. 정적 메모리 할당은 컴파일할 때 메모리 공간이 확보되므로 프로그램 실행 중에는 데모리를 할당하거나 크기를 변경할 수 없다. 그러나 동적 메모리 할당은 컴파일할 때 메모리의 크기를 정하지 않아도 되고 프로그램 실행 중에 메모리의 크기를 정할 수도 있다. 여기서 다루는 영상처리 예제에서는 영상의 크기가 이미 정해져 있기 때문에 배열을 사용해도 관계없다.

파일을 읽어와 프로그램 메모리에 동적으로 저장하기 위해 **`malloc()`** 함수를 사용한다. **`malloc()`** 함수는 헤더 파일인 stdlib.h에 정의되어 있고, 포인터 캐스팅을 동적으로 저장할 크기를 인자로 받아 저장되는 주소 값을 반환한다. 저장하려는 주소 값의 자료형은 포인터 캐스팅을 사용하여 결정한다. 여기서 동적으로 만들어진 메모리의 시작 주소를 **`pBufIn`**이 가리키고 있다.

[그림 13-8]은 메모리에 영상 정보가 어떻게 저장되어 있는지를 보여준다. lena256.raw 파일에는 1차원 배열로 저장되어 있으나 [그림 13-8]에서는 화면에 보여주는 것처럼 2차원 배열 형태로 표현했다. x 축은 수평 방향, y 축은 수직 방향을 나타낸다. 좌표로 화소의 위치를 표시하고, 화소의 밝기를 나타내는 화소 값을 좌표에 저장한다.

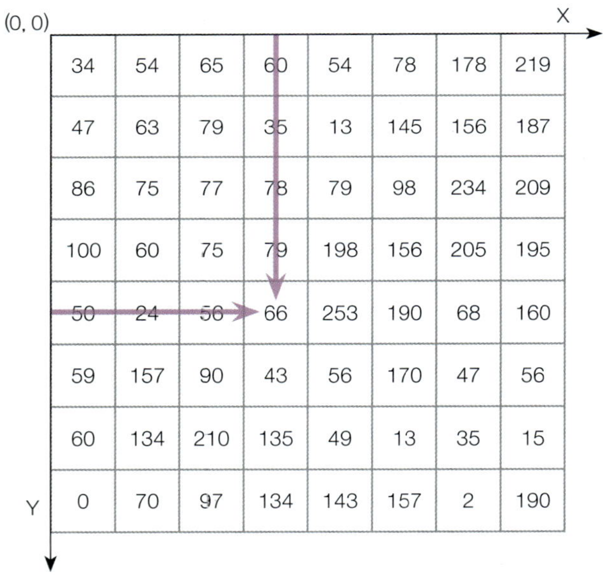

그림 13-8 메모리에 저장된 영상 정보

■ **lena256.raw 영상을 처리한 파일을 만드는 소스**

```
FILE* fpOut = fopen("lenainvert256.raw", "wb");
BYTE* pBufOut = (BYTE*)malloc(SIZE);    // 동적 메모리 할당
fwrite(pBufOut, 1, SIZE, fpOut);
// fopen()과 fwrite() 함수를 사용하여 영상처리 기법이 적용된 결과물 파일을 생성한다.
```

■ **파일 닫기와 메모리 해제 소스**

```
fclose(fpIn);
fclose(fpOut);
free(pBufIn);
free(pBufOut);
```

모든 작업이 끝나면 fclose() 함수로 파일을 닫는다. 또한 malloc() 함수를 이용하여 동적으로 메모리가 할당된 경우는 free() 함수를 이용하여 할당된 메모리를 해제한다. free()의 인자는 메모리를 가리키는 포인터다.

2 반전 영상 만들기

반전 영상은 검은색을 흰색으로, 흰색을 검은색으로 바꾼 영상으로, 회색의 경우 밝은색은 어둡게, 어두운 색은 밝게 바꾼다. 색을 표현하는 최댓값인 255에서 해당 화소 값을 빼는 방식으로 반전 영상을 처리한다.

■ **반전 영상의 주요 소스**

```
int i, j;
BYTE* pBufOut = (BYTE*)malloc(SIZE); // 동적 메모리 할당
for (i = 0; i < 256; i++)
{
   for (j = 0; j < 256; j++)
   {
      pBufOut[i * 256 + j] = 255 - pBufIn[i * 256 + j];
   }
}
```

소스코드를 살펴보면 반전 영상을 저장할 메모리를 확보하려고 malloc() 함수를 사용했다. 그리고 pBufIn과 pBufOut은 1차원 포인터로 1차원 배열의 시작 주소를 가리킨다. pBufIn은 영상처리 전의 메모리를, pBufOut은 영상처리 후의 메모리를 가리키는 포인터다.

반복문에서 i는 영상의 가로(너비)width를, j는 영상의 세로(높이)height를 나타낸다. [i * 256 + j]는 2차원 배열 좌표 값을 1차원 배열 좌표 값으로 바꿔주는 수식으로, 영상의 크기를 256 * 256으로 정의했기 때문에 i * 256이 들어간다. 영상의 첫 번째 가로줄은 i가 0일 때 j가 0~255로 바뀌고, 1차원 배열의 0~255 좌표를 의미한다. 두 번째 가로줄은 i가 1일 때 j가 0~255로 바뀌고, 1차원 배열의 256~511 좌표를 의미한다. 따라서 pBufIn[i * 256 + j]는 가로와 세로의 위치가 i와 j일 때 화소 값을 나타낸다.

이처럼 for문 2개로 좌표에 접근하여 대부분의 영상처리 프로그램을 만들 수 있다. pBufOut[i * 256 + j] = 255 - pBufIn[i * 256 + j]는 입력 영상의 화소 값을 반전하여 출력 영상으로 만드는 부분이다.

프로젝트 폴더 안에 내려받은 lena256.raw 파일을 복사한 후 [예제 13-7]을 작성해보자.

예제 13-7 반전 영상 만들기 프로그램 프로그램 13-7.c, lena256.raw

```
#define _CRT_SECURE_NO_WARNINGS
#include <stdio.h>
#include <stdlib.h>
#define SIZE 256 * 256
typedef unsigned char BYTE;
void main()
{
    int i, j;
    FILE* fpIn, * fpOut;
    BYTE* pBufIn = (BYTE*)malloc(SIZE);
    BYTE* pBufOut = (BYTE*)malloc(SIZE);
    fpIn = fopen("lena256.raw", "rb");
    fpOut = fopen("lenainvert256.raw", "wb");
    fread(pBufIn, 1, SIZE, fpIn);

    for (i = 0; i < 256; i++)
    {
        for (j = 0; j < 256; j++)
        {
```

```
            pBufOut[i * 256 + j] = 255 - pBufIn[i * 256 + j];
        }
    }

    fwrite(pBufOut, 1, SIZE, fpOut);
    fclose(fpIn);
    fclose(fpOut);
    free(pBufIn);
    free(pBufOut);
}
```

[예제 13-7]을 실행하면 lenainvert256.raw 파일이 해당 프로젝트 폴더에 생성된다. 포토샵 프로그램으로 파일을 열면 [그림 13-9]와 같은 영상을 확인할 수 있다.

그림 13-9 반전 영상

3 이진 영상 만들기

이진 영상은 검은색 또는 흰색으로만 구성된 영상이다. 즉 화소 값이 0 또는 255다. 기준이 되는 값을 정하여 그 값 미만은 0으로, 이상은 255로 처리하는 방식으로 이진 영상을 만든다.

■ **이진 영상의 주요 소스**

```
for (i = 0; i < 256; i++)
{
    for (j = 0; j < 256; j++)
    {
```

```
        if (pBufIn[i * 256 + j] >= 128) // 기준 값과 화소 값 비교
            pBufOut[i * 256 + j] = 255;
        else
            pBufOut[i * 256 + j] = 0;
    }
}
```

원본 영상을 이진 영상으로 만들려면 검은색과 흰색을 구분하는 기준을 정해야 한다. 위 소스코드에서는 흑백 영상의 화소 중간 값인 128을 기준으로 정하여 128 이상인 화소는 흰색(255)으로, 128보다 작은 화소는 검은색(0)으로 처리했다. 128과 같이 기준이 되는 값을 **문턱값**Threshold이라고 한다. 문턱값을 무엇으로 할지는 사용자가 필요에 따라 결정한다.

프로젝트 폴더 안에 내려받은 lena256.raw 파일을 복사한 후 [예제 13-8]을 작성해보자.

예제 13-8 이진 영상 만들기 프로그램 13-8.c, lena256.raw

```
#define _CRT_SECURE_NO_WARNINGS
#include <stdio.h>
#include <stdlib.h>
#define SIZE 256 * 256
typedef unsigned char BYTE;

void main()
{
    int i, j;
    FILE* fpIn, * fpOut;
    BYTE* pBufIn = (BYTE*)malloc(SIZE);
    BYTE* pBufOut = (BYTE*)malloc(SIZE);
    fpIn = fopen("lena256.raw", "rb");
    fpOut = fopen("lenabynary256.raw", "wb");
    fread(pBufIn, 1, SIZE, fpIn);

    for (i = 0; i < 256; i++)
    {
        for (j = 0; j < 256; j++)
        {
            if (pBufIn[i * 256 + j] >= 128)
                pBufOut[i * 256 + j] = 255;
```

```
            else
                pBufOut[i * 256 + j] = 0;
        }
    }

    fwrite(pBufOut, 1, SIZE, fpOut);
    fclose(fpIn);
    fclose(fpOut);
    free(pBufIn);
    free(pBufOut);
}
```

[예제 13-8]을 실행하면 lenabynary256.raw 파일이 해당 프로젝트 폴더에 생성된다. 포토샵 프로그램으로 파일을 열면 [그림 13-10]과 같은 영상을 확인할 수 있다. [그림 13-11]과 [그림 13-12]는 문턱값이 각각 68, 192일 때 나타나는 영상이다.

그림 13-10 이진 영상

그림 13-11 문턱값이 68인 영상

그림 13-12 문턱값이 192인 영상

4 윤곽선 영상 만들기

윤곽선 영상은 영상의 윤곽선을 추출한 영상으로, 영상에서 화소 값의 변화가 큰 지점들을 추출해서 만든 것이다. 필터를 이용하여 화소 값의 변화가 크게 발생하는 부분을 찾아 그 부분은 필터로 처리한 값으로 밝게 남겨두고, 그 외에는 검은색으로 처리하는 방식으로 만든다.

■ 소벨 필터

윤곽선 영상을 처리할 때 사용하는 필터(마스크, 윈도우라고도 함)는 3×3 또는 5×5 크기의 정사각형 블록으로, 그 안에 들어가는 값에 따라서 필터의 종류가 결정된다. 다양한 윤곽선 추출 필터가 있지만 여기서는 이중 소벨 필터만 소개하겠다. [그림 13-13]의 (a)는 수평 윤곽선을 추출할 때 사용하는 소벨 필터, (b)는 수직 윤곽선을 추출할 때 사용하는 소벨 필터다.

−1	0	1
−2	0	2
−1	0	1

(a) 수평 윤곽선

−1	−2	−1
0	0	0
1	2	1

(b) 수직 윤곽선

그림 13-13 소벨 필터

[그림 13-14]는 영상의 시작 부분에 소벨 필터가 적용된 것이다. 영상 화소 값에 소벨 필터 값을 각각 곱하고 곱한 값을 모두 더하면 소벨 필터가 적용된 부분의 결과 값이 된다. 영상의 변화가 적은 부분은 소벨 필터를 적용한 값이 0에 가까워 윤곽선이 추출되지 않는다.

(0, 0) → X, ↓ Y

−1	0	1	60	54	78	178	219
−2	0	2	35	13	145	156	187
−1	0	1	78	79	98	234	209
100	60	75	79	198	156	205	195
50	24	56	66	253	190	68	160
59	157	90	43	56	170	47	56
60	134	210	135	49	13	35	15
0	70	97	134	143	157	2	190

그림 13-14 소벨 필터로 윤곽선 영상을 만드는 과정

필터가 (0,0)부터 오른쪽으로 한 화소씩 옮겨가며 윤곽선 값을 구하고, 오른쪽 끝에 이르면 아래쪽으로 한 화소 옮겨간다. 그다음 왼쪽 시작인 (0,1)로 이동하여 다시 오른쪽으로 옮겨가며 윤곽선 값을 구한다. 다음의 주요 소스코드를 천천히 따라가면서 내용을 이해해보자.

TIP 이 부분이 신호 및 시스템, 신호처리 분야에서 사용하는 콘볼루션 처리 과정이다. 콘볼루션에 관심 있는 독자는 신호 및 시스템 책을 읽어보기 바란다.

■ 윤곽선 영상의 주요 소스

```
int nEdgeSum;
int nSobelMask[3][3] = { -1, 0, 1, -2, 0, 2, -1, 0, 1 };
for (i = 1; i < 255; i++)
{
    for (j = 1; j < 255; j++)
    {
        nEdgeSum = 0;

        for (int y = -1; y <= 1; y++)       ❶
        {
            for (int x = -1; x <= 1; x++)
            {
                nEdgeSum += pBufIn[(i + y) * 256 + j + x] * nSobelMask[y + 1][x + 1];
            }
        }

        if (nEdgeSum > 128 || nEdgeSum < -128)       ❷
            pBufOut[i * 256 + j] = (BYTE)(nEdgeSum);
        else
            pBufOut[i * 256 + j] = 0;
    }
}
```

영상의 상하좌우 마지막 화소는 필터 처리에서 제외하기 위해 `for`문의 범위를 1~254로 프로그래밍한다(다른 처리 방법에서는 0~255로 처리했다). 필터를 이용하여 영상처리를 할 때 영상 경계인 상하좌우 마지막 화소 값을 처리하는 방법은 상당히 복잡하므로 영상처리를 맛보는 이 예제에서는 다루지 않는다.

`nSobelMask`는 소벨 필터 값을 배열로 표현한 것이다. 소스코드에서 ❶이 소벨 필터를 원본 영상에 적용하여 그 값을 구하는 부분이다. ❷는 계산된 윤곽선 값이 128보다 크거나 −128

보다 작은, 즉 영상 변화가 많은 부분을 윤곽선으로 표시하는 부분이다. 영상 변화가 그보다 작은 경우는 윤곽선으로 처리하지 않는다. 128은 앞에서 설명한 문턱값인데 이 값에 따라서 영상의 윤곽선이 달라진다. 문턱값이 작을수록 영상의 작은 변화도 윤곽선으로 표시한다. 다른 영상처리 방법과 마찬가지로 for문 2개를 이용하여 이 과정을 영상 전체에 걸쳐 수행한다.

프로젝트 폴더 안에 lena256.raw 파일을 복사한 후 [예제 13-9]를 작성해보자.

예제 13-9 윤곽선 영상 만들기 프로그램 프로그램 13-9.c, lena256.raw

```
#define _CRT_SECURE_NO_WARNINGS
#include <stdio.h>
#include <stdlib.h>
#define SIZE 256 * 256
typedef unsigned char BYTE;

void main()
{
    int i, j, nEdgeSum, nSobelMask[3][3] = { -1, 0, 1, -2, 0, 2, -1, 0, 1 };

    FILE* fpIn, * fpOut;
    BYTE* pBufIn = (BYTE*)malloc(SIZE);
    BYTE* pBufOut = (BYTE*)malloc(SIZE);

    fpIn = fopen("lena256.raw", "rb");
    fpOut = fopen("lenaedge.raw", "wb");
    fread(pBufIn, 1, SIZE, fpIn);

    for (i = 1; i < 255; i++)
    {
        for (j = 1; j < 255; j++)
        {
            nEdgeSum = 0;

            for (int y = -1; y <= 1; y++)
            {
                for (int x = -1; x <= 1; x++)
                {
                    EdgeSum += pBufIn[(i + y) * 256 + [j + x] * nSobelMask[y + 1][x
                    + 1];
```

```
                }
            }

            if (nEdgeSum > 128 || nEdgeSum < -128)
                pBufOut[i * 256 + j] = (BYTE)(nEdgeSum);
            else
                pBufOut[i * 256 + j] = 0;
        }
    }

    fwrite(pBufOut, 1, SIZE, fpOut);
    fclose(fpIn);
    fclose(fpOut);
    free(pBufIn);
    free(pBufOut);
}
```

[예제 13-9]를 실행하면 lenaedge.raw 파일이 해당 프로젝트 폴더에 생성된다. 포토샵 프로그램으로 파일을 열면 [그림 13-15]와 같은 영상을 확인할 수 있다.

그림 13-15 윤곽선 영상

윤곽선 영상처리는 수평 또는 수직으로만 처리하거나 두 가지를 다 이용할 수도 있다. 두 가지를 다 이용하는 방법은 순서에 상관없이 원본 영상을 각각 수평, 수직으로 처리한 후 두 윤곽선 값을 더하는 것이다.

03 면적 구하기 프로그램

이 절에서는 난수를 이용하여 도형의 면적을 계산하는 프로그램을 만든다. 예제에서는 반지름의 길이가 1인 1/4 원을 예로 들었다. 수학적으로 1/4 원의 면적은 반지름을 알면 아주 쉽게 계산된다.

이 예제를 통해 컴퓨터 시뮬레이션이 얼마나 정확한지 수학 계산과 비교해볼 수 있을 것이다. 또한 수학적으로 면적 계산이 어려운 도형도 많은데 이때 많이 사용하는 방법 중의 하나가 이 예제와 같은 시뮬레이션을 이용하는 것이다. 이 절과 다음 절의 예제를 통해 간단한 컴퓨터 시뮬레이션을 경험해볼 수 있다.

■ **1/4 원의 면적 계산 과정**

❶ 0~1 사이의 값을 가진 난수 x, y를 발생시켜 2차원 좌표를 생성한다.

❷ 반지름이 1인 1/4 원 안에 2차원 좌표가 있으려면 2차원 좌표 제곱의 합이 1과 같거나 1보다 작아야 한다. 이대 count를 1 증가시킨다($x^2 + y^2 \leq 1$).

❸ 위의 과정을 적당히 반복(nrepeat)한다. 1/4 원의 면적은 count를 nrepeat로 나눈 값이다(1/4 원의 면적 = count/nrepeat).

예제 13-10 **1/4 원의 면적 구하기** 프로그램 13-10.c

```
#define _CRT_SECURE_NO_WARNINGS
#include <stdio.h>
#include <math.h>
#include <stdlib.h>

int main()
{
    int i = 0, count = 0, nrepeat;
    double x, y;
    printf("몇 회 반복할까요? \n");
    scanf("%d", &nrepeat);
    for (i = 0; i < nrepeat; i++) {
```

```
        x = (double)rand() / 32767; // rand() 최댓값 : 32767
        y = (double)rand() / 32767; // rand() 최댓값 : 32767
        if ((x * x + y * y) <= 1) count = count + 1;
    }
    printf("%d회 중 %d회가 1/4 원 안에 있으므로\n", nrepeat, count);
    printf("반지름이 1인 1/4 원의 면적은 %4.3f임\n", (double)count / nrepeat);
    return 0;
}
```

실행 결과

```
몇 회 반복할까요?
100000
100000회 중 78435회가 1/4 원 안에 있으므로
반지름이 1인 1/4 원의 면적은 0.784임
```

[예제 13-10]을 실행하면 2차원 난수를 몇 회 발생시킬 것인지 묻는다. 발생된 2차원 난수가 1/4 원 안에 있을 때는 count를 1씩 증가시킨다. count와 nrepeat를 이용하여 1/4 원의 면적을 계산한다. 반복 횟수가 달라짐에 따라 1/4 원의 면적이 달라지는데, 반복 횟수가 클수록 반지름이 1인 1/4 원의 면적 0.7853에 근사한 값을 얻을 수 있다.

04 명중률 구하기 프로그램

이 절의 실전 프로그램은 새로운 무기가 개발되었을 때 무기의 명중률을 난수를 통해 알아내는 재미있는 예제다. 무기의 명중률을 계산할 때는 다양한 실전 실험을 통해 실험 결과 자료를 얻는데, 여기서는 컴퓨터 시뮬레이션을 통해 명중률을 계산해본다.

■ 명중률을 구하기 위한 가정 및 실험 결과

❶ 표적은 크기가 1.5×1.5m인 정사각형이다.

❷ 표적과 무기의 거리는 1000m이고 표적의 중앙을 원점으로 한다. 또한 실험을 통해 얻은 탄착점은 정규분포를 따른다.

❸ 탄착점의 수평 및 수직 오차 실전 실험 결과는 다음과 같다.

- 수평 오차의 평균은 0이고 표준편차는 0.8m다.
- 수직 오차의 평균은 0이고 표준편차는 1.6m다.

표적의 정중앙을 조준해서 사격하지만 무기 자체의 기계적 특성으로 탄착점이 수평 및 수직으로 정중앙에서 벗어난다. 이것을 수평 및 수직 오차라 하고, 실험을 통해 얻은 값의 평균과 표준편차를 구한 값이다.

■ 명중 기준

표적의 정중앙을 중심으로 표적의 크기를 2차원 좌표로 표시하면 [그림 13-16]과 같다. 수평 및 수직 정규분포 확률변수 X_1과 X_2가 표적 안에 들어오면 명중이고 아니면 실패다.

명중률을 구하는 데 필요한 정규분포 X_1, X_2를 알아보자.

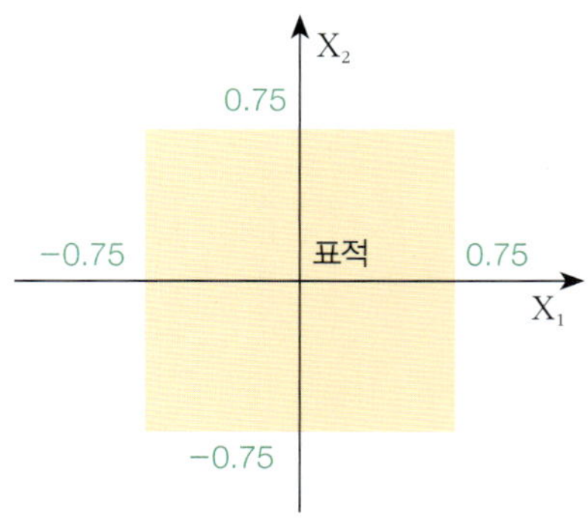

그림 13-16 표적의 좌표 표시

■ **정규분포와 표준정규분포**

정규분포는 확률변수(x)가 평균(μ)과 표준편차(σ)에 대해 다음 식과 같은 분포를 보이는 것이다. 자연계에서 일어나는 사건을 식으로 풀어낼 때 많이 사용하는데, 더 자세한 내용은 기초 통계 책 등을 참고하고 이 예제에서는 주어진 수식에 값만 대입한다.

$$f(x) = \frac{1}{\sqrt{2\pi\sigma}} e^{-\frac{1}{2}\left(\frac{x-\mu}{\sigma}\right)^2}$$

표준정규분포는 정규분포를 따르는 확률변수의 평균이 0이고 표준편차가 1인 경우다. 정규분포를 따르는 확률변수 x와 표준정규분포를 따르는 확률변수 z의 관계는 다음과 같다.

$$x = \mu + z\sigma$$

■ **정규분포 확률변수 X_1과 X_2 생성**

사격 1발을 균등분포 난수 발생 함수인 `rand()`를 이용하여 난수로 발생시키고 이 값을 수식에 넣어 표준정규분포 확률변수 수평 Z_1과 수직 Z_2를 구한다. 여기서 난수는 앞서 정렬 알고리즘에서 설명했듯이 각 숫자가 발생하는 확률이 같기 때문에 균등분포에 속한다.

균등분포인 난수를 표준정규분포로 바꾸는 식은 다음과 같다. 통계학자들이 연구한 내용으로 여기서는 증명 과정 없이 받아들여서 그대로 사용한다.

1단계

(0, 1) 사이의 난수 $r1$, $r2$를 발생시켜 V를 구한다. 여기서 기댓값 e는 시스템 함수 exp(1.0)으로 처리한다.

2단계

다음 식에 1단계에서 구한 V 값과 난숫값을 대입하여 Z와 K를 구한다.

$$Z = \frac{V}{r_1}, \quad K = \frac{1}{4}Z^2$$

3단계

다음 조건을 만족하면 표준정규분포 확률변수 Z 값으로 사용한다.

$$K < 1-r_1$$

위의 조건을 만족하지 않고 다음 조건을 만족하면 1단계로 돌아가 난수를 다시 생성한다.

$$K \geq \frac{0.259}{r_1} + 0.35 \text{ 이나 } K > -\ln r_1$$

4단계

표준정규분포 확률변수 Z_1과 Z_2에 대해 정규분포 확률변수 X_1과 X_2를 구한다.

$$X_1 = \mu_1 + Z_1\sigma_1, \quad X_2 = \mu_2 + Z_2\sigma_2$$

여기서는 실전 실험 결과가 $\mu_1 = \mu_2 = 0$, $\sigma_1 = 0.8$, $\sigma_2 = 1.6$이므로 $X_1 = 0.8 * Z_1$, $X_2 = 1.6 * Z_2$다.

난수를 200개 발생시키면 X_1, X_2가 각각 200개 생성되며 이 값으로 시뮬레이션을 실시하고 명중률을 계산한다. 위의 설명과 예제 소스코드의 주석을 바탕으로 [예제 13-11]을 따라 하면 컴퓨터 시뮬레이션을 이용하여 명중률 계산하는 방법을 이해할 수 있을 것이다.

예제 13-11 명중률 구하기 프로그램 13-11.c

```c
#include <stdio.h>
#include <math.h>
#include <stdlib.h>

int main()
{
    int i = 0, count = 0;
    double r1, r2, X1[200], X2[200], V, K, Z;
    printf("명중률 계산 결과 /n");

```

```
// X1 정규분포 확률변수 200개 생성
do {
retry1:r1 = (double)rand() / 32767;  // rand() 최댓값 : 32767
    r2 = (double)rand() / 32767;     // 0~1 사이의 난수 발생

    V = sqrt(2 / exp(1.0)) * (2 * r2 - 1);
    Z = V / r1;
   K = ((double)1 / 4) * Z * Z;

    if (K < 1 - r1)
    {
        X1[i] = Z;
        i++;
    }
    else if ((K > (0.259 / r1) + 0.35) || (K > log(r1)))
        goto retry1;
}
while (i < 200);
i = 0;
// X2 정규분포 확률변수 200개 생성
do {
retry2:r1 = (double)rand() / 32767;
    r2 = (double)rand() / 32767;

    V = sqrt(2 / exp(1.0)) * (2 * r2 - 1);
    Z = V / r1;
    K = ((double)1 / 4) * Z * Z;

    if (K < 1 - r1)
    {
        X2[i] = Z;
        i++;
    }
    else if ((K > (0.259 / r1) + 0.35) || (K > log(r1)))
        goto retry2;
}
while (i < 200);
for (i = 0; i < 200; i++)
{
    // 표적 안에 있는지 판단
```

```
        if ((0.8 * X1[i] >= -0.75 && 0.8 * X1[i] <= 0.75) &&
            (1.6 * X2[i] >= -0.75 && 1.6 * X2[i] <= 0.75))
            count++;
    }

    printf("200회 중 %d회 성공 --> 성공 확률 : %.3lf\n", count,
        (double)count / 200);
    return 0;
}
```

실행 결과

```
명중률 계산 결과
200회 중 58회 성공 --> 성공 확률 : 0.290
```